大峠と大洗濯　ときあかし③

# ⦿日月神示

【基本十二巻】第五巻・第六巻

内記正時［解説］
岡本天明［原著］
中矢伸一［校訂・推薦］

ヒカルランド

# 第五巻 地つ巻《くにつまき》（全三十六帖）

# 第六巻

## 日月《ひつく》の巻（全四十帖）

※本文において、拙著『ときあかし版［完訳］日月神示』、
『奥義編［日月神示］神一厘のすべて』、
及び『秘義編［日月神示］神仕組のすべて』に言及する場合は、
単に『ときあかし版』、『奥義編』、『秘義編』のように略称で記述している場合がある。
また、右の三冊を総合して『三部作』と言う場合もある。

装丁　櫻井浩（⑥Design）
校正　麦秋アートセンター
本文仮名書体　文麗仮名（キャップス）

# 第五巻　地《くに》つ巻

（全三十六帖）

自　昭和十九年九月十五日
至　昭和十九年十月十一日

**【概説】**

第五巻「地《くに》つ巻」は、第四巻「天《あま》つ巻」と同様、神仕組に関する多種多様な内容が展開されており、いよいよ佳境に入った感がある。

その分、難易度も上がってきており、解釈も慎重さが要求される。

本巻で最も特徴的なことは、「旧九月になれば神示を降ろす神が入れ替わる」と「神の交代」が示唆《しさ》されていることであろう（第二十七帖、第三十一帖、第三十六帖）。

これまでの神示の多くは、「ひつくの神」、「◉のひつくの神」の御神名で降ろされているが、旧九月からは「あめのひつくの大神」が神示を降ろすと言う。

これに伴い、岡本天明は新たな神が憑《か》かれるように「身魂磨き」を急《せ》かされており、その結果によって「遅し早しがある」とも示されている。

ここに、神示を取り次ぐ天明の「身魂磨き」の状態や程度が、神仕組の進展に影響を与えている一端が窺《うかが》われて非常に興味深いものがある。憑《か》かる神の神格によって、必要な「身魂磨き」の状態や程度も微妙に変わるようである。

また、「言霊《ことたま》」の本義が明らかにされていることも、本巻の大きな特徴の一つである。

神業《しんぎょう》面では、神示に基づき「奥山」に「大国主命《おおくにぬしのみこと》」を祀っているが、これは国津神の復活・復権を意味し、天津神（天）と国津神（地）の融合・調和が暗示されている。

## 第一帖（一三八）

書き知らすぞ。世界は一つのミコトとなるのぞ、それぞれの言の葉はあれど、ミコトは一つとなるのであるぞ。てんし様のミコトに従うのざぞ、ミコトの世近づいて来たぞ。

（昭和十九年九月十五日、一二⦿）

**【解説】**

抽象的な内容の帖であるが、全体の感じからは、「ミロクの世」になれば「**てんし様のミコト**」の下《もと》に全体が一つにまとまるという意味であろう。

ここで、「ミコト」が何を指しているかが重要になるが、「**それぞれの言の葉はあれど、ミコトは一つとなるのであるぞ**」とあるから、本帖の「ミコト」とは、「言《こと》の葉《は》（＝言葉）」を超えた奥にある霊的根源に繋《つな》がるものであると考えられる。

これは、国々《くにぐに》、所々《ところどころ》によって話す言葉は（日本語と外国語のように）違っても、言葉を発する元《もと》（＝心、魂）は「てんし様」の大御心に繋がっており、そこにある「マコト」が「てんし様」の下《もと》に一つであるという意味に解すればよいのではないか。

つまり、本帖の「ミコト」とは「マコト」のことである。

人間社会のように、口で言うことと腹の中で思っていることが、実は正反対だったなどということが一切ないのが「マコト」である。

第一巻「上つ巻」第一帖でも、「**口と心と行**《おこない》**と、三つ揃うたまことを命**《みこと》**というぞ。神の臣民みな命になる身魂**」とあったが、これも基本的には同じ意味であると考えてよい。

臣民の「口心行《くしんぎょう》」が「てんし様の大御心」に適《かな》った「マコト」の状態にあることを「ミコト、命《みこと》」というのである。

## 第二帖（一三九）

今は闇の世であるから夜の明けたこと申しても、誰にもわからんなれど、夜が明けたらなるほどそうでありたかとビックリするなれど、それでは間に合わんのざぞ、それまでに心改めておいて下されよ、この道信ずれば、すぐ良くなると思うている臣民もあるなれど、それは己の心のままぞ、道に外れたものは誰《だ》れ彼《か》れはないのざぞ、これまでのやり方スクリと変えねば、世は治まらんぞと申してあるが、上《うえ》の人苦しくなるぞ、途中の人も苦しくなるぞ、おまわりの言うこと聞かんようになるぞ。

（昭和十九年九月の十六日、ひつ九のか三）

## 【解説】

本帖を理解するには、「**闇の世**」を「**我れ善し、体主霊従の世界**」に、「**夜が明ける**」を「**ミロクの世の到来**」に置き換えて読めばわかりやすくなるはずである。

この世が改まって「ミロクの世」になれば、「**なるほどそうでありたかとビックリする**」が、しかし「**それでは間に合わんのざぞ、それまでに心改めておいて下されよ**」とあることは重要である。「ミロクの世」が到来するまでに、「身魂が磨けていなければ間に合わない」と神が注意を喚起しておられるからだ。

その具体的なタイムリミットは、「大峠」までにということになる。

これとほとんど同じことが、「**この道信ずれば、すぐ良くなると思うている臣民もあるなれど、それは己の心のままぞ**」と示されている部分である。

単に、「この道を信じただけ」で良くなるわけがないのであって、そこには「身魂磨き」の実践が不可欠である。

それをやるかやらないか、そのことを「**己の心のままぞ**」と表現しているのだ。

「身魂磨き」という実践を怠った者がどうなるかと言えば、「**道に外れたものは誰《だ》れ彼《か》れはないのざぞ、……上《うえ》の人苦しくなるぞ、途中の人も苦しくなるぞ**」とあるように、この世の身分や地位の上下などには何の関係もなく「苦しむ」しかないのである。

これも「**己の心のまま**」の結果である。

一般に、「上」の者ほど地位や権力、お金などに執着が強い傾向があると思われるから、その分、苦しみの度合いは大きいであろう。
全ては、（過去世から積んできた）「メグリ」の重さに比例する。

なお最後のほうで、唐突に「**おまわりの言うこと聞かんようになるぞ**」という一節が登場してちょっと戸惑うが、要するにこれは「改心」ができずに「神の道」とは反対の「獣の道」に堕ちた人間たちが、苦しみのあまり、ルール無視の無頼漢《ぶらいかん》の如き行動をとるという意味であろう。
このような者たちが、素直に「おまわり」の言うことを聞くわけがないからだ。

## 第三帖（一四〇）

人民同士の戦いでは到底《とうてい》かなわんなれど、いよいよとなりたら㋹がうつりて手柄さすのであるから、それまでに身魂磨いておいてくれよ。世界中が攻め寄せたと申しても、誠には勝てんのであるぞ、誠ほど結構なものないから、誠が㋹風《かみかぜ》であるから、臣民に誠なくなりていると、どんな気の毒出来るかわからんから、くどう気つけておくのざぞ、肚《はら》、掃除せよ。

（昭和十九年九月の十六日、ひつ九のか三）

## 【解説】

この帖を理解するには、文章の中に明記されていない主語を「**日本**」或いは「**真《まこと》の日本人**」という前提で読むことである。

「大峠」における人間同士の戦い（＝最終戦争）では、世界中が「日本」の敵となって攻め寄せてくるから「**到底かなわん**」のであるが、「**いよいよとなりたら（真の日本人に）⦿がうつりて手柄さす**」と示されている。

ここで、「真の日本人」の最後の武器が「**誠《まこと》**」であるが、神示はこのことを、「**世界中が攻め寄せたと申しても、誠には勝てんのであるぞ、……誠が⦿風《かみかぜ》である**」と述べている。

十三世紀末の「元寇《げんこう》」の折、「神風《かみかぜ》」が吹いて蒙古《もうこ》・高麗《こうらい》連合軍が大敗した歴史的事実はよく知られているが、神示は今回の神風の正体は「**誠**」だと断言している。

これが真《まこと》の日本人（＝スメラの民）の「最後の武器」である。

第一巻の解説から熟読されてきた読者にはもうピンと来ているであろうが、「誠」とは「⦿」の中の「丶」のことであるから、「誠」という「神風」が吹くとはつまり、「外国（〇）」に「丶」を入れることなのだ。

そしてその結果は、間違いなく「⦿」になる。

お気付きのように、これは「**一厘の仕組**」のことであるが、神が「**誠**」という言葉で「一厘の仕組」を表しているのが本帖なのである。

「誠」という神風を吹かすことができるのは、「真の日本人（＝スメラの民）」だけであるが、そのためには「**それまでに身魂磨いておいてくれよ**」とあるとおり、結局は「身魂磨き」に戻るのである。

これほど何度も「身魂磨き、身魂磨き」と出て来ると、さすがにウンザリする読者もおられるだろうが、いつまでもウンザリしていると「**どんな気の毒出来るかわからん**」ことになるから、素直に神の諭《さと》しに従うべきである。

同じことを何度も神に言われるのは、それが重要であることの他に、臣民が「(身魂磨きをちゃんと)実行していない」からなのである。

## 第四帖(一四一)

この神示《ふで》いくらでも出て来るのざぞ、今の事と先の事と、三千世界、何もかもわかるのざから、よく読みて、肚に入れておいてくれよ、この神示盗まれぬようになされよ、神示盗りに来る人あるから気つけておくぞ。

この道は中行く道ぞ、左も右《みぎり》も偏《かたよ》ってはならんぞ、いつも心にてんし様拝みておれば、何もかも楽にゆけるようになりているのざぞ、我《われ》が我がと思うていると、鼻ポキリと折れるぞ。

(昭和十九年九月十六日、ひつ九㋹)

**【解説】**

冒頭の「**この神示《ふで》いくらでも出て来るのざぞ、今の事と先の事と、三千世界、何もかもわかるのざから**」とある箇所は、日月神示（特に「基本十二巻」）が降ろされた目的を述べている。

第十二巻「夜明けの巻」第十四帖の最後に、「**この十二の巻よく肚《はら》に入れておけば何でもわかるぞ**」とあるが、基本的にはこのことと同義である。

注意してほしいのは、「**今の事と先の事と、三千世界、何もかもわかる**」とある部分を、単なる「**預言**」と捉えてはならないということだ。

それでは本質を見失ってしまう。

「**何もかもわかる**」とは、これから世界がどうなるかという「預言的解釈」だけに留まらず、「**神仕組**」、「**臣民の生き方**」、「**日本と真《まこと》の日本人の役割**」など、日月神示に展開されている重要なテーマの全体像がキチンと理解されて肚《はら》に入るという意味である。

ここで「神仕組」とは、「岩戸」を開き「立替え・立て直し」を経て「ミロクの世」へ向かうための神の計画のことであって、具体的には「一二三《ひふみ》、三四五《みよいづ》、五六七《みろく》の仕組」、「善と悪の御用」、「我《が》の仕組」などを言う。

また「臣民の生き方」とは、言うまでもなく「身魂磨き、メグリ取り」を始め、「神祀り」、「食のあり方」などが該当する。

更に、「日本と真《まこと》の日本人の役割」とは、神国とその臣民として、「てんし様（＝スメラミコト）」

を中心に、（現象的には）自己犠牲をも厭《いと》わぬ覚悟で世界の「メグリ」を取り、全体を「ミロクの世」へと牽引《けんいん》する役割を指す。

二行目の「**よく読みて、肚に入れておいてくれよ**」とは、単に神示の内容を「頭の中」に知識として入れるのではなく、自らの「行動原理」、「実践原理」にすることだと理解しなければならない。実践の伴わない「臣民の道」は意味がなく、これでは絶対に「肚」に入ったことにはならない。

次に、「**この神示盗まれぬようになされよ、神示盗りに来る人あるから気つけておくぞ**」とは、当時の岡本天明たちに、「神示（＝原文）」の保管・取り扱いに関して注意を促したものであろう。天明の周りには多くの人が集《つど》っていたが、「神示原文」は鍵の掛かる金庫などに保管されていたのではなく、おそらくは「奥山」の御神前に三方《さんぼう》に載《の》せて置かれていたと思われる。よって、よからぬ者がその気になれば、「神示原文」を盗むことは比較的容易だったはずだし、神が注意喚起をすること自体、そのような人物が実際に存在していたとも考えられる。

神が神示の取り扱いについて、このような細かい注意を与えているのは大変興味深い。

後半の「**この道は中行く道ぞ、左も右《みぎり》も偏《かたよ》ってはならんぞ**」とはどのような意味であろうか。一見すると、「思想的な中立」或いは仏教でいう「中道《ちゅうどう》」などを連想させるが、この部分の神意は「**いつも心にてんし様拝みておれば、何もかも楽にゆけるようになりている**」ということと、

「**我《われ》が我がと思うていると、鼻ポキリと折れるぞ**」にある。

要は、「てんし様」の大御心《おおみこころ》を体《たい》しこれに従うこと、そして「我（＝自我）」を突出させないということである。

言葉にすればたったこれだけであるが、これが如何に困難でかつ重要なことかは、臣民自らが自分の「身魂磨き」、「メグリ取り」に真正面から取り組んだ時に、初めて見えてくる奥義なのである。

なお、「**鼻ポキリと折れる**」とは、神が臣民を「戒める」時に用いる表現であるが、これは神示のあちこちに登場している非常に特徴的な言い回しである。

この意味は言うまでもなく、「我（＝自我）」によって高慢になり、最後は失敗する」ことである。

## 第五帖（一四二）

片輪車でトンテントンテン、骨折り損のくたびれ儲けばかり、いつまでしているのぞ、㋹にまつろえと申してあろうがな、臣民の智恵で何出来たか、早う改心せよ。三月三日、五月五日は結構な日ぞ。

（昭和十九年九月十六日、ひつ九のか三）

**【解説】**

本帖の主題は「**改心**（＝身魂磨き）」である。

神はここでも、「**臣民の智恵で何出来たか、早う改心せよ**」と厳しく戒めている。

今までの臣民の智恵とは、「我れ善し、体主霊従」によるものであるから、「**片輪車でトンテントンテン、骨折り損のくたびれ儲けばかり**」と述べているのである。

ここで「片輪車」は「かたわぐるま」と読むが、前にも述べたように、現在では「片輪《かたわ》」とは「差別的表現」とされているから、他人に話したり読み聞かす時などは特に注意が必要である。

無論、この神示が降ろされた「昭和十九年九月」にそのような思想や考え方はなかったが、現在「片輪」という言葉を不用意に乱発することは誤解を与えかねない。

ここでいう「片輪車《かたわぐるま》」とは本来両輪《りょうりん》であるべきものが「片車輪《かたしやりん》」となったために、それまで完全だったものが不完全で一方的になったことをいうが、言うまでもなくこれは臣民が「我れ善し、体主霊従」に堕ちたからである。

その淵源《えんげん》は、イザナギ神とイザナミ神が離別した「最初の岩戸閉め」に遡《さかのぼ》ることはおわかりだろう。

即ち「片輪車」とは、「男性原理と女性原理の分離」を暗示しているのである。または「陽と陰の分離」、「プラスとマイナスの分離」、「火と水の分離」などと言っても同じ意味である。

要するに、本来「統合調和」して一体であるべきものが、「分離遠心」してしまったことを意味する。

このような状態から、臣民が元の「両輪」に戻るためには、「身魂」を磨き「**☉にまつろう**」ことが不可欠だと述べているのである。

最後に唐突に出て来る、「**三月三日、五月五日は結構な日ぞ**」は、「大本神諭《おおもとしんゆ》」の一節、「**明治五十五年の三月三日と五月五日は誠に結構な日であるから……**」を受けたものであろう。

明治は四十五年で終わっているから、明治五十五年自体は実際には存在しない年だが、計算上は「大正十一年（西暦一九二二年）」が該当し、大本ではこの時期を「立替え」本番の時期と考えていたようである。

ただ現実には、日本にも世界にも「立替え」に該当するような大きな出来事は起こっていない。

しかも皮肉なことに、実際に「立替え」が起きたのは前年の大正十年で、それは日本でも世界でもなく、大本教団自体に起こっている。

大正十年、大本教団は国家権力による弾圧を受けて大打撃を被《こうむ》っているのだ（世に言う「第一次大本事件」である）。

現在の神示研究者の多くは、この事件を立替えの一つの「型」と見ているようであるが、この点は私も同感である。

日月神示が、このような過去の事件に関連したものを引用しているのは、おそらく当時の「**三月三日、五月五日**」の解釈が神意に適ったものではなく、正解は別にあるということを示すためではないかと考えられる。

ではそれは何か？　私の考えを述べておこう。

まず本帖では、臣民が「**片輪車**（＝不完全、一方的）」になっているため、「**⦿にまつろえ**」、「**早う改心せよ**」と神が諭しているのであるから、このことと「三月三日」、「五月五日」には何らかの関係があると考えてみたい。

すると、「三月三日」とは「桃《もも》の節句《せっく》」、即ち「女の子の節句」であるから、これは「**女性→女性原理、陰、マイナス、水**」を表すと考えることができる。

一方の「五月五日」は「端午《たんご》の節句《せっく》」で、こちらは「男の子の節句」、つまり「**男性→男性原理、陽、プラス、火**」を表している。

すると、不完全な「片輪車」が「両輪」になるためには、「男性原理と女性原理が再結・統合」されなければならないから、このことと「**三月三日、五月五日は結構な日ぞ**」はうまく整合するのである。

「**結構**」とは、「男性原理と女性原理の再結・統合」を指すと考えればよい。

しかも、両方の日付はどちらも「子供の節句」であるから、「再結・統合」したばかりの時期はまだ「子供」に等しく、大きく成長するのはそれからであることまでが暗示されている。

よって私は、本帖の「**三月三日、五月五日は結構な日ぞ**」を、「片輪車」が本来の「両輪」に復帰することだと解釈したい。

大本教団の場合は、大本神諭の「明治五十五年（＝大正十一年）」は、「第一次大本事件（＝大正十年）」の翌年であるから、第一次大本事件を「立替え（＝片輪車の破壊）」の型と見れば、大正十一年はこれに引き続く「立て直し（＝両輪の復活）」の型の最初の段階と見ることができるのではないか。

と言うのも、「立替え」は破壊を伴うから、誰の目にも明らかに「見える」し「わかる」が、「立て直し」は「霊的次元」のことであるから、物理的には「見えない」し「わからない」からである。

もうひとつこれを補強する解釈として、「三月三日」が「三」→「ミズ」→「瑞《みず》の身魂」→「出《で》口《ぐち》王《お》仁《に》三郎《さぶろう》」となるのに対し、「五月五日」は「五」→「イツ」→「厳《いづ》の身魂」→「出口直《でぐちなお》」となることを指摘しておきたい。

つまり、「三と五」＝「瑞《みず》と厳《いづ》」＝「王仁三郎と直」という対比になるから、これもまた明確に「女性原理と男性原理」を表わしており、結局は両者統合（＝融合調和）の型を出すことが大本教団の究極の目的であったことになる。

勿論両者の統合が一筋縄でいくわけがなく、実際には二人が神憑《か》かりして、お互いを「悪」と断じて改心を迫ったという「神劇」が演じられている。これは、善と悪が共に抱き参らせられる前に、必然的に起こる両者のぶつかり合いと混乱の「型示し」と言えよう（直と王仁三郎は大変仲がよく、神憑《か》かりが解けた後は、お互いを労《いたわ》り合ったと伝わっている）。

なお右の解釈では、「王仁三郎」＝「女性原理」、「直」＝「男性原理」となるから、男と女が逆になっているが、これは王仁三郎が「変性女子」、直が「変性男子」の身魂だからである。

ここに、開祖「出口直」、聖師「出口王仁三郎」が、ほぼ同時代を共に生きたことの真の意味があると思われる。

これも、「三月三日と五月五日」に結びつく重要な手掛かりではないだろうか。

## 第六帖（一四三）

⦿の国八つ裂きと申してあることいよいよ近づいたぞ、八つの国、一つになりて⦿の国に攻めて来るぞ。目覚めたらその日の生命《いのち》お預かりしたのざぞ、⦿の肉体、⦿の生命、大切せよ。⦿の国は⦿の力でないと治まったことないぞ、⦿第一ぞ、いつまで卍（仏）や十（キリスト）や九（いろいろなもの？）にこだわっているのざ。出雲の⦿様大切に、有り難くお祀りせよ、尊い御⦿様ぞ。天津⦿、国津神、みなの⦿⦿《かみがみ》様に御礼申せよ、まつろいて下されよ、結構な恐い世となりて来たぞ、上下《うえした》グレンぞ。

（昭和十九年九月十七日、一二⦿）

【解説】

本帖の冒頭に、「**⦿の国八つ裂きと申してあることいよいよ近づいたぞ、八つの国、一つになりて⦿の国に攻めて来るぞ**」とあるのは、「大峠」における「世界最終戦争」の様相である。

ただ、本帖が降ろされた昭和十九年九月は、地上界ではまだ「大東亜戦争」の真《ま》っ最中《さいちゅう》であるから、まだまだ「大峠」の時期ではない。

よって、これは「神界（または幽界）」の出来事であって、地上界に移写するのはまだ先（＝時間が必要）であると理解すべきである。

ここで「**八つ裂き**」、「**八つの国**」とあるので、文字どおり採れば外国の某八カ国が連合を組んで神国日本に攻め寄せ、最終的に八つの地域に分割占領することとも解釈できるが、おそらくそれは正しい解釈ではない。

「八」とは、「八雲《やくも》」、「八島《やしま》」、「八重桜《やえざくら》」、「八百万《やおよろず》」、「八紘《はっこう》」など、日本では古来から「数が多いこと」という意味に使われてきている。本帖の「八つ裂き」というのも「ズタズタに引き裂くこと」であって、単に「八つに引き裂く」と限定しているわけではないと考えるべきである。

神示第二十三巻「海の巻」第十五帖には「**この神示八通りに読めるのぢゃ**」とあるが、これもピッタリ「八通りの解釈がある」という意味ではなく、「多くの解釈ができる」と解さなければ全体との整合性がない。

このことから、「八つの国」とは「世界中の（多くの）国」と同義であって、「八カ国」と限定すべきではない。

いずれにしろ「大峠」においては、世界中が日本の敵になるとされており、「ズタズタに引き裂かれる」ような地獄の試練に遭《あ》うことを覚悟しなければならないようである。

「**目覚めたらその日の生命《いのち》お預かりしたのざぞ、⦿の肉体、⦿の生命、大切せよ**」は、特に難しい文章ではなく内容も比較的わかりやすい。

ただ、ここで重要なのは、「**生命《いのち》お預かりしたのざぞ**」とある部分で、「生命」さえも自分のものではなく、神からの「**預りもの**」であるという点を肝に銘じていただきたい。

これ故に、「**⦿の肉体、⦿の生命、大切せよ**」と諭《さと》されているのである。

「**⦿の国は⦿の力でないと治まったことないぞ、⦿第一ぞ**」には重要な事実が隠されている。「**⦿の国**」とは言うまでもなく日本を指すが、この国が「**⦿の力でないと治まったことないぞ**」とあるのは、五度の「岩戸閉め」で神の光が完全に射し込まなくなったことに対応し、今度の「岩戸開き」までの長い長い期間、日本は「（本来の神国として）治まっていなかった」ことを暗示しているのだ。

その理由はおわかりだろう。

神国日本を治めるのは、本来「⦿」すなわち「**てんし様**」以外にはないのであるが、岩戸が閉められている間、日本を統治して来たのは「人皇《じんのう》（とその末裔《まつえい》）」だったからである。

よって、「**⦿第一ぞ**」とは「てんし様第一ぞ」と同義である。

ところが、岩戸が完全に閉められた日本は、「**いつまで卍（仏）や十（キリスト）や九（いろい**

**ろなもの？）にこだわっているのざ**」と神に戒められているように、本来の神の道を忘れ去り、「仏教」や「キリスト教」など外来の宗教がより優れた教えであるという「大錯覚」に陥ってしまっているのである。

次の「**出雲の⦿様大切に、有り難くお祀りせよ、尊い御⦿様ぞ**」とあるのは、神が岡本天明たちに命じた神業《しんぎょう》（＝神祀り）である。

この神示が降ろされたのは、昭和十九年九月十七日であるが、これに基づき天明たちが「大国《おおくに》主命《ぬしのみこと》（＝**出雲の⦿様**）」を祀ったのが、同年九月二十八日とされている（『岡本天明伝』）。

「大国主命」とは、いうまでもなく「国津神《くにつかみ》」の最重要神であるから、この神を祀ることの意義は、「天津神《あまつかみ》」に征服された「国津神」の復活・復権と見てよいだろう。

即ち、「**天**」に対する「**地**」の復活であり、これにより一方的で不完全（＝片輪車）だった日本が完全な神国に戻るための第一歩が築かれるということになる。

そしてこれは、第五帖で示された「片輪車」が「両輪」となって完全になるということに繋《つな》がるのである。

最後の「**結構な恐い世となりて来たぞ、上下《うえした》グレンぞ**」は、日月神示特有の「逆説」である。「結構」であって同時に「恐い世」とは、どういう意味であろうか？

このヒントは、「**上下《うえした》グレンぞ**」にあると思われる。

「上下グレン」にはおそらく二重の意味があり、一つは「体主霊従」から「霊主体従」に変わるという「霊的な価値観の大転換」であり、もう一つは「大峠」における「地球大激変（＝仮説として、地球のポールシフトによる南北逆転）」であって、こちらは「物理的なグレン」である。

この二つの解釈が、そのまま答になることはおわかりだろう。

「**結構な**」とは「霊主体従」への大転換に、「**恐い**」とは「地球大激変」にキレイに対応する。

最後の「岩戸」が開いて「大峠」が到来すれば、まさに「結構な恐い世」になるのである。

## 第七帖（一四四）

⦿にまつろう者には生きも死もないのぞ、死のこと、まかると申してあろうがな、生き通しぞ、亡骸《なきがら》は臣民は残さなならんのざが、臣民でも昔は残さないで死《まか》ったのであるぞ、それがまことの⦿国の臣民ぞ、ミコトぞ。

世の元と申すものは、天も地も泥の海でありたのざぞ。その時から、この世始まってから生き通しの神々様の御《おん》働きで五六七《ミロク》の世が来るのざぞ。肚が出来ておると、肚に神つまりますのざぞ、高天原《たかあまはら》ぞ、神漏岐《かむろぎ》、神漏美《かむろみ》の命《みこと》忘れるでないぞ。そこからわかりて来るぞ。

海をみな船で埋めねばならんぞ、海断たれて苦しまんようにしてくれよ、海めぐらしてある⦿

の国、清めに清めておいた⦿の国に、外国の悪渡りて来て⦿は残念ぞ。見ておざれ、⦿の力現わす時来たぞ。

（昭和十九年九月十八日、ひつ九⦿）

## 【解説】

本帖は三つの段落からなり、段落ごとに重要なテーマが述べられている。

最初の段落では、「**⦿にまつろう者には生きも死もない**」ということが述べられている。

「**死のこと、まかると申してあろうがな、生き通しぞ**」がその説明であるが、「まかる」とは漢字で「罷《まか》る」と書き、その原義は、「支配者の命《めい》によって行動する、動く」ということのようである。

昔は、「命じられて都から地方に行く」とか「許しをいただいて貴人のもとから退去する」などという時に使われたが、「（現世を去って）あの世に行く」ことも「**まかる**」と表現される。「まかる」に「身《み》」をつければ「みまかる（＝身《み》罷《まか》る）」となり、更にはっきりと「肉体の死」を意味することになる。

いずれにせよ、神示が言う「死」とは「消滅」ではなく、この世からあの世への「移動」に過ぎないことがはっきりと示されている。

「**亡骸《なきがら》は臣民は残さなならんのざが、臣民でも昔は残さないで死《まか》ったのであるぞ、それがまことの⦿国の臣民ぞ、ミコトぞ**」とは、かなり謎めいた一節である。

文字どおり解釈すれば、昔の臣民は死んでも亡骸《なきがら》（＝遺体）を残すことはなかったが、今の臣民は死んだら必ず亡骸が残るということになってしまう。

一見何のことか見当もつかないと思われるかもしれないが、これは実に単純なことであって、文字どおりの解釈で間違いない。

昔は、死んでも亡骸は残らなかったのだ。

そのヒントは「**昔**」にある。

ここでいう「昔」とは、「てんし様」が統治されていた時代のことであり、まだ「岩戸」が閉められる以前の「(元の)ミロクの世」であると解釈すべきなのである。

ミロクの世では、「てんし様」は不死の御玉体《おからだ》であり、臣民の寿命も格段に長くなると示されている(第二巻「下つ巻」第三十五帖)。

しかも臣民の体は、今の我々の肉体とは完全に異なる「**半霊半物質**」(五十黙示録第七巻「五葉之」第十六帖)であるから、寿命が来ても亡骸(=物質)を残すことなく「まかった」のだ。

このように考えれば何の矛盾もない。

それどころか、「岩戸」が閉められて神の光が完全にシャットアウトされた後の世界は、「半霊半物質」から「完全物質」の世になったのであるから、死ねば必ず亡骸が残ることも明確に説明できるのである。

第二段落の主題は「五六七《ミロク》の世」であるが、これは「**この世始まってから生き通しの神々様の御**《おん》

**働き**」によって到来すると示されていることが重要である。

始原の時、天地は「泥の海」であり、それを国祖様（＝国常立大神）と御妻神（＝豊雲野大神《とよくもぬおおかみ》）はじめ眷属《けんぞく》の神々が「龍体、龍神」となってこの地球を修理固成《つくりかため》られたのであるが、「ミロクの世」はこの時から計画されていたということである。

それを、神示という形で降ろしたのが「日月神示」なのである。


**「肚が出来ておると、肚に神つまりますのざぞ」**では、「肚《はら》」がキーワードである。

日月神示には、頻繁に「**肚**」という言葉が出てきて、「**肚に入れる**」、「**肚が出来る**」などと表現しているが、これは要するに、日月神示を知識として「頭」の中に入れるだけではダメで、信念となって「行動に結びつく」こと、即ち「実践原理」となることを意味する。

こうなった時に、始めて「**肚に神つまります**」、つまり「神人一体」になるということである。

次の「**高天原《たかあまはら》ぞ、神漏岐《かむろぎ》、神漏美《かむろみ》の命《みこと》忘れるでないぞ。そこからわかりて来るぞ**」も謎の多い文章である。

常識的に「高天原《たかあまはら》」とは、アマテラスをはじめとする天津神《あまつかみ》の面々がおられる「神界」や「天界」というイメージで捉えられるが、本帖をそのように解したのでは意味が通らない。

私の解釈では、ここでいう「高天原」とは先の「**肚が出来ておると、肚に神つまりますのざぞ**」と同じ状態、即ち「神人一体」の状態になることを指しているのではないかと考えている。

天に「高天原」があるように、地にも「高天原」ができてこそ、「ミロクの世」に至る礎《いしずえ》が完成するからである。

「神漏岐《かむろぎ》、神漏美《かむろみ》」とは、一般には「男の皇祖神」、「女の皇祖神」の尊称と説明されているが、その本質は言うまでもなく「男性原理と女性原理（＝陽と陰、火と水、プラスとマイナス）」であることを暗示している。

「カムロギ」は「イザナギ」に通じ、「カムロミ」は「イザナミ」に通じるから、「カムロギ」は「ギ」→「キ」→「気、キ」→「ヽ」を、また「カムロミ」は「ミ」→「身、体」→「〇」を表す。

そして両者が統合すれば、「ヽ」＋「〇」→「☉」となって「完全体（＝神）」が顕現される。

既に何度も述べているように、これが「一厘の仕組」の原型である。

よって、「神漏岐《かむろぎ》、神漏美の命《かむろみみこと》」とは、「カムロギ（ヽ）」と「カムロミ（〇）」が統合して「ミコト（☉）」となることを指すと考えられるが、突き詰めればこれは「イザナギ神」と「イザナミ神」の再会・再結のことであるから、結局「岩戸開き」をも暗示しているのである。

なお、日月神示は「高天原」を「たかあまはら」と読んでいるが、神道ではこの他に「たかまがはら」、「たかまのはら」という読み方があることを補足しておく。

どれも間違いではないが、私は日月神示に倣《なら》って「たかあまはら」と読み、また宣《の》っている。

最後の段落は、「大峠」における「最終戦争」の様相を示しているようである。

「**海をみな船で埋めねばならんぞ、海断たれて苦しまんようにしてくれよ**」とあるから、全周を海に囲まれている日本がその海を船で埋められ海を断たれるとは、外国との貿易や交易が一切できなくなることであろうか？

いわゆる「経済戦争」による日本への締め付けという意味であろう。

私は、初めてここを読んだ時、かつて大東亜戦争の引き金ともなった「ＡＢＣＤ包囲網（注）」のことを想い出して身震いしたことを思い出す。

「大峠」では、更に徹底した締め付けになることを覚悟しなければならないようだ。

一方において、「**海めぐらしてある⦿の国、清めに清めておいた⦿の国に、外国の悪渡りて来て⦿は残念ぞ**」とあるように、「海」によって「神国」としての日本が護られて来たことも事実であるが、今はもう神国日本は外国の悪によって完全に蹂躙《じゅうりん》し尽《つ》くされている。

これ故に、「**見ておざれ、⦿の力現わす時来たぞ**」と示されているのであって、まさに「岩戸」を開き「立替え、立て直し」を経て「ミロクの世」へ戻すという神の決意表明なのである。

（注：ＡＢＣＤ包囲網とは、一九四一年、東アジアに権益を持っていたアメリカ、イギリス、オランダが日本に対して行った貿易制限に、当時対戦国であった中華民国を加え、それぞれの頭文字を取って呼称したもの。Ａ＝アメリカ、Ｂ＝イギリス（ブリテン）、Ｃ＝中華民国（チャイナ）、Ｄ＝オランダ（ダッチ）を指す）

## 第八帖（一四五）

祓えせよと申してあることは、何もかも借銭なしにすることぞ。借銭なしとはメグリなくすることぞ、昔からの借銭は誰にでもあるのざぞ、それ払ってしまうまでは誰によらず苦しむのぞ、人ばかりでないぞ、家ばかりでないぞ、国には国の借銭あるぞ。世界中借銭なし、何にしても大《たい》望《もう》であるぞ。

今度の世界中の戦《いくさ》は世界の借銭なしぞ、世界の大祓《おおはらえ》ぞ。神主、お祓《はら》いの祝詞《のりと》あげても何にもならんぞ、お祓祝詞《はらえ》は宣《の》るのぞ、今の神主宣ってないぞ、口先ばかりぞ、祝詞も抜けているぞ。畔放《あなはち》、頻蒔《しきまき》や、国津罪、みな抜けて読んでいるでないか、臣民の心には汚く映るであろうが、それは心の鏡曇っているからぞ。悪や学に騙されて、肝心の祝詞まで骨抜きにしているでないか、これでは世界は浄《きよ》まらんぞ。祝詞は読むものではないぞ、神前で読めばそれでよいと思うているが、それだけでは何にもならんぞ。宣るのざぞ、いのるのざぞ、なりきるのざぞ、とけきるのざぞ、神主ばかりでないぞ、皆心得ておけよ、⦿のことは神主に、仏は坊主にと申していること根本の大間違いぞ。

（昭和十九年九月十九日、ひつ九の⦿）

**【解説】**

本帖の主たるテーマは「祓」である。

「祓」は「はらえ」とも「はらい」とも読む。

最初の段落に、**「祓えせよと申してあることは、何もかも借銭なしにすることぞ。借銭なしとはメグリなくすることぞ」**とあるのは重要である。

通常、神道でいう「祓」とは、「罪《つみ》や穢《けが》れ」を神の力で「祓ってもらう（＝取り除いてもらう）」という意味に使われ、「祓詞《はらえことば》」などの祝詞《のりと》はこのために奏上《そうじょう》し神に祈願するためのものである。

つまり、一般的な神道思想では、「祓う」のは神であって人間は「祓われる」という関係になる。

ところが、日月神示のこの帖は、「祓」の意味を「**借銭なし**」にすること、「**メグリをなくす**」ことだと断言している。

「メグリをなくす」とは、「身魂磨き」が十分進んだ結果のことに他ならないから、これは臣民が自分で取り組まなければならず、「神頼み、神任せ」にできるようなものではない。

わかりやすく言えば、神道の「祓」は「神に祓ってもらう」という「他力」であり、日月神示の「祓」は「身魂磨き、メグリ取り」であるから、こちらは「自力」であると説明できよう。

両者のベクトルは正反対なのである。

どちらが正しいか（＝本質的か）と言えば、それは当然日月神示である。

我々の認識を改めなければならない。

次に、「**昔からの借銭は誰にでもあるのざぞ、……人ばかりでないぞ、家ばかりでないぞ、国には国の借銭あるぞ。世界中借銭なし、何にしても大望《たいもう》であるぞ**」と示されているように、借銭には「個人」の借銭（＝メグリ）だけではなく、「家」、「国」、そして「世界」の借銭までがあると明言されていることは更に重要である。

では家や国、世界の借銭は誰が払う（＝メグリを取る）のであろうか？

本帖にはそこまで書かれてはいないが、誰か「代表選手」が取らなければならないことは明白であって、つまるところそれが「因縁の身魂」の御役ということになる。

このような「身魂」たちが楽な人生を送れるはずもなく、「**それ払ってしまうまでは誰によらず苦しむ**」のはある意味当然の道理なのである。

そのような使命を負っている「因縁の身魂」を、私は特に「真《まこと》の日本人」或いは「スメラの民」と呼んでいる。

第二段落の冒頭に、「**今度の世界中の戦《いくさ》は世界の借銭なしぞ、世界の大祓《おおはらえ》ぞ**」とあるのは、「大峠」で起こる「最終戦争」のことを指している。これは「大東亜戦争」のことではないから注意していただきたい。

「**今度**」という単語には、「近い過去（＝最近）」、「現在（＝今回）」、そして「未来（＝次回）」の三つの意味があり、この場合は「未来（次回）」と考えなければ全体の意味が成り立たないからである。

次に、「**神主、お祓《はら》いの祝詞《のりと》あげても何にもならんぞ、……今の神主宣ってないぞ、口先ばかりぞ、祝詞も抜けているぞ。畔放《あなはち》、頻蒔《しきまき》や、国津罪、みな抜けて読んでいるでないか、……悪や学に騙されて、肝心の祝詞まで骨抜きにしているでないか**」と、日月神示の神が神主《かんぬし》の祝詞奏上を全否定しているが、これは驚愕すべき事実である。

細かいことは別にして、「**今の神主宣ってないぞ、口先ばかりぞ**」とあるように、神主は神前で単に祝詞を読んでいるだけだというまことに厳しい指摘がなされている。

では、「祝詞」はどのように奏上すればよいのか？　ということになるが、神示には「**宣るのざぞ、いのるのざぞ、なりきるのざぞ、とけきるのざぞ**」と示されている。

「宣る、いのる、なりきる、とけきる」とは人間の言葉による説明であるから、その本質はこれら全てを総合したその奥に見えてくる「境地《きょうち》、境涯《きょうがい》」ということになる。

とても一語で表すことなど出来るものではなく、心で感じる以外にない。

そして最後の部分、「**皆心得ておけよ、⦿のことは神主に、仏は坊主にと申していること根本の大間違いぞ**」という示しをよくよく味わって欲しい。

「**根本の大間違い**」――。

日月神示全巻のどこを探しても、これほど強烈な表現はない。

「**⦿のこと**」が「神主」ではなく、「**仏のこと**」も「坊主」でないのなら、誰が⦿のこと仏のことをやるべきだろうか？

その答は「**全ての臣民**」である。

つまり、臣民一人ひとりが「神主」であり「坊主」である（べき）というのが神意なのである。

考えてみればこれは当然のことであって、「神祀り」が臣民の責務であると示されている以上、これを神主や坊主が臣民に代わってできるわけがない。

つまりこれは、「神主」や「坊主」などの神仏に奉仕する「職業」を、日月神示の神が否定していることでもあるのだ。

「ミロクの世」では、全ての臣民が「神に奉仕する者」であるから、そのようなものが職業として成立する道理はない。

※補足
少々専門的になるが、大事なポイントを押さえておこう。

帖中、「**祝詞も抜けているぞ。畔放**《あなはち》**、頻蒔**《しきまき》**や、国津罪、みな抜けて読んでいるでないか**」とあるのは、本帖降下当時の「大祓詞《おおはらえことば》」を指していて、古来には奏上されていた「ある語句」が近代になってから意図的に削除されていることを述べたものである（これは、現代でも同様である）。

削除された「ある語句」とは次のようなものである。

天津罪《あまつつみ》とは　畦放《あはなち》　溝埋《みぞうめ》　樋放《ひはなち》　頻蒔《しきまき》　串刺《くしさし》　生剥《いけはぎ》　逆剥《さかはぎ》　屎戸《くそへ》　許々太久《ここたく》の罪《つみ》を天津罪《あまつつみ》と宣別《のりわけ》て

国津罪《くにつつみ》とは　生膚断《いきはだだち》死膚断《しにはだだち》　白人《しらひと》胡久美《こくみ》　己《おの》が母犯罪《ははをかせるつみ》　己《おの》が子犯罪《こをかせるつみ》　母《はは》と子《こ》と犯罪《をかせるつみ》　子《こ》と母《はは》と犯罪《をかせるつみ》　畜犯罪《けものをかせるつみ》　昆虫《はふむし》の災《わざはひ》　高津神《たかつかみ》の災《わざはひ》　高津鳥《たかつとり》の災《わざはひ》　畜仆《けものたふ》し蟲物為罪《まじものせるつみ》　許々太久《ここたく》の罪《つみ》出《い》でむ

右の祝詞の部分が、本帖降下当時も今も削除されていて、「大祓」の神事《しんじ》でも奏上されることはほとんどないが、かつてはきちんと奏上されていたのである。
(注：神道の流派によっては削除していないところもある)

なぜ削除されたのかその理由は、右の祝詞部分を一読していただければおわかりになるはずだ。「**天津罪**《あまつつみ》」と「**国津罪**《くにつつみ》」の具体的な内容が述べられているが、それらのほとんどは近・現代社会には適合しないものが多く、のみならず「差別的表現」であるものや、或いはあまりにも「おぞましい表現」などが含まれているため、祝詞には相応《ふさわ》しくないとして削除されたのである。

具体例を述べれば、「**畔放**《あなはち》」とは田のあぜを壊して水を放出すること、「**頻蒔**《しきまき》」は他人の水田に重ねて種を蒔き自分の田であると主張すること、「**生剥**《いけはぎ》」は獣の皮を生きたまま剥《は》ぐこと、「**生膚断**《いきはだたち》」は「生きている人の肌に傷をつけること」などであるが、現代ではそのような行為もさることながら、口にするのも憚《はばか》られるものがある。

極めつきは、**「己《おの》が母犯罪《ははをかせるつみ》」**、**「己《おの》が子犯罪《こをかせるつみ》」**などであり、これらは完全に「近親相姦」を意味している。

これらは、確かに許されることではないから、近・現代人の感覚として、神道最高の祝詞と言われる「大祓詞」から、このようなあまりにも過激な表現を削除したくなった気持ちはわからないではない。

しかし日月神示の神は、これを冷厳に**「みな抜けて読んでいるでないか」**と指摘している。

その理由は、**「臣民の心には汚く映るであろうが、それは心の鏡曇っているから」**ということに尽きる。要するに、「汚い」→「悪いこと」→「祝詞から削除」という人間の心の動きを、「心の鏡曇っている」と指摘しているのであり、これは結局「善悪二元論」に行き着くものなのである。

「善悪二元論」では、神仕組みの奥義である善も悪も共に抱き参らせることは決して叶《かな》わない。

## 第九帖（一四六）

一二《ひつき》の⦿にひと時拝せよ、⦿の恵み、身にも受けよ、からだ甦るぞ、⦿の光を着よ、み光を頂けよ、食べよ、⦿ほど結構なものないぞ、今の臣民、ヒ（日）を頂かぬから病になるのざぞ、⦿の子は⦿の子と申してあろうがな。

（昭和十九年九月二十日、ひつ九のか三）

**【解説】**

本帖は、「**病の原因**」と「**治し方**」を述べている。

病の原因は、「**今の臣民、ヒ（日）を頂かぬから病になる**」とあるとおり、根本のところは「ヒ（＝神のキ）」と繋がっていないからである。

一方の「治し方」とは、まず神（＝**一二《ひつき》の⦿**）を拝し、「**⦿の恵み、身にも受けよ、からだ甦るぞ、⦿の光を着よ、み光を頂けよ、食べよ**」とある。

本来「**⦿（神）の子は⦿（ヒ）の子**」であって、元々病とは無縁なのであるが、「**⦿の子**」を忘れ去ったがために病を呼び寄せたのである。

この帖は抽象的であるが、意味は比較的理解しやすいものであろう。

本帖には、これ以上のことは書かれていないが、推測すれば、岡本天明か彼の同志の誰かが病気になったため、神に対処方針を伺ったところ、降ろされたのがこの神示だったのかもしれない。

## 第十帖（一四七）

何事も方便と申して自分勝手なことばかり申しているが、方便と申すもの⦿の国には無いのざぞ。まことがことぞ、まのことぞ、言霊《ことたま》ぞ。これまでは方便と申して逃げられたが、もはや逃げること出来ないぞ、方便の人々、早う心洗いてくれよ、方便の世は済みたのざぞ、今でも仏の世と思うているとビックリが出るぞ、⦿の国、元の⦿がスッカリ現われて富士の高嶺《たかね》から天地《あめつち》へ祝詞するぞ、岩戸閉める御役になるなよ。

（昭和十九年九月二十日、ひつ九のか三）

**【解説】**

本帖のテーマは「**方便**」であるが、「**方便と申して自分勝手なことばかり申している**」、「**方便と申すもの⦿の国には無い**」、「**方便の世は済みた**」などと示されているから、よい意味の「方便」でないことは一読してわかる。

また、「**まことがことぞ、まのことぞ、言霊《ことたま》ぞ**」とあるので、「方便」とは「**まこと、まのこと、言霊**」とは反対の意味であるという暗示が隠されている。

このように、本帖の「方便」とは、「まことではない言葉」の意味に使われているのであり、ズバリ言えば、「**（目的を達成するために）真実を隠す、嘘をつく**」ということである。

つまり、「嘘も方便」という意味の「方便」である。

「ミロクの世」になれば、そのようなものは無くなる（＝概念すらもない）のは当然の道理である。

ここで注意しておきたいのは、元々「方便」とは「仏教」由来であり、原義は「（サンスクリット語の）近づく、到達する」という意味であって、元来「嘘をつく」という意味ではない。

難解な仏教を、一般人にわかりやすく説くための、便宜的な方法や手段を指しているのである。

そのため、「たとえ話」や「もののたとえ」を多く用いて、その奥にある真理をわからせようとしていた。

しかし、長い年月を経るうちに世俗化してしまい、「目的を達成するためには多少の嘘は許される」、「相手に反発や反対をさせないために真実を隠す」のような用法に転化してしまい、今日のように「嘘も方便」が当たり前になってしまったのである。

ここには真実のカケラもないが、「我れ善し、体主霊従」に陥った人民はそうは思わない。

むしろ、お釈迦様でも「方便」を使ったのだから、自分たちが「方便」を使うのは当然であり許されると思い込むのがオチである。

とんでもない「方便違い」である。

ところで、「方便」が仏教由来だからと言って、仏教そのものが悪なのではなく、五度目の「岩戸」を閉めたと言われる「仏魔」こそが元凶であることに注意していただきたい。

釈迦は大神人であったし、釈迦の説かれた仏教（＝原始仏教）は立派な教えである。

古代の日本人は、仏教との親和性が高く、違和感なく取り入れたのであるが、「仏魔」はこのような日本人の心性を利用して、「仏教」こそが最高であって「神道」の上位にあると置き換えたのである。

「仏魔」とは、仏教を利用して最後の岩戸を閉め、日本にマコトの神の光が一切射し込むことがないようにした悪魔であり、悪神のことである。

「**今でも仏の世と思うているとビックリが出るぞ**」とあるのは、岩戸が開ければ「**◉の国、元の◉がスッカリ現われて富士の高嶺《たかね》から天地《あめつち》へ祝詞するぞ**」となるからであって、日本に「まことの神の道」が復活すれば、「仏魔」は自然に消滅するしかないのである。

これ故に、「**方便の人々、早う心洗いてくれよ**」、「**岩戸閉める御役になるなよ**」と諭されているのだ。

## 第十一帖（一四八）

世界丸めて一つの国とするぞと申してあるが、国はそれぞれの色の違う臣民によりて一つ一つの国作らすぞ。その心々によりて、それぞれの教え作らすのぞ。旧《ふる》きものまかりて、また新しくなるのぞ、その心々の国と申すは、心々の国であるぞ、一つの王で治めるのざぞ。天津日嗣《あまつひつぎ》の皇《み》子《こ》様が世界中照らすのぞ。地《くに》のひつきの御役《おんやく》も大切の御役ぞ。

道とは三つの道が一つになることぞ、満ち満つことぞ、元の昔に返すのざぞ、修理固成《つくりかため》の終わりの仕組ぞ、終わりは始めぞ、始めは一《ひ》（霊）ぞ。富士、都《みやこ》となるのざぞ、幽界《がいこく》行きは外国行きぞ。◉の国、光りて目あけて見れんことになるのざぞ、臣民の身体からも光が出るのざぞ、その光によりて、その御役、位《くらい》、わかるのざから、ミロクの世となりたら何もかもハッキリして嬉し嬉しの世となるのぞ、今の文明なくなるのでないぞ、魂《たま》入れて、いよいよ光りて来るのぞ、手握りて草木も四《よ》つ足もみな歌うこととなるのぞ、御光《みひかり》にみな集まりて来るのざぞ、てんし様の御光は⦿の光であるのざぞ。

（昭和十九年九月二十と一日、一二か三）

**【解説】**

本帖には「**世界丸めて一つの国とする**」、「**一つの王で治める**」、そして「**ミロクの世**」などとあることから、明らかに来たるべき「ミロクの世」の様相を述べている。

ここでは、「**一つの王で治めるのざぞ**」に続いて、「**天津日嗣《あまつひつぎ》の皇子《みこ》様が世界中照らすのぞ**」とあるから、「一つの王」とは「ミロクの世の王」であって、それは紛れもなく「天津日嗣《あまつひつぎ》」の霊統《れいとう》を継《つ》がれた「皇子《みこ》様」、即ち「てんし様」であることをまず確認しておきたい。

その上で、「**国はそれぞれの色の違う臣民によりて一つ一つの国作らすぞ**」、「**それぞれの教え作らすのぞ**」と示されているのは、「ミロクの世」がただ一つの色に染められた全体主義的な統一国家ではなく、各国、各民族などの「多様性」がそのまま反映されるという意味である。

ここに、「ミロクの世」の統治のあり方が示されている。

国々が多数あるのに、「一つの王（＝てんし様）」が治めるということは、それらの国々が神国日本の「属国」になるというような低次元の話ではなく、全ての国々が「**てんし様の大御心にまつろう**」ことだと捉えなければならない。

即ち日本という国は、「ミロクの世」にあってはその「頂点（＝ピラミッドの頂点）」に君臨するのではなく、その「中心（＝円の真中）」に位置する国となるのである。

そしてこれを図示すれば、「⦿」の「ゝ」が日本で、「〇」が外国となることは明らかである。「⦿」は一般に「神」を指すとされるが、それだけではなく「ミロクの世」の統治形態をも表していることがわかる。

なお、第一段落の最後に、「**地《くに》のひつきの御役《おんやく》も大切の御役ぞ**」とあるのは、「てんし様」に付き従う「臣民の御役」も大切であるという意味である。

第十八巻「光の巻」第一帖に、「**地《くに》の日月の⦿とは臣民のことであるぞ……今の臣民も掃除すれば地の日月の⦿様となるのざぞ**」という一節があるが、ここに「**地《くに》の日月の⦿とは臣民のことである**」と明記されている。

よって、「**地《くに》のひつきの御役《おんやく》**」とは「臣民の御役」のことに他ならない。「君《きみ》」である「てんし様（ゝ）」と、「臣《おみ》」である「臣民（〇）」の御役《おんやく》が合体すれば、まさしく「君臣《くんしん》一体（⦿）」となって完全なものになる。

このように「⦿」には、「日本（ゝ）」と「外国（〇）」という意味もあれば、「てんし様（ゝ）」と「臣民（〇）」という意味もある。

そこには、明らかにフラクタルな関係が見られる。

以上を押さえれば、残りの解釈はそれほど困難ではない。

「**道とは三つの道が一つになることぞ、満ち満つことぞ**」とあるのは、既に何度か出てきた「あ」、「や」、「わ」のことであろう。

「あ」は、統治の中心者としての「てんし様（＝天津日嗣《あまつひつぎ》の皇子《みこ》様＝神）」であるし、「や」と「わ」は「てんし様」の左右にあってその補佐をする者（＝臣民の代表者）である。

この三者が三位一体となった時、始めて現実的な「道が満ち満つる」のである。

このような「ミロクの世」に至ることを、神示は「**元の昔に返すのざぞ、修理固成《つくりかため》の終わりの仕組ぞ、終わりは始めぞ、始めは一《ひ》（霊）ぞ**」と述べている。

ここで、「**元の昔に返す**」とか「**終わりは始め**」とあるから、結局は古《いにしえ》の元《もと》の世に戻るだけのことかと考えないでいただきたい。

ここには「循環の法則」が見て取れるが、この循環はただの堂々巡りではなく「スパイラル・アップ（＝螺旋上昇《らせんじょうしょう》）」なのである。

「スパイラル（＝螺旋）」を真上から見れば「円、丸」にしか見えず、同じ円周をグルグル回っているように見えるが、これを真横から見れば、左右に振れながら上昇していることがわかるであろう。

従って「元に返る」というのは、「**一段次元が上がった元返り**」の意味であって、単に昔と同じ世界に戻ることではない。

第一、世の元の大神様がそんな幼稚な仕組を作るわけがないではないか。
これが俗に言う「アセンション（＝次元上昇）」の真義である。

「**富士、都**《みやこ》**となるのざぞ**」は、文字どおりの意味であって、神国日本の霊的中心地の「富士」に「てんし様」の都が築かれるという意味に解される。

これについては、同様の内容を既に解説してきたが、本帖でそのことが断言されている。「てんし様」の都が、最高の霊地「富士」に造られるのは当然のことである。

「**幽界**《がいこく》**行きは外国行きぞ**」には、「幽界《がいこく》」と「外国」がほぼ同義語として使用されているが、これは「中心（ヽ）」に対する「外円、外周（〇）」と考えればよく、「身魂磨き」が必ずしも十分でない臣民は「中心」ではなくその身魂のレベルに相応《ふさわ》しい「外側」に行くことだと解される。

このことを明確に示しているのが、「**臣民の身体からも光が出るのざぞ、その光によりて、その御役、位**《くらい》**、わかるのざから……**」とある部分だ。

「ミロクの世」では、霊格のレベルに相当する「光」が臣民自身から放射され、それによって黙っていても「御役、位」がわかるということである。

つまり、嘘もつけず隠しごともない「**何もかもハッキリして嬉し嬉しの世となる**」のであって、直前の第十帖で「**方便の世は済みたのざぞ**」とあったのは、このような「ミロクの世」の本質を別の言葉で表していたのである。

ただ、我々にとっての救いは、「**今の文明なくなるのでないぞ、魂《たま》入れて、いよいよ光りて来るのぞ**」と示されていることで、今の世が「我れ善し、体主霊従」のどうしようもない「悪文明」ではあっても、「ミロクの世」ではこれに「魂」が入って光るのだと示されている。

私はここを読んだ時、「**地獄の三段目に入ることの表は一番の天国に出づることぞ**」（第三巻「富士の巻」第九帖）という神示を思い出したのだが、これはまさに「体主霊従」から「霊主体従」へと霊的ベクトルが大転換することを意味している。

それによって、「悪文明（＝地獄の三段目）」は直ちに「マコトの文明（＝一番の天国）」となって再生するのであるが、「魂」が入るかどうかは臣民の「身魂磨き」次第である。

最後の「**手握りて草木も四つ足《よ》もみな歌うこととなる**」とある部分は、「ミロクの世」が待ちに待った「理想世界」であり「ユートピア」であることを、端的に表している。臣民は言うに及ばず、動物も植物も皆、「てんし様」を讃えて歌うのが「ミロクの世」なのである。

## 第十二帖（一四九）

この道は道なき道ざぞ。天理も金光も黒住も今は魂《たましい》抜けておれど、この道入れて生きかえるのぞ、日蓮も親鸞も耶蘇《やそ》も何もかもみな脱け殻ぞ、この道で魂《たま》入れてくれよ、この道は、丶○の中に、入れてくれと申してあろうが。臣民も、世界中の臣民も国々も、みな同じことぞ、丶入れてくれよ、○を掃除しておらぬと丶入らんぞ、今度の戦は○の掃除ぞと申してあろうがな、まつりとは、まつり合わすことと申してあろうがな、この道は教えでないと言うてあろうが、教会や他の集いでないと申してあろうがな、人集めてくれるなと申してあろうがな。世界中の臣民みな信者と申してあろうが、この道は道なき道ぞ、時なき道ぞ、光ぞ。この道でみな生き返るのざぞ。天明阿呆になりてくれよ、我《が》捨ててくれよ、神憑《か》かるのに苦しいぞ。

（昭和十九年九月二十二日、あの一二⊙）

【解説】

本帖は、信仰的・宗教的見地から見た「日月神示の本質」を述べているもので、他の宗教との違いを明示している極めて重要な帖である。

まず、結論から言うなら、「**この道は教えでないと言うてあろうが、教会や他の集いでない**」、「**人集めてくれるな**」、「**世界中の臣民みな信者と申してあろうが**」とあるとおり、日月神示は現存する如何なる宗教の類《たぐい》などではなく、いわば正真正銘の「世界宗教」なのである。

勿論これは、信者数が多いなどというレベルの話ではない。

第一巻「上つ巻」第一帖に、「**仏もキリストも何も彼《か》もはっきり助けて、しち難しい御苦労のな**

**い代が来る**」と示されていたが、これは本帖と同義であって、これまでバラバラであった全ての宗教が「大元《おおもと》」に返ることであり、その「大元」こそが日月神示が示す「**この道**」なのである。

ただしこれは、今現在の地上界のことではなく、来たるべき「ミロクの世」において実現することである。

以上の点を押さえておけば、残りは理解しやすくなるはずだ。

まず、「**この道は道なき道**」、「**時なき道**」と言うのは、かつてない、これからもない万劫末代《まんごうまつだい》の道であるという意味で、前述の第一巻「上つ巻」第一帖に「**この世始まって二度とない苦労……**」と示されていることと裏腹の関係であろう。

「**天理も金光も黒住も今は魂《たましい》抜けておれど、この道入れて生きかえるのぞ、日蓮も親鸞も耶蘇《やそ》も何もかもみな脱け殻ぞ、この道で魂《たま》入れてくれよ**」とは、広い意味で、現在の宗教は何もかも本物の宗教ではなくなった「脱け殻」であると解される。（注：「耶蘇《やそ》」とはキリスト教のこと）

またこれを狭義に見るなら、「天理（教）、金光（教）、黒住（教）」は何《ど》れも「日月神示」に先行する「霊脈」であり「因縁の宗教」であったが、これさえも「脱け殻」になっているという指摘である。

ここで「脱け殻」とは、これまで何回か登場した「あ、や、わ」との関係で考えればわかりやすいだろう。

つまり、宗教から「神（＝あ）」がいなくなる（＝人間が排除する）ことが「脱け殻」になるということであり、その結果、人間同士（＝や、わ）の醜《みにく》い権力争いに堕ちていくことになるのだ。

第七巻「日の出の巻」第二十帖には、「**何処《どこ》の教会でも元はよいのであるが、取次役員がワヤにしてしもうているのぞ**」という一節があるが、「取次役員《とりつぎやくいん》（＝わ、や）」である人間がワヤ（＝脱け殻）にしているという指摘は重く受け止めなければならない。

本帖には、「**この道入れて生きかえる**」とか「**この道で魂《たま》入れてくれよ**」とあるが、これが「脱け殻」から脱する唯一の方法である。

具体的には、「**この道はゝ**」、「**〇の中にゝ入れて**」とあるように、「ゝ」がキーポイントである。「ゝ」とは、大元の神に繋《つな》がる「神性、神光、マコト、キ」などの意味が当てられるが、私は個人的に「スメラ」とも呼んでいる。

「スメラミコト」、「スメラの民」とは、中心に「ゝ（＝スメラ）」を有する存在ということができるからである。

要は、「〇」の中に「ゝ」を入れて「⦿」にすればよいのだが、「我れ善し、体主霊従」に堕ちている臣民にとってこれは至難のことである。

何故ならば、肝心の「〇」が汚れているためで、神示はこの事を「**〇を掃除しておらぬとゝ入らんぞ**」と指摘している。

ここでいう「〇」とは、「ミ」→「肉体」という狭い意味ではなく、地上界における生き方や価値観、心の持ち方まで含めた広い意味に捉えないと本筋から外れてしまうから注意されたい。

換言すれば、肉体の掃除とともに、「口《く》、心《しん》、行《ぎょう》」の三つの掃除が含まれると言えよう。

そのために必要なことは、これでもかと言うほど神示に散々述べられてきた「**身魂磨き（＝メグリ取り）**」である。

その「身魂磨き」については、「**臣民も、世界中の臣民も国々も、みな同じことぞ**」とあるように、「身魂磨き」は日本の臣民だけではなく、世界中の臣民にとっても必要であるし、更には「国」という単位においても必要である（「世界」についても同様であろう）。

本巻第八帖に、「**人ばかりでないぞ、家ばかりでないぞ、国には国の借銭あるぞ**」と示されていることと全く同じである。

このように、「身魂磨き」自体も広く捉える必要があるので、この点注意していただきたい。

世界中が「身魂」を磨かなければならないのである。

最後の「**天明阿呆になりてくれよ、我《が》捨ててくれよ、神憑《か》かるのに苦しいぞ**」とあるのは、神が岡本天明に憑《か》かって自動書記させる際の注意事項を述べたものである。

「**阿呆《あほう》になれ**」とは、「神に対して素直になれ」という意味であろうし、また「**我を捨てよ**」とは、

「人間の智や学であれこれ考えたり判断して、心の中に雑念を入れるな」ということであろう。そうなったのでは、**「神憑《か》かるのに苦しい」**からである。

要するに、臣民に神が憑かるには、「神に対して真素直《ますなお》になって心を全開にする（＝神にまつろう）」ことが必須なのであり、これが「神人一体」になる秘訣でもある。

この一節は、天明に向けられたものであるが、我々にとっても重要な示唆を与えてくれるものである。

## 第十三帖（一五〇）

赤い眼鏡かければ赤く見えると思うているが、それは相手が白い時ばかりぞ、青いものは紫に映るぞ。今の世は色とりどりの眼鏡とりどりざから見当とれんことになるのざぞ、眼鏡はずすに限るのぞ、眼鏡はずすとは洗濯することざぞ。上《うえ》ばかり良くてもならず、下《しも》ばかり良くてもならんぞ。上も下も天地揃うて良くなりて、世界中の臣民、獣《けもの》まで安心して暮らせる新《さら》の世に致すのざぞ、取り違えするなよ。

（昭和十九年九月二十三日、一二〇）

**【解説】**

この帖では「**色眼鏡《いろめがね》**」の例えを用いて、今の世界が混乱している原因を指摘している。

ここでいう「色眼鏡」とは、臣民一人一人は勿論、家、共同体、社会、国家に至るまでそれぞれ異なる「価値観」を有していることを指し、それがフィルターとなって他の「価値観」がそのままの色に見えないばかりか、違った色に見えてしまう事実を述べている。

それが冒頭の「**赤い眼鏡かければ赤く見えると思うているが、それは相手が白い時ばかりぞ、青いものは紫に映るぞ**」とある部分である。

今、「価値観」という言葉を使ったが、現今のほとんど全ての「価値観」は「我れ善し、体主霊従」が根っ子にあるから、その「眼鏡」はハナから「我れ善し」の「色」がついてしまっている。

しかも、「我れ善し」の色は一色《いっしょく》ではなく、人民の数だけあるのだ。

このことを神示は、「**今の世は色とりどりの眼鏡とりどりざから見当とれんことになる**」と指摘しているのである。

こんな状態で世界が正しく見えるわけがなく、従ってよくなるわけがないから、そんな「**眼鏡はずすに限る**」のであるが、そのための具体策が「**洗濯すること**」だと教示している。

洗濯とは、言うまでもなく「身魂磨き、メグリ取り」のことである。

皆が「洗濯」して、「**上も下も天地揃うて良くなりて、世界中の臣民、獣《けもの》まで安心して暮らせる新《さら》の世に致す**」のが神の願いなのである。

ここで一つ注意していただきたいのは、右に「それぞれ異なる価値観を有している」と書いたが、では「ミロクの世」になれば、たった「一つの価値観」に統一されるのかと言えば、決してそうではない。

「ミロクの世」でも臣民の数だけ価値観はあるのだが、何よりも肝要なことは、それぞれの価値観は全て「霊主体従」から発するもので、必ず「てんし様の大御心」という「中心」に向いているということである。

「我れ善し」の価値観では、その中心が「我《われ》」でしかない。

## 第十四帖（一五一）

この道わかりた人から一柱《ひとはしら》でも早う出て参りて神の御用なされよ。何処《どこ》におりても御用はいくらでもあるのざぞ。神の御用と申して、稲荷下げや狐憑きの真似はさせんぞよ。この道は厳しき道ざから楽な道なのぞ。上にも下にも花咲く世になるのざぞ、後悔は要らぬのざぞ。上《かみ》は見通しでないとカミでないぞ、今のカミは見通しどころか目ふさいでいるでないか。蛙《かえる》いくら鳴いたとて夜明けんぞ。赤児になれよ、ごもく捨てよ、その日その時から顔まで変わるのざぞ、ⓥ烈《はげ》しく結構な世となりたぞ。

（昭和十九年九月二十三日、ひつ九のか三）

【解説】

本帖のテーマは、「**この道**」であり「**神の御用**」である。

「**この道わかりた人**」とは、何度も述べているように、神示が「肚」に入り自らの実践原理となっている人のことであり、単なる知識として神示が頭に入っている人のことではない。

神示には、「**この道わかりた人から一柱《ひとはしら》でも早う出て参りて神の御用なされよ**」とあるから、「神の御用」に使えるのは「この道わかりた人」であって、尚かつ真剣に「身魂磨き」に取り組んで、神が憑《か》かれるほどに身魂が深化した人ということになるだろう。

ただし、その判断は最終的に「神」が行うものであって、臣民が「私はこの道がわかり、身魂も磨けました」などと自己申告するようなものではない。

もしそんな人がいたとすれば、それは甚だしい「取り違い」であり「高慢」になっている証拠であって、その時点でアウトである。

神がこのような者に憑かるはずがなく、「御用」を任せることもない。

思うに、本当に「道」がわかって「身魂」が磨けてきた人の第一の特徴は、その人の言動が非常に「謙虚」になっていくことではないだろうか。

このような人であれば、神が降りて「神人一体」になり、「神の御用」を務めることができると考えてよいであろう。

その「神の御用」であるが、「**何処《どこ》におりても御用はいくらでもあるのざぞ**」と神が保証しておられるから、これは我々臣民にとっては一つの安心材料である。

またこのことは、「身魂の因縁」に対応する御用のことを述べており、御用の数がだんだん減っていって、残りが少なくなるなどというものではないから、安心して神にお任せすればよいのである。


**「神の御用と申して、稲荷下げや狐憑きの真似はさせんぞよ」**とあるのは、強く肝に銘じなければならない重要なポイントである。

これは、「心霊現象」に強い興味と関心を持つ者が特に陥りやすい「落とし穴」であるから、厳に注意しなければならない。

「動物霊」や「低級霊」が憑《か》かると、大言壮語を口にしたり平気で嘘をつくのは序の口で、甚だしい場合は人格転移が起こったり暴れたりすることもあるが、「神の御用」はこのようなものとは完全に無縁である。


これに関連して忘れてならないのは、岡本天明の時代、彼の下《もと》に集まった仲間（＝同志）たちは、当然のように「神様大好き人間」であり「心霊現象」には人一倍関心が高かったことである。

その中には、心霊研究で有名な小田秀人《おだひでと》、笠井鎮夫《かさいしずお》などの著名人も含まれていた。

また、天明自身も霊媒体質で、大本《おおもと》時代から鎮魂帰神《ちんこんきしん》の修行をしていた。

このような下地があったから、彼らにとっての「神の御用」とは、「神霊との交感、交流」が前提になるものであると考えるのは当然であって、現に天明に要請して「交霊実験」や「交霊会」などを頻繁に行っていたのである。

彼らは真剣ではあったが、そこには、「**稲荷下げや狐憑き**」が入り込む余地は多分にあったはずであり、神の目には危なっかしく映ったに違いない。

当時のこのような状況から、「**神の御用と申して、稲荷下げや狐憑きの真似はさせんぞよ**」とあるのは、第一義的には天明たちに注意を促すために降ろされたものと考えるのが自然であろう。

勿論、現在の我々にとっても他人事《ひとごと》でないのは言うまでもない。

最近は、宇宙存在や高次元存在と交信するという自称チャネラーや予言者などが頻繁に出現し、それに興味を持つ人もまた非常に多いから、需要と供給の関係でいつになっても途切れることがない。

読者の皆さんには、よくよく注意していただきたいと思う。

「**この道は厳しき道ざから楽な道なのぞ**」とあるのは、例によって「逆説的表現」であるが、ここまで読んで来られた読者にはもう十分意味がおわかりだろう。

身魂が「体主霊従」にある間は「**厳しき道**」であるが、「霊主体従」に戻れば（戻りつつあれば）これほど「**楽な道**」はないのである。

いずれにしろほとんどの臣民は、出発点が「体主霊従」であるから最初は例外なく「厳しき道」になるのは論を俟《ま》たない。

最後のほうに移って、「**赤児になれよ、ごもく捨てよ**」とは、「神の御用」に役立ちたいと願う臣民に対する神からのアドバイスとでも言うべきものである。

端的には、「赤児のように素直で純粋な心」になれということであるが、これは第十二帖に出て来た「**天明阿呆になりてくれよ、我《が》捨ててくれよ**」に通じるものである。

なお、「**ごもく**」とは「塵《ちり》、芥《あくた》、ゴミ」のことであり、人間の心の中を占める「我れ善しの悪心」を指すと考えればよいだろう。

（注：ここで「**赤児になれよ**」と出てきたが、実は「赤子（児）」には神仕組に関する重大な密意が秘められている。これについては拙著『秘義編』第四章　生れ赤子は小さな神である　に詳しく説明しているので参照していただきたい）

## 第十五帖（一五二）

⦿の国の上《かみ》の役員にわかりかけたらバタバタに埒《らち》つくなれど、学や智恵が邪魔してなかなかにわからんから、くどう申しているのざぞ。臣民物言わなくなるぞ、この世の終わり近づいた時ぞ。

石、物言う時ぞ。神の目には外国も日本《やまと》もないのざぞ。みなが⦿の国ぞ。七王《ななおう》も八王《やおう》も作らせんぞ、一つの王で治めさすぞ。てんし様が世界みそなわすのざぞ。世界中の罪負いておわしますスサノオの大神様に気づかんか、盲、聾ばかりと申してもあまりでないか。

（昭和十九年九月の二十三日、ひつ九のか三）

**【解説】**

最初に注意を喚起しておきたいのは、本帖の最後に「**盲、聾ばかりと申してもあまりでないか**」とあるが、これを「盲《めくら》、聾《つんぼ》」と読む（発音）と、現代では「差別的表現」に該当する。老婆心ながら、神示を声に出して読む時は「盲《もう》、聾《ろう》」と音読みにするのが無難であろう。

同様のことはこれまでにも指摘しているが、この神示が降ろされたのは大東亜戦争真っ最中であり、当時の人権思想や制度は、現代とはまるで異なっていたのである。

このことを無視して、現代人の感覚だけで判断すると、日月神示が身体障害者を差別扱いしていると捉えることにもなりかねないので注意されたい。

冒頭の「**⦿の国の上《かみ》の役員にわかりかけたらバタバタに埒《らち》つく**」の部分で、「**埒《らち》つく**」とは「埒があく」と同義であり、「決まりがつく」とか「物事のかたがつく」などの意味で、要は問題が解決するという意味である。

そのためには、「**⦿の国の上《かみ》の役員がわかりかける**」必要があるというのだが、解釈上問題となるのは、「⦿の国の上《かみ》の役員」とは誰か？　ということである。

当時は、大東亜戦争の真っ最中であったから、「上の役員」を当時の「政治家、高級軍人などの国家指導者」と捉え、彼らが「本来の神の道」に従って国家を運営すれば、大東亜戦争という悲劇も「バタバタに埒つく（＝解決する）」という意味に採《と》れないこともない。

しかしこの解釈だと、その後に「**この世の終わり近づいた時ぞ**」、「**一つの王で治めさすぞ**」、「**てんし様が世界みそなわすのざぞ**」とあって、こちらは明らかに「ミロクの世」の到来が前提となっているから、両者は整合しないという欠点が出てしまう。

また現実問題として、当時の「上の役員」の多くが、「我れ善し、体主霊従」から一挙に「霊主体従」に戻る可能性はまず考えられない。

従って、「⦿の国の上の役員」と「大東亜戦争」当時を結びつけるのは、かなり無理がある。

更にもう一つ、「⦿の国の上の役員がわかりかける前」に、絶対に成就しなければならない極めて重大な神仕組があることを指摘しておかなければならない。

次の神示をご覧いただきたい。

> ⦿は光ぞと申してあろうが、てんし様よくなれば、皆よくなるのざぞ。てんし様よくならんうちは、誰によらん、よくなりはせんぞ。
>
> 〈第十四巻「風の巻」第九帖〉

ここにはっきりと、「**てんし様よくならんうちは、誰によらん、よくなりはせんぞ**」と明記されているから、右の「**㋹の国の上《かみ》の役員がわかりかける（＝よくなる）**」前には、必ず「てんし様」御自身がよくなっていなければならないのだ。

これは神定の順序であるから、「てんし様」を差し置いて、「上の役員」だけが「わかる（＝よくなる）」ことはあり得ず、よって「埒があかない」ということになってしまう。

ここから見えてくるのは、この第十五帖は「てんし様の復活（＝よくなる）」が前提となっていなければならないということである。

このことが理解できれば、「てんし様」と「上の役員」の関係は、「**ア、ヤ、ワ**」という「ミロクの世」の統治形態を指していることに気づくはずだ（平仮名で「あ、や、わ」と表現することもある）。

最初に「てんし様（ア）」がよくなり、次いで補佐役の「役員（ヤ、ワ）」がよくなれば、「バタバタに埒つく」のは当然のことなのである。

とは言うものの、肝心の役員は「**学や智恵が邪魔してなかなかにわからん**」状態になっているため、神が「**くどう申している**」ということになる。

次の「**臣民物言わなくなるぞ、この世の終わり近づいた時ぞ。石、物言う時ぞ**」も謎の多い一節であるが、まず「**この世の終わり**」とは「大峠」を指すことは間違いない。

その時になれば「**臣民物を言わなくなるぞ**」とは、「臣民の学や智で大峠を乗り切ろうとしても無駄（無力）になる」と解すればよいだろう。

おそらくは、「大峠」の様相が想像を絶するもので、あまりのことに声も出ないというのが真相ではないか。

そして「**石、物言う時ぞ**」であるが、これと同じ表現が第四巻「天つ巻」第二十七帖に出ていたことを思い出していただきたい（当該解説参照）。

そこでは、聖書を引用して、「神の国（＝ミロクの世）」が来る時は、人が黙《だま》り、代わって「石が物を言う」と述べていた。

具体的には、「神の世（＝ミロクの世）」が単に「人間」のためだけの世ではなく、万象万物、三千世界全てが新《さら》になる世であることを意味し、それ故に石も草も木も獣《けもの》さえも神（＝てんし様）を讃《たた》えるということであって、「石、物を言う時ぞ」とはこれらを暗示していると考えればよいだろう。

「**神の目には外国も日本《やまと》もないのざぞ。みなが⦿の国ぞ。七王《ななおう》も八王《やおう》も作らせんぞ、一つの王で治めさすぞ。てんし様が世界みそなわすのざぞ**」とは、そのまま「ミロクの世」の状況を述べたものである。

ここにはっきりと、「**神の目には外国も日本《やまと》もないのざぞ**」とあるように、「神国日本」だからといって、日本が偉くて外国はその下だと差別されるようなものではない。

そこにあるのは、神格の違いからくる「神仕組上の役割の違い」だけであって、この世的な貴賤《きせん》上下《じょうげ》とは何の関係もない。

貴賤上下をつけたがるのは、「我れ善し、体主霊従」の今の世の臣民だけである。

最後の「**世界中の罪負いておわしますスサノオの大神様に気づかんか、盲、聾ばかりと申してもあまりでないか**」の部分であるが、ここには大いなる密意があるようだ。

「スサノオの大神様」という御神名が日月神示に登場するのは、本帖が最初であるが、「**一つの王で治める**」、「**てんし様が世界をみそなわす**」に続いて「**スサノオの大神様に気付かんか……**」とあるのだから、これは（日本神話で）罪神《つみがみ》として追放された「スサノオ」が実は「ミロクの世の王」即ち「てんし様の御神霊」であることを証《あか》していると考えられる。

つまり、「スサノオの大神」＝「てんし様の御神霊」という図式になるが、臣民はこのことに全く気がついていないから、神が「**盲、聾ばかりと申してもあまりでないか**」と嘆かれているのであろう。

※補足

本帖では、「スサノオの大神」が「世界中の罪を負いて（追放された）」とあるが、読者はこのことから、出口王仁三郎が口述した『霊界物語』の中で、国祖様（＝国常立大神）が悪神によって神界を追放されたことを想起されるに違いない。

スサノオ大神も国祖様も、どちらも正神として追放されたのである。

しかも追放された後、「時節」が到来すれば、両神とも復活復権する仕組になっていることまで同じであるから、私はこの二つの物語は霊的に同根だと考えている。

そうすると必然的に、**「国常立大神」＝「スサノオ大神」＝「てんし様」**という図式になるが、これは神示全体から受ける三神の神格と何ら矛盾するものではない。

神の本質とは、既に述べたように「一神即多神即汎神《いっしんそくたしんそくはんしん》」であるから、「スサノオ大神」とは「国常立大神」の「地上統治のはたらき」のために顕現された神格であり、それが受肉した御存在が「てんし様」であると考えられるのだ。

また、日月神示には「スサノオ」以外に「スサナル」という神が登場する（初出は第六巻「日月の巻」第二十八帖）が、「スサノオ」と「スサナル」は同一神と解釈される場合もあれば、異なる神格と考えなければならない場合もある。よく読まないと混乱してしまう部分である。

この背景には、古事記の「スサノオ」はイザナギ神が独り神で生んだ神であるのに対し、日月神示では「イザナギ、イザナミ」の夫婦神が生んだ（と解釈される）帖があるからである。

基本的には、ナギ・ナミ両神が生んだ神を「スサナル」と考えてよいが、しかし「スサノオ」と全く別の神でもない（同一神の場合もある）から、話がややこしくなるのである。

現に、本帖の「スサノオ大神」は、後で登場する「スサナル（大神）」と同一神と考えなければ整合しない。

このように、古事記と日月神示では「スサノオ」と「スサナル」の出自が大きく異なるが、我々の認識が「スサノオ」＝「イザナギ（独り神）の子」で固まっているから混乱することになる。

ここには、明らかに重大な密意があるが、その謎解きは第六巻「日月の巻」に入ってからになる。

## 第十六帖（一五三）

◉が臣民の心の中に宝いけておいたのに、悪に負けて汚してしもうて、それで不足申していることに気づかんか。一にも金、二にも金と申して、人が難儀しようが我《われ》さえよけらよいと申しているでないか。それはまだよいのぞ、◉の面《めん》かぶりて口先ばかりで神様神様、てんし様てんし様と申したり、頭下げたりしているが、こんな臣民一人もいらんぞ、いざという時は尻に帆かけて逃げ出す者ばかりぞ、犬猫は正直でよいぞ、こんな臣民は今度は気の毒ながらお出直しぞ。

◉の申したこと一分一厘違わんのざぞ、その通りになるのざぞ。上に唾《つばき》すればその顔に落ちるのざぞ、時節ほど結構な恐いものないぞ、時節来たぞ、慌てずに急いで下されよ。世界中唸《うな》るぞ。陸が海となるところあるぞ。今に病神《やまいがみ》の仕組にかかりている臣民苦しむ時近づいたぞ、病はやるぞ、この病は見当とれん病ぞ、病になりていても、人にわからねば我もわからん病ぞ、今に重くなりて来るとわかりて来るが、その時では間に合わん、手遅れぞ。この方の神示よく肚に入れて病追い出せよ、早うせねばフニャフニャ腰になりて四ツン這《ば》いで這い廻らなならんことになると申してあろうがな、ⓢの入れものワヤにしているぞ。

（昭和十九年九月二十三日、ひつ九のか三）

【解説】

最初の段落は、神が「**こんな臣民一人もいらんぞ**」と仰《おっしゃ》るその「**臣民**」が具体的にどのような臣民であるかを明示している。

まずは、「**一にも金、二にも金と申して、人が難儀しようが我《われ》さえよけらよいと申している**」という臣民が挙げられる。

つまり金に心を奪われ、自分の利益しか考えない者のことであるから、端的には「金の亡者」とも言えよう。

ほとんどの臣民・人民は、程度の差はあれど「金の亡者」に成り下がっていると言ってよい。

まずこれがひとつ。

そして、それ以上に醜悪《しゅうあく》なのが、「**ⓢの面《めん》かぶりて口先ばかりで神様神様、てんし様てんし様と申したり、頭下げたりしている**」臣民である。

こちらは「口先信者《くちさきしんじゃ》」とでも言えようか。

神は、このような「口先信者」に対して、「**こんな臣民一人もいらんぞ、いざという時は尻に帆かけて逃げ出す者ばかりぞ、犬猫は正直でよいぞ、こんな臣民は今度は気の毒ながらお出直しぞ**」とまで述べている。

「正直さ」にかけては、犬猫にも劣ると酷評しているのだ。

ところで読者の中には、自分は「日月神示」を信奉しているから、そのような「口先信者」とは関係ないと考えている人がおられるかもしれないので、ここは厳に注意を促しておきたい。

そういう方は、もう一度右の神示をよく読んでいただきたい。

「**⦿の面《めん》かぶりて**」とか「**てんし様てんし様と申したり**」とあるではないか。

「**⦿**」と「**てんし様**」、この二つが同時に出てくるのは「日月神示」以外にはないのである。この意味を深刻に考えて見ていただきたいのだ。

何がわかるだろうか？

そう、神が「**こんな臣民一人もいらんぞ**」と指摘する臣民とは、「(自称)日月神示信奉者の中にいる」ということである。だから、読者の「あなた」も無関係ではないということになる。

これがどれほど重大な意味を持つかは、説明するまでもないだろう。

神は、「(自称)日月神示信奉者」と「神の臣民」がイコールではないと示しているのだ。

よくよく肝に銘じなければならない。

第二段落のテーマは「大峠の様相」であるが、まず「**⦿の申したこと一分一厘違わんのざぞ、その通りになるのざぞ**」と示されていることの重みを感じていただきたい。

勿論神とて、臣民の苦しむ様《さま》を見るのは忍びないから、「大難」が「小難」になるように「待てるだけ待っている」と随所で述べておられる。

よって、「大峠」到来の「時期」については、臣民の「身魂磨き」の進展状況によって遅し早しがあり、断定はできない。

このように、「大峠」は時期を特定できない不確実さはあるが、逆に言えばただそれだけなのである。

来るかもしれないし来ないかもしれないのではなく、「時節」が至れば必ず「大峠」は来るのだ。

そして、「**時節ほど結構な恐いものないぞ、時節来たぞ**」とあるから、とうとうその「時節」が来たということになる。

と言っても、これは地上界のことではなく、神界（または幽界）の出来事だと考えるべきである。

地上界はまだ「大東亜戦争」の真っ最中であり、「大峠」到来までにはまだ長い時間が必要だからである。

「大峠」の様相は、「**世界中唸《うな》るぞ。陸が海となるところあるぞ**」とあるように、地球規模の大変動が起こって、「陸地の沈降、海没」が発生することが窺《うかが》える。

私の仮説では、地球自体の「ポールシフト（＝極移動）」に伴う大地殻変動が原因である（詳細は『ときあかし版』大峠の章　を参照されたい）。

また、**「今に病神《やまいがみ》の仕組にかかりている臣民苦しむ時近づいたぞ、病はやるぞ」**とあるが、これは新種の伝染病や感染症などの発生を意味するのであろうか。

しかも、**「この病は見当とれん病ぞ、病になりていても、人にわからねば我もわからん病ぞ、今に重くなりて来るとわかりて来るが、その時では間に合わん、手遅れぞ」**と示されているから、この病気には「自覚症状」や「他覚所見」がほとんどなく、気づいた時は既に手遅れという恐ろしい病気のようである。

しかし、このような病気も**「この方の神示よく肚に入れて病追い出せよ」**とあるから、「身魂」を磨きしっかりと神の道を歩む者には、脅威となる病気ではないことがわかる。

このような病気がなぜ発生するのかと言えば、結局のところ「（人類の）メグリ」の顕現と言えるが、これを効用面で見れば、「神の臣民」と「獣に堕ちた臣民」を選別する手段の一つとはなり得る。

二十世紀になってから発見された「エイズ」や「エボラ出血熱」、「ＳＡＲＳ（＝サーズ、重症急性呼吸器症候群）」などは「ウイルス」が原因であるが、これについては「（陰の）世界支配層」が

「人口削減」のため、密かにウイルスを開発し使用しているなどという話がある。

このまま人口が増加し続け、相対的に食料が不足すれば、近い将来、世界は食料を奪い合う大戦争になるので、そうならないために、予め「計画的」に人口を削減するのが目的だと言う。

このような話は、陰謀論と同様、非常に興味を引くものだが、実は神示にも「**病神の仕組**」という表現があるから、あながち「都市伝説」では済まされない不気味さがある。

「病神の仕組」とは、「悪神の仕組」の一つであるから、世界規模で見れば決して有り得ない話ではないからだ。

「悪神の大将」なら、そのくらいのことは平気でやるだろう。

しかし、大事なことはこのような話には絶対にのめり込まないことである。

何故なら、のめり込んでしまえば、新たな「メグリ」を積むことになるからである。


少し戻って、第二段落の始めの方に、「**上に唾《つばき》すればその顔に落ちるのざぞ**」という一節があるが、実はこれが「大峠」の本質を表していることに気づいていただきたい。

要は、「大峠」が到来する全ての原因は臣民にあるということを述べているのだ。

「大峠」とは、臣民の過去世を含む一切の所業（＝メグリ）の集積の結果として降りかかってくるのであるから、自分の蒔《ま》いた種は自分で刈り取るということに他ならない。

それが、人類規模、世界規模で襲ってくるのが「大峠」なのである。

肉体のあるうちに「身魂磨き」に励めば、その分の「メグリ」を刈り取ることができるから、落ちてくる唾《つばき》も小さくなるのであり、これが「大難」が「小難」になることの原理である。
このように、「大峠」は神仕組ではあるが、その根底にはこれまでの「臣民のマイナス所業の積み重ね」があるという点をどうかお忘れなきように願いたい。

## 第十七帖（一五四）

まことの善は悪に似ているぞ、まことの悪は善に似ているぞ、よく見分けならんぞ、悪の大将は光り輝いているのざぞ、悪人はおとなしく見えるものぞ。日本の国は世界の雛型《ひながた》であるぞ、雛型でないところは真の⦿の国でないから、よほど気つけておりてくれよ、一時は敵となるのざから、ちっとも気許せんことぞ、⦿がとくに気つけておくぞ。今は日本の国となりても、⦿の元の国でないところもあるのざから、雛型見て、よく肚に入れておりて下されよ、後悔間に合わんぞ。

（昭和十九年九月二十三日、ひつ九の⦿）

**【解説】**

冒頭に、「**まことの善は悪に似ているぞ、まことの悪は善に似ているぞ**」とあるが、私は後半の「**まことの悪は善に似ているぞ**」を読んだ時、真っ先に邪霊や動物霊が人間に憑依《ひょうい》して語る「甘言《かんげん》」

を思い出した。
曰《いわ》く、「そなたには人類を導き、地球を救うという大いなる使命がある」、曰く、「あなたは宇宙の高次元から派遣された、人類救済の使者の一人である」、曰く、「今こそ目覚めてその持てる力を解き放ち立ち上がれ」……などなど、一例を述べれば、このようなものが邪霊や動物霊の「甘言」である。

スピリチュアルなことや心霊現象に興味のある人で、「身魂」がよく磨けていなければ、簡単に騙《だま》されコロリと引っ掛かってしまう内容ばかりである。

これが、「**まことの悪は善に似ているぞ**」の典型的な例であろう。

では反対に、「**まことの善は悪に似ているぞ**」とはどのようなことであろうか。
次の神示をご覧いただきたい。

よい御用いたす身魂《みたま》ほど苦労さしてあるのぢゃ。他から見てはわからんなれど、苦労に苦労さして、生き変わり死に変わり、鍛えに鍛えてあるのぢゃぞ。

（第十五巻「岩の巻」第二帖）

⦿には何もかもよくわかりて帳面に書き留めてあるから、何処までも、死んでも頑張りて下されよ、（中略）可哀そうなれど⦿の臣民殿、堪《こら》え堪えてマコトどこまでも貫きてくれよ。

（第八巻「磐戸の巻」第十九帖）

右には、「**他から見てはわからん苦労をする身魂**」、「**堪《こら》え堪えて死んでもマコトを貫く身魂**」などと示されているが、これが日月神示に書かれている「**まことの善は悪に似ている**」例である。

ここには「甘言《かんげん》」のカケラも無く、「神の道は辛く厳しい」と示されているだけである。この神意が肚に入った者が、（一見悪のような）「まことの善」を理解できる者である。

と言っても、「**よく見分けなならんぞ、悪の大将は光り輝いているのざぞ、悪人はおとなしく見えるものぞ**」とあるから、悪神であっても大将クラスになると、見分けるのは極めて難しいことを知らなければならない。

ここでは、「憑依現象」を例にとって説明したが、それ以外にも社会生活の中にいくらでもころがっている話であるから、読者は注意していただきたい。

迷ったら「サニワ」しなければならないが、その最もよい方法は「日月神示」をよく読むことである。

次に、「**日本の国は世界の雛型《ひながた》であるぞ、雛型でないところは真の⦿の国でないから、よほど気つけておりてくれよ、一時は敵となるのざから、ちっとも気許せんことぞ、⦿がとくに気つけておくぞ。今は日本の国となりても、⦿の元の国でないところもあるのざから、雛型見て、よく肚に入**

**れておりて下されよ**」とある部分だが、これは当時の「大東亜戦争」と深い関係がある。

「日本が世界の雛型」であるというのは、心霊的な意味の他に、物理的にも日本の国土地形が世界の「大陸の縮図」によく似た形をしていることが指摘されている。

大本《おおもと》教団の出口《でぐち》王仁《おに》三郎《さぶろう》も、日本が世界の「雛型」であると唱えていたことはよく知られている。

そこで大事なことは、「**雛型でないところは真の⦿の国でない**」、「**一時は敵となる**」、「**今は日本の国となりても、⦿の元の国でないところもある**」とあるから、この帖が降ろされた昭和十九年九月頃の日本の国土（＝領土）の範囲を知らなければ、話が先に進まないということである。

当時の日本は、現在の国土に加えて、朝鮮半島、満州、台湾、南樺太、千島、南洋諸島を統治していたことを想起していただきたい。今より遥かに広大な「国土」だったのである（満州は、形式的には満州帝国と称する独立国であったが、実質的に日本の属国であった）。

ところが、大東亜戦争の敗戦により、これらの領土の多くが連合国に取り上げられてしまった。

すると、残された現在の「国土」こそが「世界の雛型」と見ることができるから、朝鮮半島、満州、台湾、その他の旧領土は、「**⦿の元の国**」でも「**真の⦿の国**」でもないことが判明する。

それどころか、これらの旧領土は世界の「雛型」でないだけではなく、日本にとっては「**一時は敵となる**」とまで神示には示されている。

確かに、「韓国」、「北朝鮮」、「満州（中国）」は、現在の日本を目の敵《かたき》にして、ほとんど敵国のように振舞っているのは否定しようがない。

従って、神示のこの部分は恐るべき指摘であると同時に、完全な預言成就と言える。

特に、同じ自由主義陣営にありながら、韓国の反日（抗日）感情は度を越しており、ほとんど病的でさえある。

このように見てくると、「大東亜戦争」の霊的意味の一端が明らかになってくる。

つまり日本は、「大東亜戦争」に負けて領土を奪われたが、それは世の元からの神の計画であって、当時の日本から余計な領土を取り払って、本来の「世界の雛型」の範囲に戻すことが戦争目的の一つだったということである。

本帖は、このように読み解くのが正解であると思うが、読者はどのように思われるだろうか？

## 第十八帖（一五五）

我《わ》れ善《よ》しの政治ではならんぞ、今の政治経済は我れ善しであるぞ。臣民のソロバンで政治や経済してならんぞ、⦿の光のやり方でないと治まらんぞ、与える政治がまことの政治ぞよ、臣民勇む政治とは、上下《うえした》まつろい合わす政治のことぞ、⦿（日）の光ある時は、いくら曇っても闇ではないぞ、いくら曇っても悪が防げても昼は昼ぞ、いくら灯《あか》りつけても夜《よ》は夜ぞ、⦿のやりかたは日の光と申して、くどう気つけてあろうがな。

政治ぞ、これは経済ぞと分けることは、政事《まつりごと》でないぞ。⦿の臣民、魂《たま》と肉体の別ないと申してあることわからぬか、⦿のやりかたは人の身魂《からたま》、人のはたらき見ればすぐわかるでないか。肚にチャンと⦿鎮まっておれば何事も箱さしたように動くのざぞ、いくら頭が偉いと申して、胃袋は頭の言う通りには動かんぞ、この道理わかりたか、ぢゃと申して味噌も糞も一つにしてはならんのざぞ。

⦿の政治はやさしい難しいやり方ぞ、高きから低きに流れる水のやり方ぞ。⦿の印《しるし》つけた悪来るぞ。悪の顔した⦿あるぞ。飛行機も船も臣民もみな同じぞ。足元に気つけてくれよ、向こうの国はちっとも急いではおらぬのぞ、自分で目的達せねば子の代、子で出来ねば孫の世と、気長くかかりているのざぞ、⦿の国の今の臣民、気が短いからしくじるのざぞ。しびれ切らすと立ち上がれんぞ、急いではならんぞ、急がねばならんぞ。⦿の申すこと取り違いせぬようにしてくれよ。よくこの神示読んでくれよ、元の邪気《じゃきこ》凝りて湧いて出た悪の種は、邪鬼《じゃき》と大蛇《おろち》と四ツ足となって、邪鬼には二本の角、大蛇は八《や》ツ頭《がしら》、八ツ尾、四ツ足は金毛《きんもう》であるから気つけておくぞ。四ツ足は女《おみな》に憑いて化けているから、守護神殿、臣民殿、騙《だま》されぬように致して下されよ。

（昭和十九年九月二十三日、あの、ひつ九のか三）

【解説】

本帖はやや長文であるが、内容は大きく二つに区分される。

前半（第一段落と第二段落）が「ミロクの世の政治経済」を、後半（第三段落）は「悪神の仕組」について述べている。

まず、「ミロクの世の政治経済」については、「**与える政治がまことの政治**」、「**上下《うえした》まつろい合わす政治**」、「**⦿（日）の光ある政治経済**」、「**政治ぞ、これは経済ぞと分けない政治経済**」などと示されているが、これを読めば何となくイメージは摑《つか》めるのではないか。

即ち、「ミロクの世の政治経済」でポイントとなるのは、「**与えること**」と「**分けないこと**」の二つなのである。

一方の臣民の政治経済は、まるっきり反対であって、神示には「**我《わ》れ善《よ》しの政治**」、「**臣民のソロバンでやる政治経済**」、「**分ける政治経済**」などとある。

こちらのポイントは、「**ソロバン勘定（＝奪う）**」と「**分けること（＝区別、区分）**」の二つである。

このように比較すれば、今の我々の政治経済と「ミロクの世」の政治経済の違いがハッキリと理解できるだろう。

まさに、両者のベクトルは正反対なのである。

また、「与えること」、「分けないこと」については、「**⦿の臣民、魂《たま》と肉体の別ない**」とか「**⦿のやりかたは人の身魂《からたま》**」、或いは「**人のはたらき見ればすぐわかる**」のように説明されている。

これは、「魂」と「肉体」の関係のように、或いは「陽」と「陰」の関係のように、相手が存在しなければ自分も不完全になってしまうような不可分の関係性を指しているが、「**人のはたらき**」

に着目すれば、更に深い意味が見えて来る。

人間の身体を構成する約六十兆もの細胞は、全てが人の生命を維持するために働くのであるが、そこにはどれ一つとして無駄な細胞はなく、しかも全てがそれぞれの役割をきちんと果たしていて、それでいてお互いに喧嘩することもなく協力し合い、共存共栄している。

ここに見られるのは、六十兆というほとんど「無数」とも思える細胞が、一つ一つは「独立」した細胞であるにもかかわらず、全体で「一つ」になっているという「生命の神秘」である。

これこそが、「与えること」と「分けないこと」を具現化した「人のはたらき」そのものと言ってよいだろう。

よって、「ミロクの世」の政治経済というのは、一人一人の臣民があたかも人体細胞のように、それぞれが全体のためにキチンと個々の役割を果たすという形になるのである。

そこに「ソロバン勘定（＝奪う）」とか、「分ける（＝区別、区分）」という概念や作用が存在する余地は全くない。


このようになるためには、「**肚にチャンと⦿鎮まって**」いることが必要で、そうすれば「**何事も箱さしたように動く**」と神示は述べている。

これが、「**高きから低きに流れる水のやり方**」であり、元々の神界の摂理でもある。

とは言っても、そのようになることはそれほど簡単ではない。

**「⦿の政治はやさしい難しいやり方ぞ」**とあるように、「我れ善し」の性来に堕ちている臣民にとっては、最初はそれこそ絶望的に「難しい」道であろう。

しかし、「身魂」が磨けるに従って、「やさしい」ものになっていくのは明らかである。


後半の「悪神の仕組」については、最初に「**悪神の大将**」の正体を押さえておいた方が全体の理解に役立つだろう。

神示後半に、**「元の邪気《じゃき》凝《こ》りて湧いて出た悪の種は、邪鬼《じゃき》と大蛇《おろち》と四ツ足となって、邪鬼には二本の角、大蛇は八《や》ツ頭《がしら》、八ツ尾、四ツ足は金毛《きんもう》である」**と示されているように、「悪神」には「三大将」がいると示されている。

具体的にそれは、「**邪鬼《じゃき》**」、「**大蛇《おろち》（＝八頭八尾《やつがしらやつお》の大蛇）**」、「**金毛《きんもう》（＝金毛九尾白面《きんもうきゅうびはくめん》の悪狐《あくこ》）**」のことを指している（これを簡略化して、単に「オニ」、「オロチ」、「キツネ」という場合もあるが、同じ意味である）。

読者は、ここで唐突に「悪の三大将」の名前が出て来たことに戸惑うかもしれないが、実はこの淵源《えんげん》は大本の出口王仁三郎が口述した『霊界物語』にあって、日月神示はそれを引き継いでいるためこのような展開になるのである。

（注：この辺《あた》りの詳細は、『秘義編』第一章　我《が》で失敗《しくじ》った国常立大神　を参照されたい）

これら「悪の三大将」の役割分担を大雑把《おおざっぱ》に言えば、「大蛇《おろち》」と「金毛《きんもう》」は両者が組んで、正神や臣民を「体主霊従《われよし》」に堕《お》とす役であり、「邪鬼《じゃき》」は「力主体霊《つよいものがち》」に誘導する役割を持つ。

本帖には、「**四ツ足は金毛《きんもう》であるから気つけておくぞ。四ツ足は女《おみな》に憑いて化けている**」とあるが、この金毛（＝四ツ足、キツネ）は支配者の「女（＝妻、愛人など）」に憑《つ》いて裏から支配者をたぶらかし、「体主霊従《われよし》」に誘い込む狡猾《こうかつ》な役割を演じているとされている。

このように、大本の『霊界物語』と日月神示を併せて読めば、「悪の三大将」がそれぞれの役割をフルに発揮して、神界も人間界（＝地上界）も「体主霊従《われよし》」、「力主体霊《つよいものがち》」に堕《お》とすのが「悪神の仕組」であることがわかる。

「悪神の仕組」をこのように理解すれば、残りの部分の解釈は比較的容易である。

まず、「**⦿の印《しるし》つけた悪来るぞ**」とは、狡猾な「悪の三大将」がいかにもやりそうなことである。

人間界でも、悪人が人を騙《だま》す時は、悪い奴ほど「善人」それも「善人の見本」のように振舞って近づくが、「悪の三大将」のやり方はこれを遥かに凌ぐ「まるで救いの善神」のような態度で人間に接近すると考えればよいだろう。

このように述べると、読者の中には「私はそんな悪神には絶対に騙されない」と反論する意《い》気軒《きけん》昂《こう》な人もいるだろうが、私に言わせればそれは大甘《おおあま》である。

本帖の直前、第十七帖に「**悪の大将は光り輝いている**」という記述があったが、「体主霊従《われよし》」に堕ちている地上人が、「光り輝く悪の大将」を見た時、その正体を簡単に見破れるであろうか？

できるわけがないであろう。相手は「悪の大将」で、そこら辺のチンピラ悪神とは天と地ほども差がある悪《わる》のトップなのだ。

まるで、正神が放つ光にも似た「悪の光」に接すれば、コロリと騙されてしまうのがオチである。

それともう一つ、臣民が「悪神」に簡単に騙されてしまう重大な理由《わけ》がある。

それは、「**⦿の国の今の臣民、気が短いからしくじるのざぞ**」とあるように、臣民は「気が短い」こと、つまり「近視眼的《きんしがんてき》」であり「目先のことしか考えない」からすぐに騙されてしまうのである。

ところが悪神はどうかと言えば、「**向こうの国はちっとも急いではおらぬのぞ、自分で目的達せねば子の代、子で出来ねば孫の世と、気長くかかりているのざぞ**」であるように、臣民のように目先のことばかり気にする存在ではない。

いくらでも長い目で、先を見ることができるのである。

どちらが主導権を握れるかは、子供でもわかるというものだ。

「**向こうの国**」とは、この場合「悪神の国（＝悪の三大将の国）」と解すれば意味が通る。

このような「**⦿の印《しるし》つけた悪**」に対して、神示には「**悪の顔した⦿あるぞ**」とも示されているが、この構図は、直前の第十七帖に示されている、「**まことの善は悪に似ているぞ、まことの悪は善に似ているぞ**」と全く同じであることがおわかりだろう。

なお、「**飛行機も船も臣民もみな同じぞ**」とあるのは、少し奇妙な言い回しであるが、これは、

「臣民」も「臣民の作り出した物（＝飛行機や船で代表）」も、みな「善悪の顔（＝善と悪の両方のはたらき）」を有していると解釈すればよいであろう。

### 第十九帖（一五六）

世成り、神国の太陽足り満ちて、皆みち足り、神国の月神、世をひらき足り、弥栄にひらき、月光、総てはみち、結び出づ、道は極みに極む、一二三《ひふみ》、三四五《みよいづ》、五六七《みろく》、弥栄々々ぞ、神、仏、耶ことごと和し、和して足り、太道ひらく永遠、富士は晴れたり、太神は光り出づ、神国のはじめ。

（昭和十九年九月二十四日、一二㋹ふみ）

【解説】

日月神示には、時として極めて難解な帖が降ろされている。

これまでにも、第一巻「上つ巻」第十六帖、第四巻「天つ巻」第九帖、同第二十一帖などが超難解な帖として登場している。

本帖もまた、超難解なものの一つであるが、全体の意味は何とか理解できる。

これは、「ミロクの世」が到来したことを表わす「慶事《けいじ》」の帖であると思われるのだ。

と言っても、勿論「地上界」のことではなく、「神界（それも最奥の神界）」のことと捉えなければばならない。

「**世成り、神国の太陽足り満ちて、皆みち足り**」、「**総てはみち、結び出づ**」、「**道は極みに極む**」、「**神、仏、耶ことごと和し**」、「**富士は晴れたり**」など、主要な文言は全て「ミロクの世」到来に結ばれている（「耶」とは耶蘇《やそ》、即ちキリスト教のことを指し、全体では神道、仏教、キリスト教を指す）。

しかも、「**一二三《ひふみ》、三四五《みよいづ》、五六七《みろく》、弥栄々々ぞ**」とあって、「一二三、三四五、五六七の各仕組」が全て成就したことを、神が「弥栄々々《いやさかいやさか》」と大変喜ばれていることまでが窺《うかが》える。

私には、本帖と同様極めて難解な第四巻「天つ巻」第二十一帖で、「**一二三《ひふみ》、三四五《みよいづ》たりて百千《ももち》万《よろず》、神急ぐぞよ**」とあったことと、本帖の「**一二三《ひふみ》、三四五《みよいづ》、五六七《みろく》、弥栄々々ぞ**」が「続き物」になっているように感じられる。

何故ならば、前者は「ミロクの世に移行するための仕組を急ぐ」という内容になっているが、本帖は「ミロクの世が到来した」お目出度い内容になっているからである。

なお本帖には「**神国の太陽**」と「**神国の月神**」がペアで登場していることも見逃せない。

と言うのも、「太陽と月」は「陽と陰」、「火と水」、つまりは「男性原理と女性原理」を象徴し、両者の統合・融合がなければ「ミロクの世」に至ることは絶対にないからである。

## 第二十帖（一五七）

世界に変わりたこと出来たら、それは⦿⦿《かみがみ》様の渡られる橋ぞ。本清めねば末は清まらんぞ、根絶ちて葉繁らんぞ、元の種が大切ざぞ、種は元から選《よ》りわけてあるのざぞ、せんぷり苦いぞ。

（昭和十九年九月二十四日、ひつ九のか三）

**【解説】**

冒頭の、「**世界に変わりたこと出来たら、それは⦿⦿《かみがみ》様の渡られる橋ぞ**」とは謎めいた表現であるが、これは「世界中に起こる異常な出来事（＝**変わりたこと**）は、神々の計画が地上界に顕現《けんげん》している証《あかし》である」と解釈すればよいのではないか。

「**橋を渡る**」とは、別の場所、別の領域に行くことであるから、神々の計画が地上界に移写することの暗示と考えられるからである。

「**本清めねば末は清まらんぞ、根絶ちて葉繁らんぞ**」は字義どおりの意味であって、そのまま受け止めればよいだろう。

根本解決の為には、「本《もと》（＝根）」が清まらなければ不可能であることは自明であり、地上界の我々人間もよく用いる言い方である。

ただしこの裏には、今迄の人間の「智」や「学」による文明が、「場当たり的」でありかつ「その場しのぎ」であって、何等《なんら》根本解決になっていないという強烈な指摘が込められていることを肝に銘じなければならない。

このようになった原因は、言うまでもなく「我れ善し、体主霊従」の性来に堕ちたからである。

そこで「**元の種が大切ざぞ**」ということになるのであり、「元の種」が「本《もと》を清める御役」を担っていることがわかる。

では、「元の種」とは誰のことか?

神示には、「**種は元から選《よ》りわけてある**」と示されているから、それは世の元から選別された身魂（＝世の元の大神様の霊統、ゝを有する身魂）であり、神の御用を担う身魂ということになる。

よって具体的には、まず「てんし様（＝スメラミコト）」が筆頭に来て、その次に「てんし様の臣民」、即ち「スメラの民（＝真の日本人）」が来ることになる。

ただ、「てんし様」と「臣民」の道行きは、「**せんぶり苦いぞ**」とあるように、楽な道ではない。

「せんぶり」とはリンドウ科の薬草で、胃腸によいとされているが、その味は非常に苦《にが》いことで知られている。

「てんし様」と臣民の道行きも、「良薬口に苦《にが》し」のとおりで、苦さの後に薬効が表れるのである。

## 第二十一帖（一五八）

神界のことは現界ではなかなかにわかるものではないということわかりたら、神界のことわかるのであるぞ。一に一足すと二となるというソロバンや物差しでは見当取れんのざぞ。今までの戦でも、神が蔭から護っていることわかるであろうがな、あんな者がこんな手柄立てたと申すことあろうが、臣民からは阿呆に見えても、素直な人には㊉が憑かりやすいのであるから、早う素直に致してくれよ。海の津波気をつけてくれ、前に知らしてやるぞ。

（昭和十九年九月二十五日、ひつ九か三）

【解説】

まず冒頭に、「**神界のことは現界ではなかなかにわかるものではないということわかりたら、神界のことわかるのであるぞ**」とあるのは、お馴染《なじみ》の「逆説的表現」である。

端的には、「わからないことがわかったらわかる」ということだから、何やら禅問答《ぜんもんどう》のようであるが、この意味は「神界のことは人間の学や智、常識では捉え切れない」という意味であろう。

具体例としては、「**一に一足すと二になるというソロバンや物差しでは見当取れん**」とある部分がそのことを示している。

では、どのように理解すればよいかという話になるが、私はその一つが、「神の常識は人間の非常識」であることを深く認識することだと考えている。

日月神示を読んだ時、「そんな馬鹿な！」とか「何これっ！」という部分があれば、それが神の常識、即ち「**神界のこと**」と言ってよい。

その最もよい例が、昭和二十年八月六日、広島に人類初の原爆が投下され炸裂した時に、「**岩戸開きのはじめの幕開《あ》いた**」という神示が降ろされているし、更に同年八月十日、昭和天皇の御聖断によってポツダム宣言を受諾し、大東亜戦争の「降伏（＝敗戦）」を決定した時には、「**あら楽し、すがすがし……待ちに待ちにし岩戸開けたり**」という神示が降ろされていることである（第十二巻「夜明けの巻」第十一帖、第十四帖）。

原爆を落とされ戦争に負けたことを、「岩戸が開いた、あら楽し、すがすがし」などと大喜びしている神の常識（＝神界のこと）を人間の常識（＝学、智）で理解できるはずがない。

はずがないけれども、「神の常識」、「神界のこと」が絶対に正しいのであるから、それを認めない限り、神示の正しい解釈に至ることはできない。

つまり、人間側が自分の常識の壁を越えなければならないということである。

このことを端的に表しているのが、「**臣民からは阿呆に見えても、素直な人には◉が憑かりやすいのであるから、早う素直に致してくれよ**」という部分である。

神に対して「素直」になることが神が憑《か》かる要諦《ようてい》だと示されているが、これは逆に言うと「人間の常識」に囚われないことを指している。

ただし、「素直」と「盲信」は根本的に異なるから、くれぐれも「盲信」に陥らないように注意が必要である。「盲信」で憑《か》かるのは、「動物霊」か「低級霊」がほとんどなのである。

本帖中《なか》ほどに、「**今までの戦でも、神が蔭から護っていることわかるであろうがな**」とある部分は、過去に起こった外国との大戦争で、日本には神による蔭の守護があったという意味であろう。

すると近くは、「日清・日露戦争」であり、遠くは「元寇《げんこう》」ということになるが、これらの時に神が日本を蔭から守護していたと解釈される。

この三つの戦争は、何《いず》れも日本の勝利、それも奇跡的な勝利に終わっているから、「日本＝神国」という思想が説得力を持つことになった（特に元寇では神風が吹いたとされている）。

よって、大東亜戦争でも神の守護があり、最終的には「日本が勝つ」と思いたくなるのは人情だが、実際はそうではなかった。

先の三つの大戦争が、神の守護があって勝ったのなら、大東亜戦争では何故日本が負けたのであろうか？

そこには、底知れぬほど深い神の計画があったとしか思えない。

私の考えは、先の三つの大戦で神が蔭から守護した最大の目的は、日本が戦争に勝つためではなく、外国に占領される事態を防ぐためだったということである。

日本は神国であるから、外国に占領されたのでは「岩戸」を開き「ミロクの世」を到来させる神の仕組が頓挫《とんざ》してしまうからである。

しかし、最後の大東亜戦争だけは全く別であって、これは「岩戸開き」のため、日本が完膚なきまで負けなければならなかったのである。

何故なら、大東亜戦争は神仕組上最も重要な「**時節**」だったからである。

（注：大東亜戦争の霊的意義については、拙著『ときあかし版』及び『奥義編』で詳しく述べているので参照していただきたい）

最後の「**海の津波気をつけてくれ、前に知らしてやるぞ**」は、明らかに津波に対する警告であり、これ以外に密意が隠されているとは思われない。

ただ、「**前に知らしてやるぞ**」と言っても、そのことを日月神示に降ろして知らせるのではあまりにものんびりし過ぎている。

仮に、神示に降ろして（＝自動書記によって）知らせようとした場合は、岡本天明がそれを「書記」し、次にそれを「読み」、次いで「翻訳」し、最後に意味を「解読」しなければならないから、こんな回りくどい「津波の警告」はあまりにも非現実的である（遠い将来の津波なら話は別だが――）。

よって「前に知らせてやる」とは、神示のような自動書記ではなく、天明に対する直接の「降霊（＝神憑《か》かり）」によって知らせたのではないかと考えられる。

（注：このように、自動書記以外の方法で知らせることを、神示は「ミ、ミ、に知らす」と述べている。これについては後ほど登場する）

しかし今となっては、それが過去のどの津波であるかを特定する術《すべ》はない。

ちなみに、岡本天明が神示を取り次いでいる期間内に、日本に押し寄せた主な「大津波」は次のとおりである。

◉一九四四年（昭和十九年）十二月七日　昭和東南海地震による大津波（三重県尾鷲で九m）
◉一九四六年（昭和二十一年）十二月二十一日　昭和南海地震による大津波（高知徳島で六m）
◉一九五二年（昭和二十七年）三月四日　十勝沖地震の大津波（北海道厚岸湾六・五m）
◉一九六〇年（昭和三十五年）五月二十二日　チリ地震による大津波（最大遡上高二十五m）

このうちのどれか（あるいは複数）に対して、神から事前に警告があったのだろうか。

なお、これを「将来の津波」に関する預言と捉え、「3・11東日本大震災」の大津波ではないかと考えたくなる人がいるかもしれないが、残念ながら3・11との接点は見出しがたい。

本帖降下は昭和十九年（一九四四年）であり、3・11は平成二十三年（二〇一一年）である。

この間は何と六十七年間もあるが、神が六十七年後の大津波を大東亜戦争当時に預言して、そのことを役員に「**気をつけてくれ**」と言ったとは到底考えられない。

第一、役員の誰がそれを覚えていて気を付けようとするだろうか？

更に言うなら、3・11の時は岡本天明も三典夫人もその他当時の役員の多くも既に故人となられているのだ。

それでなくても、この間に襲った津波は大小様々多数あったから、3・11に限定できる理由は何もないのである。

## 第二十二帖（一五九）

我《われ》が助かろと思うたら助からぬのざぞ、その心我れ善しざぞ。身魂《みたま》磨けた人から救うてやるのざぞ、⦿うつるのざぞ、身魂曇りた人にも〇はうつるのざぞ、⦿のうつりた人と〇の憑かりた人との大戦《おおいくさ》ぞ、ゝと〇とが戦して、やがては、ゝを中にして〇がおさまるのぞ。その時は〇は〇でなく、ゝも、ゝでないのざぞ、⦿となるのざぞ、ゝと〇のまつりぞと申してあろうがな。

どちらの国も潰れるところまでになるのぞ、人民同士はもう戦かなわんと申しても、この仕組成就するまでは、⦿が戦やめさせんから、⦿がやめるわけに行かんから、今やめたら、まだまだ悪くなるのぞ、〇の世となるのぞ、〇の世界となるのぞ。今の臣民九分通り〇になりているぞ、早う戦済ませてくれと申しているが、今、夜明けたら、臣民九分通り無くなるのざぞ。お洗濯第一ざぞ。


（昭和十九年九月の二十六日、ひつ九のか三）

**【解説】**

本帖は「**戦**」をテーマにして、「身魂磨き、メグリ取り」の本義を説いているが、「個人の身魂磨き」も「国のメグリ取り」もつまるところ同じ仕組であると述べられている。

冒頭の、「**我《われ》が助かろと思うたら助からぬのざぞ、その心我れ善しざぞ**」はそのまま理解できるものである。

これに続く「**身魂《みたま》磨けた人から救うてやるのざぞ、⦿うつるのざぞ**」には重要な意味がある。「身魂磨けた人から救う」ということは、臣民の「身魂磨き」の度合いは「神が判定する」ということに他ならず、臣民が自己申告するようなものではない。

もしも、臣民が自己判断で「自分は身魂が磨けた」などと思っていると、その時点でアウトである。まさに「**その心我れ善し**」でしかない。

その「身魂磨き」の本義であるが、これについては「**⦿のうつりた人と〇の憑かりた人との大《おお》戦《いくさ》**」であると示されている。

「大戦」とは言っても、どちらが勝つか負けるかなどという低次元の話ではなく、「**ゝと〇とが戦して、やがてはゝを中にして〇がおさまる**」こと、即ち「**(新しい)⦿となる**」ことなのである。

これを神示は、「**ゝと〇のまつり**」とも述べているが、この意味は「善も悪も共に抱き参らせる」ことに他ならない。実に的確な表現である。

これが「身魂磨き」の本義であって、このことを「(個人レベルの)**一厘の仕組**」とも言うのである。

第二段落では、国レベルの「メグリ取り」が語られている。

最初の「**どちらの国も潰れるところまでになるのぞ**」とは、個人の「身魂磨き」と同じように一度は「地獄の三段目に落ちる」という意味である。

そこまで落ちた時が、「一番の天国に出づる道」が開ける時なのである。

その強い神意の表れが、「**この仕組成就するまでは、⦿が戦やめさせんから、⦿がやめるわけに行かん**」という部分である。

神示の初発、第一巻「上つ巻」第一帖で、「**今度はどうもこらえてくれというところまで、後へ引かぬから、そのつもりでかかって来い。⦿の⦿の力を、はっきりと見せてやる時が来た**」とあり、これ自体が神の強烈な意志の表明があったが、本帖でも全く同じことが述べられている。

ただ、「どちらの国」も最終的には潰《つぶ》れるところまで行くのであるが、そこには「日本」→「外国」という順序があることに注意していただきたい。

世界の雛型である日本が、必ず先行しなければならないのが「神仕組」なのである。

また右に、「**この仕組成就するまでは**」とあるように、ここでいう「戦」とは「大峠」の最終戦争まで含んでいることを押さえておいていただきたい。

ここまで理解できれば、その次の「**今（戦）やめたら、またまた悪くなるのぞ、〇の世となるのぞ、〇の世界となるのぞ**」が、当時の「大東亜戦争」を指しているとわかるはずである。

「大東亜戦争」の霊的意義を考えた場合、その最も大きな目的は、「日本の岩戸を開き、てんし様が降臨される足場を整える」ことであった。

具体的な神仕組で言えば、「一二三《ひふみ》の仕組」を成就させて「三四五《みよいづ》の仕組」に繋《つな》ぐことである。

よって、「**今**（＝昭和十九年九月当時）」大東亜戦争をやめれば、神の仕組が振り出しに戻ってしまうことになるから、臣民がいくら苦しくてもやめられない」と述べているのである。

一方で、地上世界の主役をなす臣民は、「**今の臣民九分通り〇になりている**」状態、つまり⦿から、が抜けて〇となって「我れ善し」に堕ちているから、「**今、夜明けたら、臣民九分通り無くなる**」とも示されている。

ここで神が、「臣民九分通り無くなる」と仰《おつしや》っていることの「恐ろしさ」をよく味わっていただきたい。

「無くなる」とは、ほとんど全て（＝九分通り）の臣民が「身魂磨き」に失敗し脱落するという意味であるから、これでは臣民が幾転生《いくてんせい》もかけて地上界で修行してきた意味が完全に「無」に帰することになる。

つまり、文字どおり「パー」になってしまうのであり、これでは「神仕組」も「ミロクの世」も何もあったものではない。
だからこそ、「**お洗濯第一**」なのである。

## 第二十三帖（一六〇）

この神示、心で読みてくれよ、声出して読みてくれよ、病も治るぞ、草木もこの神示読みてやれば花咲くのざぞ。この道広めるには、教会のようなものつとめてくれるなよ、集団《まどい》を作りてくれるなよ。心から心、声から声、身体から身体へと広めてくれよ、世界中の臣民みなこの方の民ざから、早う伝えてくれよ。神も人も一つであるぞ、考えていては何も出来ないぞ、考えないで思う通りにやるのが神のやり方ぞ、考えは人の迷いざぞ、今の臣民、身魂曇りているから考えねばならぬが、考えればいよいよと曇りたものになる道理わからぬか、日暮れを気つけてくれよ、日暮れ良くなるぞ、日暮れに始めたことは何でも成就するようになるのざぞ、日暮れを日の暮れとばかり思うていると、臣民の狭い心で取りていると間違うぞ。㋹のくれのことを申すのざぞ。

（昭和十九年九月の二十八日、ひつ九のか三）

【解説】
本帖には、「**神示の読み方**」、「**この道の広め方**」、「**神のやり方**」、そして「**日暮れが良くなる**」という四つのテーマが含まれている。

以下、順番に解説する。

最初の「神示の読み方」では、「**心で読みてくれよ、声出して読みてくれよ**」とある。

「**心で読む**」とは、「頭」で読むつまり「学や智」のみによる読み方ではなく、「霊的感性や直感」、も大事にして読めという意味に解される。

或いは、「左脳と右脳を総動員して読め」と言ってもよいだろう。

日月神示を「学」や「智」だけで理解しようとしても、とてもできないのは私自身が身に沁みて感じて来たことであるし、読者の方々も同様であろう。

もう一つの「**声に出して読む**」とは、文字どおり「音読」を指している。

何故「音読」なのかと言えば、音読による神示の霊的波動があの世の「神々」や「守護霊」にも伝わって、彼らの善化を図ることができるという理由からだと思われる。

人間の世界でも、人や動物がリラクゼーション音楽で癒されたり、クラシック音楽を聞かせると植物の生育がよくなったり、野菜などの味がおいしくなったりするという話はよく聞くが、イメージとしてはこれと似ているかもしれない（勿論、神示音読のほうが遥かに深遠であるが——）。

（注：仄聞《そくぶん》するところでは、「一二三《ひふみ》祝詞」の応用として、祝詞を録音してエンドレスで流し続け、野菜栽培に効果を上げている集団《まどい》もあるようだ）

「音読」と「黙読」では何が違うかと言えば、（卑近な例で恐縮だが）音読が大勢参加する「ライブ会場」で全員が盛り上がることに似ているのに対し、黙読は「ヘッドホン」を付けて自分だけで聞くことという具合に考えればよいのではないか。

なお、私は自分が神職者であることから、神示の「音読」が、神職者が神事《しんじ》（＝祭典《まつり》）に際して「祝詞《のりと》」をあげることによく似ていると考えている。

祝詞奏上は、神前で御祭神に正対《せいたい》して必ず「声に出して奏上」するから、神示もまたこれと同様「声に出して」読むのがよいと考えられるからである。

日月神示は祝詞そのものではないが、正神直流の神典であって、人間界の祝詞などより遥かに格上であるから、これを神々や守護霊に対して読む時は、黙読ではなく祝詞のように「音読」するのが適切と思われる。

このような読み方をすれば、「**病も治るぞ、草木もこの神示読みてやれば花咲く**」とあるのは一種の比喩的表現であって、要はあらゆるものが調和した理想世界の礎《いしずえ》になるという意味であろう。

次に、「この道の広め方」であるが、「**教会のようなものつとめてくれるなよ、集団《まどい》を作りてくれるなよ**」とあるので、これは「宗教組織（＝教会、教団）にしてはならない」という意味であろう。何故なら、「**世界中の臣民みなこの方の民**」であるから、新規に信者を獲得するような「新興宗教」などとはわけが違うからである。

実際の「道の広め方」については、「**心から心、声から声、身体から身体へと広めてくれよ**」と示されているが、これは「一対一」即ち、「相対《あいたい》」で伝えよという意味ではないだろうか。

と言うのも、昭和十九年当時は役員の「数」より「質」の方が遥かに重要であり、特に岡本天明と共に神業に奉仕する「因縁の身魂」を集めることが何よりも優先されていたからである。

「因縁の身魂」とは元々「**神も人も一つである**」身魂であるから、「一対一、相対」で道を伝えれば必ずや波動的に共振共鳴し、すぐに理解できたはずなのである。

また、「**心から心、声から声、身体から身体**」とは、「心＝心」、「声＝口」、「身体＝行」と置き換えられるから、要するに「口《く》、心《しん》、行《ぎょう》」を総動員して伝えることでもある。

第一巻「上つ巻」第一帖に、「**口と心と行《おこない》と、三つ揃うたまことを命《みこと》というぞ。神の臣民みな命になる身魂**」とあったように、「口、心、行」の三つのマコトが揃わなければ、「神の臣民（＝因縁の身魂）」には伝わらないとも言えるであろう。

「神のやり方」については「**考えていては何も出来ないぞ、考えないで思う通りにやるのが神のやり方ぞ**」とあるが、ここは字面だけを追うと誤解しやすいから注意が必要である。

勿論、「何も考えるな」というような短絡的な意味ではない。

「**今の臣民、身魂曇りているから考えねばならぬが、考えればいよいよ曇りたものになる**」がヒントであって、「身魂が曇ったままで」いくら考えてもそれは「我れ善し」であるから、結局「自己の利益」のためであり「自分中心」にしかならないと仰《おっしゃ》っているのである。

これでは、「**いよいよ曇りたものになる**」のは当然である。

では、「考えないで思う通りにやる神のやり方」とは、如何なることをいうのであろうか。

私はこのことを、「神は常に全体のためを思い、公《おおやけ》のことを中心においておられるので、何が全体のためであり公のためなのかは、考えるまでもなく瞬時に理解される」と解釈している。

神が「我れ善し」の人間のように、「自己の利益」を貪《むさぼ》るため、ああだこうだと頭を使われるわけがないではないか。

よって、臣民が考えるべきは、「自利」ではなく「公利、公益」である。

全体のために何が最もよいかを考えるならば、それは大いに価値があると言えるが、「我れ善し」の身魂がこの壁を越えるのは並大抵ではない。

最後の「**日暮れが良くなる**」であるが、これについては第四巻「天つ巻」第二十七帖に「**夕方よくなるぞ**」という極めてよく似た表現が登場している。

同帖の解説（＝補足）で、「夕方よくなる」とは「体主から霊主への転換」を示す暗示とも解けると述べたが、本帖の「日暮れがよくなる」も同様に捉えられる。

ここでハッキリしているのは、「**日暮れを日の暮れとばかり思うていると、臣民の狭い心で取りていると間違うぞ。⦿のくれのことを申すのざぞ**」とあるように、単なる「日の暮れ」ではなく「**⦿のくれ**」だと明言されていることである。

何故「**⦿のくれが良くなり**」、「**⦿くれに始めたことは何でも成就するようになる**」のであろうか？　ここがポイントである。

私は、「**⦿のくれ**」を「**悪神の仕組の終焉**」と解釈したいと思う。

神には、「善と悪」の二面性（＝善の御用、悪の御用）があるから、ここの「⦿」を「悪神（＝悪の御用）」と捉え、また「くれ」とは「暮れる（＝ヒが沈む）」ことであるから「悪神の仕組みの終焉」と解釈するのである。

こう考えれば、「悪神の仕組の終焉」＝「正神の仕組の復活」となるから、確かに「**良くなり**」、「**成就する**」ことにはなる。

つまり、第四巻「天つ巻」第二十七帖の「夕方よくなる」が、「体主から霊主への転換」を暗示していることとピタリと符合するのである。

これで解釈上の矛盾は生じないが、更に研究の余地があると考えている。

## 第二十四帖（一六一）

この方、明神《みょうじん》とも現われているのざぞ、臣民守護のために現われているのであるぞ。衣《ころも》はくるむものであるぞ、くるむものとは、まつろうものぞ、⦿の衣は人であるぞ、汚《けが》れ破れた衣では⦿は嫌ざぞ。衣は何でもよいと申すようなものではないぞ、暑さ寒さを防げばよいと申すような簡単なものでないぞ。今は神の衣なくなっている、九分九厘の臣民、⊙の衣になれないのざぞ。悪神《あくがみ》の衣ばかりぞ、今に臣民の衣も九分九厘なくなるのざぞ。⊙の国、霊の国と、この世とは合わせ鏡であるから、この世に映って来るのざぞ、臣民身魂洗濯してくれとくどう申してあろうがな、この道理よくわかりたか。十月とは十《カミ》の月ぞ、｜（陽）と―（陰）との組みた月ぞ。

（昭和十九年九月の二十八日、ひつ九のか三）

**【解説】**

本帖のテーマは、「**明神**」、「**⊙の衣**」、それに「**十《カミ》の月**」の三つである。

最初の「**明神**」については、辞書的な意味は「神を尊んで言う語、特に霊験《れいげん》あらたかな神を言う」となっていて、ある特定の神に限定したものではない。

人間に対して、顕著な「霊験」を与えてくれる神力（＝働き）に注目したものであると考えることができる。

例えば、「住吉《すみよし》大明神」、「神田《かんだ》明神」、「鹿島《かしま》大明神」、「香取《かとり》大明神」などのように、その神社の御祭神の尊称を表すと同時に、「霊験」あらたかな神でもあることを示している。

「**この方、明神《みょうじん》とも現われているのざぞ、臣民守護のために現われているのであるぞ**」と神示には示されているが、この意味は明らかに「明神としての霊験」、即ち「臣民守護」に力点がある。

「この方」とは、「国常立大神」であるから、「明神」とは国常立大神の神格が「臣民守護」の働きを現す場合の御神号と考えればよいであろう。

ちなみに、日月神示には「国常立大神」の別の御神号（＝働きとしての神格）として、「オオカムツミの神」、「天津祝詞《あまつのりと》の神」、「祓戸《はらえど》の神」、「三四五《みよいづ》の神」などがある。


二つ目の「**⦿の衣**」については、「**⦿の衣は人であるぞ**」が全体のキーである。

「神人一体」とか「神人交流」という言葉があるように、本来神と人は別々ではなく一体となってこそ十全の働きができるのであるが、その実態を「**⦿の衣は人**」だと示しているのである。

「衣」という語からは身に纏《まと》う衣服・衣類を連想するが、神示に「**衣《ころも》はくるむものであるぞ、くるむものとは、まつろうものぞ**」と明示している。

「まつろう」とは、「服従する」とか「従う」というのが一般的な意味であるが、神示で「神にまつろう」という時は、そこには「心から従う」、「心服する」ことが前提でなければならず、全く裏《うら》表《おもて》なく全幅の信頼をもって神に従うことである。

よって、「衣」が「まつろう」とは、「臣民」が「神にまつろう」ことに他ならず、神が中心であり臣民はその外側であるから、これはつまり「⦿」という神文字そのものを表していると言えるのである。

その神の神威、神格、働きに最も適合した「衣」とは、つまるところ「（それぞれの）因縁の身魂」のことであるが、神示には「**汚《けが》れ破れた衣では⦿は嫌ざぞ。衣は何でもよいと申すようなもの**

**ではないぞ、暑さ寒さを防げばよいと申すような簡単なものでないぞ**」とある。

しかるに、その「因縁の身魂（＝臣民）」の現状は、「**九分九厘の臣民、⦿の衣になれないのざぞ。悪神《あくがみ》の衣ばかりぞ**」と神は仰《おつしや》っている。

これでは、「⦿の衣」としての役割など到底果たせるわけがない。

よって、「**臣民身魂洗濯してくれとくどう申してあろうがな**」と、神はここでも「身魂磨き」を繰り返し強調されているのだ。

最後の「**十の月《カミ》**」は極めて意味が深い。

先ず神示には、「**｜（陽）と一（陰）との組みた月ぞ**」とあるから、「十」とは大きい意味では「陽と陰の統合」つまり「男性原理と女性原理の統合」を象徴している。

神仕組で言えば、「火と水の仕組」、「富士と鳴門の仕組」に繋《つな》がるものである。

ただ、「**十月とは十の月《カミ》ぞ**」とあるように、本帖は明らかに「十月《じゅうがつ》」が関係している。

この謎をどのように解くかが鍵であるが、私はこれを「**伊勢と出雲の統合（融合）の型**」ではないかと考えている。

「伊勢」の最高神はアマテラスであって「天津神《あまつかみ》」系、一方の「出雲」はオオクニヌシが最高神で「国津神《くにつかみ》」系を表す。

これまでの日本の歴史は、「伊勢（＝天津神系）」が「出雲（＝国津神系）」から国を譲り受けて一方的に支配して来た。

ところが本巻第六帖で、「**出雲の⦿様大切に、有り難くお祀りせよ、尊い御⦿様ぞ**」と示されていたように、遂に「国津神」の復活・復権が現実のものになってきたのである。

よって、「**出雲の⦿様**」を祀る時が「伊勢と出雲の統合」の第一歩であるのだが、ではその「祀り」が何時《いつ》行われたのかと言えば、昭和十九年九月二十八日と思われるのだ（『岡本天明伝』による）。

私はこの日付を見て、「アッ」と声をあげてしまった。

その理由は、本帖が降ろされた日付を見ていただければ直ぐにわかる。こちらも昭和十九年九月二十八日なのである。両方とも同じ日なのだ。

つまり、「**十月とは十の月《カミ》ぞ**」という神示で、「伊勢と出雲の統合」を暗示したその日に、岡本天明たちによって「出雲の⦿様（＝オオクニヌシ）」が祀られていたということなのだ。

何度も述べているが、日月神示で「祀る」とは「降臨」の型を出すことであるから、「出雲の⦿様」を祀ったことによって、初めて「伊勢と出雲の統合」の型が出たのである。

すると、先の「**十月**」とは間違いなく「**出雲の神在月《かみありづき》**」を指していることになる。

「神在月《かみありづき》」とは、旧暦十月十一日～十七日までの七日間、全国から「八百万《やおよろず》の神々」が「出雲」の地に集まる月のことであり、これと反対に日本各地では神様が一時不在になるから「神無月《かんなづき》」と呼ばれている。

「出雲」に集った神々は、人には知ることができない神事《かむごと》を「神議《かむはか》り」にかけて決められるとされているから、ここには総ての神々の叡智が結集されるという暗示がある。

出雲の神様が「縁結びの神」と言われるのは、「男女の結びつき」もこの神議りによって決められることからきているようだが、「縁結びの」の真意とは、「男性原理と女性原理の統合（むすび）」という最も重大な密意が込められているのである。

だからこそ、「**｜（陽）と一（陰）とが組んだ十月**」でなければならなかったのだ。

すると、「**伊勢**」＝「**アマテラス**」＝「**日、火**」＝「**男性原理**」＝「**｜（陽）**」、また、「**出雲**」＝「**オオクニヌシ**」＝「**月、水**」＝「**女性原理**」＝「**一（陰）**」となるから、つまるところ「伊勢と出雲の統合」とは「**｜**（陽）と**一**（陰）の統合」と同義になるのである。

（注：「伊勢」と「出雲」の統合・融合については、第六巻「日月の巻」で更に詳細に解説する）

このように、「**十月とは十《カミ》の月ぞ**」とは、出雲の神様が祀られたことが根底にあったのである。

天明たちが「出雲の神（＝オオクニヌシ）」を祀らなければ、本帖降下もなかったことになる。

ここに、岡本天明たちの神業の意味が窺《うかが》える。

神仕組とは、「因縁の身魂」が神命によって奉仕する神業でなければ、決して成就しないものなのである。

なお読者の中には、「アマテラス」は女神であり「オオクニヌシは男神であるから、前述の「陽」と「陰」は逆ではないかと思われる方がおられるかも知れない。

もっともな疑問であるが、これは大本教団で肉体が男である出口王仁三郎の魂は「女（＝変性女子）」とされ、肉体が女である「出口直」は反対に「変性男子」と呼ばれたことを考えれば解決するはずである。

また、「秀真伝《ほつまつたえ》」という古史古伝書では「アマテラス」は「男神」であるとされているし、これ以外にも「アマテラス男神説」はある。

「アマテラス」＝「女神」というのも一つの「説」なのであり、これに拘泥《こうでい》すると本質を見失う。

※補足
「**十月とは十の月《カミ》ぞ**」について、私はこれを「男性原理と女性原理の統合」であり、同時に「**伊勢と出雲の統合（融合）の型**」であると解釈したが、これが地上界において実動として顕現したことは、本書シリーズの「序文」で明らかにした。

端緒となったのは、皇族「高円宮家《たかまどのみやけ》」の次女「典子《のりこ》」女王殿下と「出雲大社」の神職者（禰宜《ねぎ》）である「千家国麿《せんげくにまろ》」氏とのご婚約内定発表であった。

これはまさに、「伊勢」と「出雲」の統合（融合）が実動となって顕れたことに他ならない。

（注：ご婚約内定発表は平成二十六年五月二十七日、また一般の結納《ゆいのう》に当たる納采《のうさい》の儀は七月四日

であった）

ところで、（本原稿執筆時点の七月下旬では）結婚式は十月五日に予定されているとの報道であるが、本書が刊行される時はそれも終了しているはずである。

私は、お二人のご結婚が「**十月**」であったことと、本帖の「**十月とは十《カミ》の月ぞ**」が完全に一致することに驚きを禁じ得ない。

同時に、あまりにも鮮やかな「神仕組」に感嘆するばかりである。

※補足2

黒川柚月氏の指摘によると、本帖冒頭の「この方、明神とも現われているのぞ」の「明神」について、岡本天明は「神」としての明神ではなく、海底火山「明神礁」（伊豆諸島南部須美寿島の北約50㎞）の出現と解釈していたという。小笠原諸島は「富士火山帯」に含まれるので、明神礁噴火が「富士山爆発（大峠）」に関連するとの判断があったのであろう。

ただ、本帖では「（明神は）臣民守護のために現われている」とあるので、私はそこまでの解釈は採らない。

## 第二十五帖（一六二）

新しくその日その日の生れ来るのぞ、三日は三日、十日は十日の神殿《どの》護るのざぞ、時の神ほど結構な恐い神ないのざぞ、この方とて時節にはかなわんことあるのざぞ。今日なれば九月の二十八日であるが、旧の八月十一殿を拝みてくれよ、二十八日殿もあるのざぞ。何事も時待ちてくれよ、炒豆《いりまめ》にも花咲くのざぞ、この世では時の神様、時節を忘れてはならんぞ、時は神なりぞ。何事もその時節来たのざぞ、時過ぎて種蒔《ま》いてもお役には立たんのであるぞ、草物言うぞ。

（昭和十九年旧の八月の十一日、ひつ九か三）

【解説】

本帖には、「時節」に関して極めて重要な内容が降ろされている。

冒頭に、「**新しくその日その日の生れ来るのぞ**」とあるが、我々人間も「明日は明日の風が吹く」などと言うように、未来は単純に過去の延長にあるものではない。

そこには、必ず「**時の神様**」の御手《みて》が入っており、時の流れの中で「時節」を形成するのである。

その「時節」であるが、「**時の神ほど結構な恐い神ないのざぞ、この方とて時節にはかなわんことあるのざぞ**」との示しは、「神仕組の根本」に関わる極めて重大な意味を含んでいる。

まず、「**結構な恐い神**」とはいつものように逆説的表現であるが、これは「立替え、立て直し」の時節と臣民の「身魂の状態」の関係を指すものと解される。

何故ならば、「身魂の磨けていない臣民」にとっては、「立替え（＝物質的破壊）」は物凄く「恐いこと」であるが、反対に「身魂が磨けた臣民」には「立て直し（＝霊的覚醒、創造）」という誠に結構な時節になるからである。

そして、「**この方とて時節にはかなわんことある**」とは、国祖様（＝国常立大神《くにとこたちおおかみ》）であっても「時節」を左右することはできない（ことがある）という意味であるから、ここに「時節」とは国常立大神の御神力をも超える究極の仕組み、即ち「**世の元の大神様（＝宇宙創造神）**」の御神策が根本にあることが理解されるのである。

日月神示に示される最重要の「時節」とは、言うまでもなく「岩戸開き」であり、また「ミロクの世」の到来であるから、これに関する「時節」を最終的にコントロールするのは「世の元の大神様」ということになる。

具体例を挙げれば、「臣民の身魂磨き」が遅いために、神は「待てるだけ待っている」という趣旨の神示が、これまでにもかなりの回数降ろされているが、これは国常立大神が世の元の大神様にお願いして、時節を延ばしていただいていることを反映したものである。

しかし、今度の「岩戸開き」は地上界だけではなく「三千世界」全体のことであるから、臣民の「身魂磨き」だけを「いつまでも待てない」のも道理である。

よって、「先延ばし」にも自《おの》ずから限度（＝タイムリミット）があり、その時が来れば、臣民の「身魂磨き」が多少遅れていようとも、神仕組を発動させなければならないことになる。

このような場合は、いくら国常立大神でも世の元の大神様の御神策に従うほかないのである。

次に、「**今日なれば九月の二十八日であるが、旧の八月十一日殿を拝みてくれよ、二十八日殿もあるのざぞ**」とあるが、何とも不思議な一節である。

この部分の神意は何であろうか？

これは、この神示が降ろされた昭和十九年九月二十八日（新暦）が、旧暦では八月十一日であることを踏まえた上で、神は旧暦の八月十一日という「**時の神**」を拝んでくれと述べているのであろうが、その一方では「**二十八日殿もあるのざぞ**」と示されている。

二十八日は「新暦」であるから、つまるところ「旧暦」だけでなく「新暦」の「**時の神**」も拝む必要があると仰《おつしや》っていることになる。

どうやらこの部分は、神示が降ろされた日付には重要な意味があるから、よく注意せよと示しているようである。

しかも、神示の日付は全体としては「新暦」が多い中に、時々思い出したように「旧暦」が使われており、それらは当然意味があってのことだから、解読に当たってはよく弁別して考えなければならないのである。

ともかくこのように、日月神示は日付一つとっても新暦旧暦の混在が見られ、解釈を複雑で困難なものにしている。

なお、日月神示が意味を持たせている日付には、大きな出来事が起こった実際（歴史上）の日付以外に、「大本教団《おおもときょうだん》」の神事《しんじ》や祭祀の日付に由来するものが比較的多いのが特徴である。大きな出来事が起こった実際（歴史上）の日付とは、例えば昭和二十年八月六日、広島への「原爆投下」が日本の「岩戸開き」に繋がることなどが該当する。

そして、**「炒豆《いりまめ》にも花咲くのざぞ」**とあるのは、悪神に追放された国祖様（＝国常立大神）が遂に復活・復権される**「時節」**になったことを意味している。

何よりも、世の元の大神様から全権を託された国祖様が復活しなければ、「岩戸開き」も「ミロクの世」も始まらない。

元々は、国祖様が追放された時、悪神らが国祖様の背中に炒豆《いりまめ》を投げつけて「炒豆に花が咲くまで戻って来るな」という呪詛《じゅそ》の言葉を浴びせたことが淵源《えんげん》であるが、炒豆に花など咲くわけがないから、要するに「二度と絶対に戻って来るな」と捨《す》て台詞《ぜりふ》を吐いたのである。

ところが、遂に「炒豆にも花咲く時節」になったと神示が告げているのだから、これは国祖様の復活・復権以外の何ものでもないことになるのだ。

その国祖様復活の「時節」は、世の元の大神様の御神策によるものであるから、この大神様の働きを「**時の神**」と称しているのである。

このように、根本のところで「時節」を最終的にコントロールするのは、世の元の大神様なのである。

（注：本帖で述べた「時節」と「国祖様の復活・復権」に関わる神仕組は、大本教団の『大本神諭』や『霊界物語』からの流れがあり、とても一つの帖の解説で済む話ではない。詳しくは拙著『秘義編』第一章　我で失敗った国常立大神　で解説しているので、是非参照していただきたい）

## 第二十六帖（一六三）

雨の日は傘いるのざぞと申して晴れたら要らぬのざぞ、その時その時の御用あるのざぞ、晴れた日とて傘要らぬのでないぞ、今御用ある臣民と、明日御用ある臣民とあるのざぞ、二歳《ふたつ》の時は二歳の着物、五歳《いつつ》は五歳、十歳《とう》は十歳の着物あるのざぞ。十柱《とはしら》の御役もその通りざぞ、役変わるのぞ。

（昭和十九年旧八月の十二日、ひつ九のか三）

**【解説】**

本帖は、「**神の御用**」が「**時**」と共に変化していくものであることを示している。

ここでいう「**傘**」とか「**着物**」とは、「神の御用」の比喩的表現であることはおわかりだろう。

注目すべきは、「神の御用」に奉仕する「因縁の身魂」には「**今御用ある臣民**」と「**明日御用ある臣民**」があると明言されていることである。

「今御用ある臣民」とは、言うまでもなく当時の岡本天明と彼の同志たちであるし、その後を継ぐ者が「明日御用ある臣民」ということになる。

すると「因縁の身魂」たちとは、（日月神示に限っては）岡本天明たちから始まって、その後「ミロクの世」が到来まで絶えることなく、あたかも駅伝の襷《たすき》を渡し続けるように連続した流れであることがわかる（と言っても、「因縁の身魂」たち本人にはその自覚はないであろうが）。

よって、我々が生きている今この時にも、「因縁の身魂（＝**御用ある臣民**）」たちは存在しているし、存在しなければならない。

それはこの本を読んでおられる「あなた」かもしれないのである。

（注：「因縁の身魂」を広い意味に捉えれば、日月神示の霊脈に繋《つな》がる黒住《くろずみ》、天理《てんり》、金光《こんこう》、大本《おおもと》など神道系教団の身魂たちも当然含まれる。こちらは「過去に御用ある臣民」と言えよう）

次に、「神の御用」と言っても、いつも同じ御用ばかりではないことに注意していただきたい。

「**二歳《ふたつ》の時は二歳の着物、五歳《いつつ》は五歳、十歳《とう》は十歳の着物ある**」と示されているように、臣民の成長（＝身魂磨きの進展・深化）に従って「御用」が変化するのは当然なのである。

しかも、これは臣民だけではなく、「**十柱《とはしら》の御役もその通りざぞ**」とあるから、「岩戸開き」に任ずる「十柱の神々」さえも「御用」が変わるとされているのは大きな特徴である。

一点補足すると、**「晴れた日とて傘要らぬのでないぞ」**とある部分と、**「雨の日は傘いるのざぞと申して晴れたら要らぬのざぞ」**は一見反対のことを述べているように見えるが、ここは、傘は何も雨の日だけに使うものでないことを考えれば理解できるだろう。

雨の日の傘（＝雨傘）は「水に対するもの」であり、即ち「水の御用」に関わるものと考えられるし、晴れた日の傘（＝日傘）は「日（火）に対するもの」で、こちらは「火の御用」に関わるものである。

同じ「傘」でも、このように「御用」は異なるのである。

## 第二十七帖（一六四）

天地《てんち》には天地の、国には国の、ビックリ箱開《あ》くのざぞ、ビックリ箱開いたら臣民みな思いが違っていることとわかるのぞ、早う洗濯した人からわかるのぞ、ビックリ箱開くと、⦿の規則通りに何もかもせねばならんのぞ、目あけておれん人出来るぞ、⦿の規則は日本も支那もインドもメリカもキリスもオロシヤもないのざぞ、一つにして規則通りが出来るのざから、今に敵か味方かわからんことになりて来るのざぞ。

学の世はもう済みたのぞ、日に日に神力現れるぞ、一息入れる間もないのぞ。ドシドシ事を運ぶから遅れんように、取り違いせんように、慌てぬようにしてくれよ。神々様もえらい心配なされてござる方あるが、仕組はりゅうりゅう、仕上げ見て下されよ。旧九月になればこの神示に代わりて天のひつくの神の御神示《おんふで》出すぞ、初めの役員それまでに引き寄せるぞ、八分通り引き寄せたなれど、あと二分通りの御役の者引き寄せるぞ。遅し早しはあるなれど、神の申したこと一厘も違わんぞ、二三《ふみ》は晴れたり日本晴れ、おけ、

（昭和十九年十月の四日、ひつ九のか三、二三《ふみ》）

**【解説】**

最初の段落のテーマは「**ビックリ箱**」であるが、ここでいう「ビックリ箱」とは、間違いなく「**岩戸開き**」のことであろう。

ちなみに、「ビックリ箱開《あ》く」を「岩戸が開く」と置き換えて右の帖を読んでも、全く意味が変わらないことがおわかりになるはずだ。

「**ビックリ箱開いたら臣民みな思いが違っていることわかる**」とあるのは、「岩戸開き」が臣民の思っているようなものではないという意味である。

神国日本の「最初の岩戸開き」とは、原爆を落とされ大東亜戦争に負けることであったと、これまで何度も説明してきたが、神はこれを「あら楽し、すがすがし、待ちに待ちにし岩戸開けたり」

と大喜びしていたことを想起していただきたい（第十二巻「夜明けの巻」第十一帖、第十四帖）。
これなどは、「岩戸開き」に対する臣民の思いとは逆も逆、完全真逆《まぎゃく》である。つまり「**臣民みな思いが違っている**」のである。

故に、「ビックリ箱（＝岩戸開き）」とは、「地獄の三段目」に落ちて、そこから這い上がることと理解しなければならない。

ただし、このことが心底から理解されるには、「**早う洗濯した人からわかるのぞ**」とあるように、「身魂」が磨けた人でなければならないと、神が指摘していることを忘れないでいただきたい。

次に、「**ビックリ箱開くと、◉の規則通りに何もかもせねばならん**」とは、「岩戸が開ければ、マコトの神の力が表に出て、何もかも神界の計画（＝仕組）通りになっていく」という意味である。

要は、「立替え」の「大峠」に向かっていくのだから、見た目には、この世界の政治・経済・社会が崩壊し、そして人の心は「全ての悪が暴《あば》き出される」ことになる。

最後の「メグリ取り」が加速されるのである。

これもまた、「地獄の三段目」に落ちていくことに他ならないが、日月神示が世に降ろされてから今日までの約七十年間、広く世界を見ればまさにそのとおりになっていることがおわかりになるのではないだろうか。

そこには、日本が神国だからと「手加減」されることなど一切ない。「**◉の規則は日本も支那も**

**インドもメリカもキリスもオロシヤもないのざぞ**」と示されているとおりである。

むしろ日本は、神国であり世界の雛型なのであるから、その役割上、外国より真っ先に「地獄に落ちる」ことを覚悟すべきなのである。

第二段落の冒頭、「**学の世はもう済みたのぞ、日に日に神力現れるぞ**」とある部分は、この神示が降ろされた昭和十九年九月当時の地上界には当てはまらないから、「神界（または幽界）」での出来事と捉えるべきである。

当時の地上界では、「学と学の大戦争（＝大東亜戦争、広義には第二次世界大戦）」の真っ最中であったし、今現在も「学」はまだまだ健在であるからだ。

ただ、神界で起こったことは、幽界を経て地上界に移写するから、近い将来必ず実現することになる。「**仕組はりゅうりゅう**」なのである。

第二段落の後半に移って、「**旧九月になればこの神示に代わりて天のひつくの神の御神示《おんふで》出すぞ**」とあるのは、神仕組の重要な節目を指していると考えられる。

これまでに日月神示を降ろした神は、大きく「ひつくの神」と「⦿のひつくの神」に分けられる。

前者は「ひつ九の⦿」、「一二のか三」或いは「一二⦿」のように表記され、後者は「⦿の一二⦿」、「⦿のひつくの⦿」などと表記されている。

こうして第五巻まで解説してきたが、第一巻、第二巻、第四巻、第五巻はほとんど全てが「ひつくの神」によって降ろされているのに対し、第三巻「富士の巻」の大部分は「⦿のひつくの神」によって降ろされている。

様々な神格の神が登場する点については、第四巻「天つ巻」第二十六帖に、**「天《あめ》の日津久《ひつく》の神と申しても一柱《ひとはしら》ではないのざぞ、臣民のお役所のようなものと心得よ」**と示されているから、神々にも担当の窓口のようなものがあると解説した。

しかし、御神名の違いが具体的に何を意味するのか、また降ろされる神示の内容とどのように関係するのか、確定的なことは残念ながら不明である（例えば、「ひつ九の⦿」と「一二のか三」の役割の違いは、よくわからないということである）。

ただ、右の**「旧九月になればこの神示に代わりて天のひつくの神の御神示《おんふ》出《で》すぞ」**という一節からは、「天《あめ》のひつくの神」が神示伝達の（お役所の）最高責任者であって、より根源的な神仕組について降ろすのではないかと一応は考えられる。

ところで、**「旧九月」**に降ろされた神示と言えば、第六巻「日月の巻」第一帖が「旧九月一日」に降ろされているが、これを降ろした神はまだ「ひつくの神」であって、「天のひつくの神」ではない。

実際に「天のひつくの神」が登場するのは、第六巻「日月の巻」第二十八帖である。

ところが、この第二十八帖が降ろされたのは何と「昭和十九年十一月二十五日」であって、これは旧暦に直すと「十月十日」に当たる。

つまり、「**旧九月になればこの神示に代わりて天のひつくの神の御神示《おんふで》出すぞ**」と、神ご自身が述べているにもかかわらず、「天のひつくの神」の神示が降りたのは、旧九月の末（最終日）よりも十日も遅れていることになる。

私もここを見たときは「あれっ遅れている！」と思ったのであるが、神はまるでそれを見透《みす》かしたように、「**遅し早しはあるなれど、神の申したこと一厘も違わんぞ**」と釘を刺している。

考えて見れば、神示を降ろすということは、自動書記を担う岡本天明の都合や事情によって、降ろす時期に多少の変更があっても何の不思議もなく、神が望む時に何時《いつ》でもすぐに降ろせるとは限らないはずである。

地上界の人間にも自分たちの生活があり、また「自由意志」に基づいて行動しているのだから、それは当然である。

特に重要なのは、天明の心の状態、即ち「天のひつくの神」の御神霊が憑《か》かれるような「身魂の状態」になっていなければならないことである。

よって、「旧九月」が「旧十月十日」になったとしても、それは「遅し早しはあるなれど」の範《はん》疇《ちゅう》に入るもので、それを左右するのは人間側の問題なのである。

**「初めの役員それまでに引き寄せるぞ、八分通り引き寄せたなれど、あと二分通りの御役の者引き**

**寄せるぞ**」とは、「旧九月までに（＝**それまでに**）」未だ集まっていない残りの「二分の役員（＝二〇％）」を集めるという意味であろうが、この時に集まった具体的な役員名まではわからない。

また、ここでは「**初めの役員**」とあるから、一度に全員（＝五十九の身魂）が集まる（集められる）のではなく、神仕組の進展に応じて、必要な御用を果たす役員が順次集まるという具合に理解すべきであろう。

最後の「**二三《ふみ》は晴れたり日本晴れ、おけ**」の前半の部分は、明らかに「富士は晴れたり日本晴れ」に掛けた言い回しであろう。

「二三《ふみ》」とは「文《ふみ》」であり「神示《ふみ》」に通じ、この神示が日本と世界を「日本晴れ（＝ミロクの世）」に導くという意味を込めて降ろしたものであろうと思われる。

また、末尾の「**おけ**」とは不思議な言葉であり、およそ現代人が日常的に使うものではない。

意味も用法も、明らかに特殊であると思われる。

辞書などで調べてみると、「おけ」とは「神楽《かぐら》歌」や「催馬楽《さいばら》」で使われる「囃子詞《はやしことば》」であるという意味があったが、本帖でもそれ以外の意味は考えにくく、一応「囃子詞」だとしておきたい。

「囃子詞」とは、曲を引き立てたり活気づけたりするために、歌詞の本文に挿入される短い言葉のことで、最もよい例は「民謡」の中に出て来るものである。

例えば、「ヤーレンソーラン（＝ソーラン節）」、「ホーイサネー（＝八木節）」、「キタカサッサ

（＝秋田音頭）」などであるが、中には、「ソーラン節」とか「ヨサレ節」のように、囃子詞がそのまま曲名になったものもある。

ここに、「二三《ふみ》は晴れたり日本晴れ」という掛け言葉と、「おけ」という囃子詞の二つが登場したことになるが、私にはこれが「神のユーモア」のようにも感じられるのだが、読者はいかが思われるであろうか。

一応右のように解釈したが、ここは別の解釈があってもおかしくない部分である。

特に、「**おけ**」の意味や用法について、別の解釈をされている方がおられれば、是非ご教示をお願いしたい。

## 第二十八帖（一六五）

⦿の国には⦿の国のやり方、外国には外国のやり方あると申してあろうがな、戦もその通りぞ、⦿の国は⦿の国のやり方せねばならんのざぞ、外国のやり方真似《まね》ては外国強いのざぞ、戦するにも身魂磨き第一ぞ。一度に始末することは易《やす》いなれど、それでは⦿の国を一度は丸潰しにせねばならんから、待てるだけ待っているのざぞ、仲裁する国はなく、出かけた船はどちらも後へ引けん苦しいことになりてくるぞ、⦿気つけるぞ。

（昭和十九年十月六日、ひつくのか三）

【解説】

本帖は、前半で「⦿の国のやり方」を、後半では「大峠」に関する内容を述べている。

まず、「**⦿の国のやり方**」であるが、本帖には「**外国には外国のやり方ある**」とか「**外国のやり方真似《まね》ては外国強いのざぞ**」とある程度で、具体的にどんなやり方が「⦿の国のやり方」なのか一切書かれていない。

ただ、「⦿の国」とあることから、「神の視点や視座に立つやり方」であることは間違いないだろう。

そうすると、人間のように「我れ善し」や「学や智による判断」ではなく、「全体のため」、「公《おおやけ》のため」を最優先するやり方ということができるのではないか。

それでもまだ抽象的ではあるが、ともかくこのようなやり方が「**⦿の国のやり方**」と言ってよい。

私は、「**外国のやり方真似《まね》ては外国強いのざぞ**」という箇所を見た時、明治維新以降、日本が欧米の文化や科学技術を手本としてこれに倣《なら》い、追いつけ追い越せとばかりに「富国強兵《ふこくきょうへい》」の国策を推進したことを思い出した。

巨大な歴史の流れの中では、止むを得ない一面もあったが、当時の日本の「欧米追従」、「脱亜《だつあ》入欧《にゅうおう》」ぶりは、徹底した「外国のやり方の真似」に他ならなかった。

その結果は明らかで、日清・日露戦争には何とか勝ったが、大東亜戦争では原爆を二発も落とされ、完膚なきまでに打ちのめされて惨敗した。

やはり「外国のやり方」では、外国が強かったのである。

このように、明治以降が「外国のやり方の真似」だったとするなら、「〇の国のやり方」の具体的イメージの一端はその前の「江戸文化」にあったように思われる。

江戸時代は全体として、人々が土や自然を大切にして、これと共存共生した完全循環型の文明が根底にあったし、末端の町民や農民に至るまで自由を謳歌し、教育水準も極めて高く、諸外国には類を見ない「町民文化」とか「庶民文化」と呼ばれる末端（底辺）の人々の文化が花開いた。

人々はおおらかで人情に厚く、しかも礼儀正しかったし、子は親に考を尽くし、年少者は年長者を尊敬し大事にするなど、極めて日本的な「和」の精神が具現されていた。

また、支配階級の武士たちの精神的基盤は成熟した「武士道」であり、頂点に「天皇」を戴《いただ》き、主君のため国のため一旦事《こと》が起これば、一命を投げ打ってでも己の使命を果たそうとする価値観に溢れていた。

武士の統治、政事《まつりごと》は概して誠実であり、民百姓《たみひゃくしょう》から不法に搾取《さくしゅ》することもほとんどなく、社会全体の平和と秩序が保たれていたのである。

戦後教育を受けた我々は、江戸文化といえば何となく「遅れている」と思い、明治維新と聞けば「先進文化への仲間入り」と連想してしまうが、よくよく振りかえって見れば、江戸の方が遥かに精神的水準は高かったことがわかる。

江戸文化は、当時の諸外国と比較して「パラダイス」と言ってもよいほど、突出して優れたものであり、19世紀のフランス「パリ」の市街地は、18世紀の江戸の町を手本にして作られたという話もあるほどである（『日月神示「悪の御用」とマインドコントロール』ヒカルランド刊）。

このような「江戸文化」ではあっても、日本ではまだ「岩戸」が開いていなかったから、完全な「⦿の国のやり方」を具現したとまでは言えないが、「和」と「武士道」に基づく精神性は、不十分ながらも「ミロクの世」の在《あ》り様《よう》を彷彿《ほうふつ》とさせるものがあるように思われる。

「**戦もその通りぞ**」とは、戦にも「⦿の国のやり方」があるという意味だから、私はこれを前述した「武士道」に立脚した戦のことだと解釈している。

日本至高の「武士道」、即ち「サムライの精神」とは、日月神示が述べる「大和魂」と共通するものがある。

武士道とは「誠、マコト」を基調とし、卑怯《ひきょう》な振る舞いや不正・不義、理不尽なことを何よりも嫌う。高潔で気高く、信義に篤く、自ら信ずるもののためには命をも惜しまない。

禁欲的で清廉であり、弱者をいたわる心を大事にする。

このような「武士道」が、サムライ本来の「強さ」と一体となった時、例えばそれが我が国の「自衛隊」であれば、まさに無類の「精強度《せいきょうど》」を誇ることになるだろう。

よって、「**戦もその通りぞ**」とは、日本は自らの利益や利権獲得のために武力を行使することは一切しないが、万一、相手から理不尽な武力攻撃や侵略を受けた時は、敢然として立ち上がり、これを排除するための「戦《いくさ》」という意味になるであろう。

「武士道に立脚した自衛隊」は、どこかの国のような「覇権《はけん》」は決して求めないのである。そのために、日本の「サムライ（＝自衛隊員）」たちは、いかなる外国の軍隊よりも精強であって、国力に見合う強力な反撃力を有していることが必要である。

日本を侵略したら手痛い目に遭うことを、外国の国々が心底理解することが、戦争の未然抑止に繋がるのである。

勿論右のようなことは、「大峠」を経て「ミロクの世」へ至る過渡期においてのみ必要なことであって、「ミロクの世」が到来すれば、武士とか軍隊などは全く不要のものとなるのは論を俟《ま》たない。

しかし、現下の「我れ善し、体主霊従」の世界においては、「**戦するにも身魂磨き第一ぞ**」とあるとおり、「戦争」もまた「国のメグリ取り、身魂磨き」の一つとして、より高次の視点で捉えなければならないのである。

神国である日本が、外国と同じように侵略目的の戦争をしたのでは「メグリ」を積むだけであって、使命を果たすことはできない。

後半に移って、「**一度に始末することは易《やす》いなれど、それでは⦿の国を一度は丸潰しにせねばならん**」とは、臣民の「身魂磨き」が不十分なまま「大峠」が到来したのでは、日本が「丸潰れ」になってしまうということであり、これは神が最も避けたい事態なのである。

よって、「**待てるだけ待っているのざぞ**」と仰《おっしゃ》っているのだが、それでも「大峠」の世界最終戦争では、「**仲裁する国はなく、出かけた船はどちらも後へ引けん苦しいことになりて来る**」というのだから、日本が非常に厳しい状況に追い込まれるのは避けられないと見るべきである。

これは、神国日本の役割からくることで、ある意味止むを得ないのだが、それでも臣民の「身魂」が磨けた分「大難」を「小難」にすることはできると、神示の中で神が何度も述べているのは救いである。

これについては、「**⦿気つけるぞ**」とあるとおり、神ご自身の関心が極めて高く、心を砕いておられるようである。

## 第二十九帖（一六六）

天明は神示《ふで》書かす御役ぞ、蔭の役ぞ、この神示はアとヤとワのつく役員から出すのざぞ、表ぞ。旧九月までにはその御方お揃いぞ、カのつく役員裏なり、タのつく役員表なり、裏表あると申してあろうがな、コトが大切ぞ、コトによりて伝えるのが⦿は嬉しきぞよ、文字は次ぞ、このことよく心得よ。

天の異変は人の異変ぞ、一時は神示も出んことあるぞ、神示読んでくれよ、神示読まないで臣民勝手に智恵絞りても何にもならんと申してあろうがな、⦿にくどう申さすことは⦿国の臣民の恥ぞ。神示は要らぬのがまことの臣民ぞ、⦿それぞれにわたりたら神示要らぬのざぞ、それが神《かみ》世《よ》の姿ぞ。

上《かみ》に立つ人にこの神示わかるようにしてくれよ、国は国の、団体《まどい》は団体の上《かみ》の人に早う知らしてくれよ。アとヤとワから表に出すと上《うえ》の人も耳傾けるのざぞ。アとはアイウエオぞ、ヤもワも同様ぞ、カは裏ぞ、タは表ぞ、サとナとハとマとまつわりてくれよ、ウは別の御役ぞ、御役に上《うえ》下《した》ないぞ、みなそれぞれ貴い御役ぞ。この神示、『上《うえ》つ巻』と『下《しも》つ巻』まず読みてくれよ、肚に入れてから神集《かむつど》うのぞ、神は急《せ》けるぞ、山の津波に気つけよ。

（昭和十九年十月の七日、ひつ九のか三）

**【解説】**

本帖は、「**役員**」には「**表**」と「**裏**」があることと、それが「**言霊**」とも密接な関係があることを示している。

まず岡本天明については「**天明は神示書《ふで》かす御役ぞ、陰の役ぞ**」とあるから、明らかに「裏（＝陰）の御役」である。

ここで、「神示を書く（＝降ろす）」ことが「裏」とされているので、「裏の御役」とは「内」にあって直接「神」に仕える役目と考えてよいであろう。

すると、これに対する「表の御役」とは「外」に働きかけることで、「神示」を伝えるなどはその代表的な役目ということになるだろう。

このように考えれば、「内（＝裏）」と「外（＝表）」の役割にはそれぞれに適した「身魂」が必要であることが理解される。

特に、「**この神示はアとヤとワのつく役員から出すのざぞ、表ぞ。旧九月までにはその御方お揃いぞ**」とあるように、「ア、ヤ、ワ」がつく役員は明らかに「表」であって、その者たちは旧九月までには揃うと示されている。

旧九月とは、第二十七帖で「**旧九月になればこの神示に代わりて天のひつくの神の御神示《おんふで》出す**」と示されていたように、神仕組の重要な「節目」であることは間違いない。

「役員」と「言霊」の関係を整理すると、「表の御役」は「**ア、ヤ、ワ、タ**」であり、また「裏の御役」は「**天明、カ**」などと示されているが、これ以外にも「**サとナとハとマとまつわりてくれ**」とか「**ウは別の御役**」などともあり、必ずしもキレイに「表」と「裏」に分けられるものではないことが窺《うかが》われる。

「言霊」は最低でも「四十七音（「ン」を入れれば四十八音）」から成るから、それぞれ多様な意味があるのは常識的に理解できる。

とは言え、では「ア、ヤ、ワ、タ」や「カ」、また「サ、ナ、ハ、マ」や「ウ」などの「言霊」が具体的にどのような意味を持つのかということになると、残念ながらまだ納得できるだけの材料や情報を持ち合わせていない。

「言霊《ことたま》」をはじめ「数霊《かずたま》」、それに「色霊《いろたま》」などについては今後の研究課題である。読者の中で、これらに関し有益な情報をお持ちの方がおられれば、是非ご教示いただきたくお願い申し上げる。

ただ「言霊」にどのような意味があろうとも、「**コトが大切ぞ、コトによりて伝えるのが㋹は嬉しきぞよ、文字は次ぞ**」と示されていることの方がよほど重要であるだろう。

ここでいう「**コト**」とは「**マコト（誠）**」と同義に考えてよく、神示を伝えるには文字は二の次、マコトが第一であるという意味が込められている。

だからこそ、「**御役に上下《うえした》ないぞ、みなそれぞれ貴い御役ぞ**」なのである。

第二段落に移ってすぐに、「**天の異変は人の異変ぞ**」という短い一節があるが、ここには極めて重要な真理が隠されている。

これは、「天の異変（＝異常現象）」が「人の心の異変（＝我れ善し）」の反映であるという意味で、ハッキリ言えば、人心の乱れが環境異変や異常気象を引き起こしているということになる。

唯物論者にはとても信じられないだろうが、地上界の主宰者として神が任せた人間が堕落したならば、地上界の天地自然もまた同様になるのは当然の道理である。

つまるところ、良くも悪くも全てが自業自得（＝善因善果、悪因悪果）となって人間に降りかかる仕組なのである。

おわかりだろうか。これが「メグリ」を積む根本原因なのである。

次に、「**神示は要らぬのがまことの臣民ぞ、㋹それぞれにわたりたら神示要らぬのざぞ、それが神世《かみよ》の姿ぞ**」との示しもまた、非常に重要な神理を述べている。

臣民が、マコトの神の心と一体であるならば、わざわざ「日月神示」など降ろす必要はないということだ。

逆に言えば、「神心（＝霊主体従）」を離れて「人間心（＝体主霊従）」に堕ちているから、神示が必要だということになる。

「ミロクの世」が到来したならば、神意はマコト一つで伝わり、文字で書く神示はほとんど不要になるだろう。

最後の段落で指摘したいのは、「**上《かみ》に立つ人**」、「**団体《まどい》の上《かみ》の人**」それに「**上《うえ》の人も耳傾ける**」とある部分である。

ここでは、「上」を「**上**《かみ》」と「**上**《うえ》」に使い分けているが、これにはどのような意味があるだろうか。

私見では、「**上**《かみ》」とは「霊性が高い人」であり、「**上**《うえ》」とは「地位が高い人」であると考えている。

こう考えることにより、全体の意味が通るのである。

つまり、「日月神示の広め方」とは、国や団体《まどい》の中で「霊性の高い人」に対して「ア、ヤ、ワ」の役員から伝えることが本筋であり、そうすれば国や団体の「地位の高い人」も耳を傾けるようになるという意味ではないだろうか。

本帖ではこのように、「日月神示」を「外向け」に広める際の具体的な指示を出している点が大きな特徴である。

おそらくこれは、大東亜戦争の敗色が極めて濃厚となって来た当時の状況に鑑《かんが》みて、神が「日本（人）の使命」や今後の「日本の行く末」を知らしめるために、「神示普及」の「時節」に入ったことを反映していると考えられる。


次に、「**この神示、『上《うえ》つ巻』と『下《しも》つ巻』まず読みてくれよ、肚に入れてから神集《かむつど》うのぞ**」とは、読んで字のとおり、「基本十二巻」の中でも第一巻「上つ巻」と第二巻「下つ巻」が特に重要であるから、まずはこの二つの巻をよく読めという指示である。

それにしても、第五巻の途中で唐突にこのような指示が出るのは驚きである。

日月神示は、第一巻から順番に降ろされて第五巻まで来ているが、ここで神は改めて最初の二巻が特に重要であると教えているわけである。

誰に教えているのかというと、第一義的には当時の岡本天明たちに対してである。何と言っても、彼らは最初に集まった「因縁の身魂」たちなのだから。天明たちに神示の重点を再認識させ、その上で後から来る者たちにも最初の二巻を「**まず読む**」ように指導させたのであろう。

勿論これは、現代の我々にとっても同じことである。

最後の「**山の津波に気つけよ**」は具体的に絞り込める材料がないが、遠い将来に対する「警告」とか「預言」と見るには余りにも漠然とし過ぎている。

山津波とは、大規模な「土石流」のことであるが、おそらく天明たちの近傍か、神業に関係がある地域で土石流の発生が懸念され、それに対して注意を喚起したものではないだろうか。

残念ながら、それ以上のことはわからない。

## 第三十帖（一六七）

一度に立て替えすると世界が大変が起こるから、延ばし延ばしているのぞ、目覚めぬと末代の気の毒できるぞ。国取られた臣民、どんなにむごいことになりても何も言うこと出来ず、同じ⦿の子でありながらあまりにもひどいやり方、ケダモノよりもむごいことになるのが、よくわかりているから、⦿が表に出て世界中救うのであるぞ、この神示肚に入れると⦿力《しんりき》出るのぞ、疑う臣民沢山あるが気の毒ざぞ。一通りは嫌がる臣民にもこの神示一二三《ひふみ》として読むように、上《うえ》の人、してやりて下されよ。
生命《いのち》あるうちに⦿の国のこと知らずに、死んでから⦿の国に行くことは出来んぞ、⦿の力でないと、もう世の中はどうにも動かんようになっていること、上の番頭殿わかりておろうがな、どうにもならんと知りつつ、まだ智や学ばかりに縋《すが》りておるようでは上の人とは申されんぞ、智や学超えて⦿の力にまつわれよ、飛行機でも飛行機にまつわれば命《いのち》通うのざぞ、お土拝みて米作る百姓さんが⦿のまことの民ぞ、カミ拝《おろが》みて神示とれよ、神のない世とだんだんなりておろがな。まつることは生かすことぞ。生かすことは能《はたら》かすことぞ。⦿の国には何でもないものないのざぞ、⦿の御用ならば何でも出て来る結構な国ざぞ、何もなくなるのはやり方悪いのぞ、⦿の心に副《そ》はんのぞ。

（昭和十九年十月七日、一二⦿）

**【解説】**

「臣民の身魂磨き」の進展が遅いため、これまでにも神は随所に「**待てるだけ待っている**」という神示を降ろしていた。

ところが本帖では、「**一度に立て替えすると世界が大変が起こるから、延ばし延ばしているのざぞ**」とあって、「個人」よりも「世界」に重きをおいた内容になっていることが特徴である。

その様《さま》は、「**国取られた臣民、どんなにむごいことになりても何も言うこと出来ず**」、「**あまりに**

**もひどいやり方**」で、「**ケダモノよりもむごいことになる**」というが、ここで「国取られる」とあるのは当然日本のことであると考えなければならない。

つまり、日本が真っ先に「**むごい**」ことになるのだ。

そして結局のところは、「**目覚めぬと末代の気の毒できる**」とあるように、日本の臣民の覚醒（＝身魂磨きの成就）が全体のキーなのである。

日本の臣民が、「むごさ」を乗り越えて目覚めることが、「世界の目覚め」の前提条件なのだ。

実はこれについては、「基本十二巻」以外の帖にもハッキリと示されているので引いておこう。

日本の人民よくならねば、世界の人民よくならんぞ、日本の上の人よくならねば日本人よくならんぞ。

（第十九巻「まつりの巻」第十六帖）

新しき世はあけているぞ。夜明ければ闇はなくなるぞ。新しきカタはこの中からぞ。日本からぞ。日本よくならねば世界はよくならん。

（第二十七巻「春の巻」第四十二帖）

右のように、「**日本の人民よくならねば、世界の人民よくならん**」、「**日本よくならねば世界はよくならん**」と示され、神定の順序として、「日本」→「世界」が厳密に決まっていることがおわかりだろう。

これが、日本が「神国」であることとの理由の一つなのである。

「**この神示肚に入れると⊙力《しんりき》出る**」というのは神理であるが、「**疑う臣民沢山ある**」とも示されているから、日月神示を素直に信じない者も多く存在することが示されている。

それでも、「**一通りは嫌がる臣民にもこの神示一二三《ひふみ》として読むように、上《うえ》の人、してやりて下されよ**」とあり、神はここでもはっきりと「外向け」の神示普及を指示している。これは直前の第二十九帖と同様である。

ここで「**一二三《ひふみ》として読むように**」とは、神示原文ではなく、原文を「**臣民の言葉**」に翻訳したものを指している。

ではここで、黒川柚月《くろかわゆつき》氏の『岡本天明伝』から「外向けの神示普及」の例をいくつか見てみよう。

まず筆頭に来るのは、岡本天明夫人（＝岡本三典《みのり》）の兄、「高木猛雄《たけお》」陸軍中佐である。

彼は、終戦間際に皇族「**三笠宮《みかさのみや》殿下**」を訪ね、日月神示の写しを示して「日本はまだ負けていない」と熱く説いている。

一介の陸軍中佐が、皇族に面会するなど常識的には考えられないが、実は高木中佐の祖父の妻の実家が三笠宮殿下の「御養育掛」の家系であったため、これが縁となって実現したものであった。

高木中佐はまた、同じ皇族の「**秩父宮《ちちぶのみや》殿下**」と陸士第三十四期の同期生でもあったと言う。

また、当時川崎重工に務めていた「須藤一朗」という人物は、終戦直後、隣接する軍の航空隊から特攻隊代表として田中少尉という人物が訪ねて来て、「戦争に負けた責任を取り、これから自決することにした」と挨拶をした際、日月神示を示して「日本は必ず復活する。これを読んで見てくれ」と諭《さと》し、自決を思い止《とど》まらせている。

その他にも、「日月神示」を読んで自決をしなかった軍人は多かったと言う。

また、岡本天明の智恵袋とも言うべき「高田集蔵《しゅうぞう》」は、終戦直後、東京で海軍将校たちを前にして「戦争に負けた日本の姿は、世界の罪を負って十字架に架かったキリストの姿である」と大演説をしたという逸話《いつわ》が残っている。

このように当時の普及活動は、皇族や軍人を中心にしたものが多かったようである。当時は天皇を中心とする君主主義であったし、日本全体が軍国主義に染まっていたから、活動の重点もそのようになったのは自然の流れであったのだろう。

この辺りは、当時の世相が窺《うかが》われて非常に興味深いものがある。

第二段落に移り「**生命《いのち》あるうちに⦿の国のこと知らずに、死んでから⦿の国に行くことは出来んぞ**」とあるのは、極めて重要な神理を述べている。

何故なら、これは「地上界の存在意義」に関わることだからである。

肉体を持ってこの地上界で苦しい修行をするのは、「身魂磨き」を果たして神の国（＝ミクの世）に行くためであるが、神はこれを「死んでからでは遅い」と仰《おつしゃ》っているのだ。

ここに、「地上界の存在意義」があることはおわかりいただけるだろう。

死んでから「身魂」が磨けるのならば、地上界が存在する意味は何もないからである。

**「⦿の力でないと、もう世の中はどうにも動かんようになっていること、上の番頭殿わかりておろうがな」**の中で、**「上の番頭」**とは政治家や高級軍人など当時の国家指導者を指すと思われるが、この神示が降りた昭和十九年十月頃の大東亜戦争の戦況を客観的に見れば、彼らの中の誰もが日本が勝てるとは思っていなかったはずだ。

それにもかかわらず、**「どうにもならんと知りつつ、まだ智や学ばかりに縋《すが》りて」**何とかしようともがいていたのであり、その結果生みだされたのがあの**「特攻《とっこう》（＝特別攻撃）」**なのである。

特攻とは、命を最後の武器とした肉弾体当たり戦法であり、生きて還る望みを完全に断ち切っての出撃であった。死ぬことを前提とした戦法であったから、これを「十死零生」と言ったが、あまりにもむごい戦法であった。

海軍の「神風《しんぷう》特別攻撃隊（注）」の初陣は、正にこの神示が降ろされた昭和十九年十月であったのだ（フィリピンのレイテ沖海戦）。

（注：一般には「かみかぜ」と言われるが、正式には神風《しんぷう》と称する）

「**お土拝みて米作る百姓さんが◉のまことの民ぞ**」とあるのは、「**◉のまことの民**」の具体例を示している意味で重要である。

ここでのポイントは「**お土拝みて**」にあり、お土を拝むことは取りも直さず「**神を拝む**」ことに等しいという教示である。まさに「神と共に」生きている姿がそこにある。

故に、「**日月神示を受け取る**」時も、「**カミ拝《おろが》みて神示とれよ**」とあるのであろうが、「**神のない世とだんだんなりておろがな**」と指摘されている裏には、役員が日月神示を受領する際の扱い方が、形式的で雑《ざつ》になってきたという指摘が込められているように思われる。

岡本天明の同志たちの心に、「慢心」や「狎《な》れ」が生じて、真剣に神を拝むことがなくなってきた（或いは形式的になってきた）ことが潜《ひそ》んでいるのではないだろうか。

これはこれで、いずれ彼らの「メグリ」となって現れることになる。

## 第三十一帖（一六八）

この神示読ますようにするのが役員の務めでないか、役員さえ読んではいないではないか。神示に一二三《ひふみ》つけたもの、まず大番頭《おおばんとう》、中番頭、小番頭に読ましてくれよ、道さえつければ読むぞ、肚に入るものと入らぬものとはあるなれど、読ますだけは読ませてやるのが役員の務めでないか。旧九月になったら忙しくなるから、それまでに用意しておかんと悔しさが出るぞよ。いざとなりて地団駄《じだんだ》踏んでも間に合わんぞ。餅搗《もちつ》くには搗く時あるのざぞ、それで縁ある人を引き寄せているのざぞ、⦿は急けるのぞ。

（昭和十九年十月の七日、ひつ九のか三、いそぐ）

**【解説】**

冒頭に、「**この神示読ますようにするのが役員の務めでないか**」とあるのは、神示を「外向けに広める」のも役員の務めであるとの促しであろうが、実は第二十九帖でも同様のことが述べられていた。

しかも、両者の降ろされた日は、同じ「十月七日」なのである。

同じことを、同じ日に別々の帖に降ろすということは、神にとってもかなり差し迫った重大事であったと推測される。

本帖の最後に、「**⦿は急けるのぞ**」、「**ひつ九のか三、いそぐ**」とあるのもその表れである。

推測だが、もしかすると天明たち役員があまり動こうとしなかったため、神がハッパをかけたのかもしれない。

と言うのも、「**役員さえ（神示を）読んではいないではないか**」という指摘がなされているからで、神示を読まなくなった役員が、「外向けに広める」ことに積極的になるとは到底思えないからである。

これは前帖で解説したように、天明たちの同志の心に「慢心」と「狎《な》れ」が生じてきたことの表れと言ってもよいのではないだろうか。
神示の内容と流れからはそのようにも感じられる。

このように、第二十九帖と本帖では、神が神示普及を急がれている状況が窺《うかが》われるが、その理由の一つは、敗戦による軍人らの無用な引責自決者を少しでも減ずるためだったのであろうか？

今の我々には想像もできないことだが、当時は心ある軍人や愛国者ほど、敗戦の責任を感じて（もしくは恥じて）その命を絶とうとする者がいたから、神は神示を伝えることによってそれを思い止《とど》まらせ、その命を戦後復興に使わせようとされたのかもしれない。

（注：公刊資料によると、終戦とともに自決した軍人軍属は五百九十九人に及ぶ。五十〜六十代の軍将校から、十代、二十代の若者など様々で、階級も大将から二等兵まで多岐にわたった）

これに関連して、「**まず大番頭《おおばんとう》、中番頭、小番頭に読ましてくれよ**」とは、例えば軍人なら階級が上位のものを優先して神示を読ませてやれという意味であろうが、仮に上の者が、戦争の敗戦が神の預言（＝仕組）であることを知れば、その部下たちに無用な自決を思いとどまるよう諭《さと》すことが出来るとの意図があったとも考えられる。

勿論、神示を読んだ軍人全員が、神の意図を理解したとは思えないが、それでも「**肚に入るものと入らぬものとはあるなれど、読ますだけは読ませてやるのが役員の務めでないか**」と神示に示されているのは、「ダメ元でもよいから読ますだけは読ませろ」という神の情《じょう》が感じられる部分である。

二行目の「**神示に一二三《ひふみ》つけたもの**」とは、第四巻「天つ巻」第三十帖に、「**この神示解いて、臣民の文字で臣民に読めるようにしたものは一二三《ひふみ》と申せよ。一二三は印刷してよいのざぞ**」に通じるもので、要は神示を日本語に翻訳し、それを本または冊子にしたものを指すと思われる。

最も初期の「神示訳本」と言ってよいだろう。

また、「**一二三《ひふみ》つけたもの**」とあるから、本（冊子）の「表紙」には「一二三《ひふみ》」或いは「ひふみ」というタイトルが付けられたと思われる。

（注：私が承知している範囲では、昭和二十一年に岡本天明がガリ版刷りで出した神示訳本のタイトルは『ひふみ』となっている）

「**旧九月になったら忙しくなる**」の「**旧九月**」については、第二十七帖、第二十九帖でも述べられているが、これで本巻だけで実に三度も登場したことになる。

確かに「旧九月」は、重要な「神仕組の時節」だと思われるが、中でも「旧九月八日」は神示にしばしば登場しているから、特に重要な時節のようである。

「忙しくなる」とは、神仕組を成就させるため、神界の神々の働きが忙しくなることであろうし、これを受けて地上界の天明たちも多忙になるという意味があるのだろう。

「**それまでに用意しておかんと悔しさが出るぞよ**」とは、明らかに天明たちに宛てたものであろうが、用意するのが「物質、物」であれば、具体的なことは何も示されていないため不明である。或いは、「身魂磨き」の用意（＝深化）を促されているとも考えられるが、私自身には、ここまでの神示の流れから「身魂磨き」が神意ではないかと感じられる。

## 第三十二帖（一六九）

仕組通りが出て来るのざが、大難を小難にすること出来るのざぞ。㋹も泥海《どろうみ》は真《ま》っ平《ぴら》ぞ、臣民喜ぶほど㋹嬉しきことないのざぞ、曇りておれど元は㋹の息入れた臣民ぞ、打つ手あるのぞ。番頭殿、役員殿、フンドシ締めよ。

（昭和十九年十月の七日、ひつ九のか三）

【解説】

本帖は短いが重要である。

「**仕組通りが出て来るのざが、大難を小難にすること出来るのざぞ**」とは、「神の仕組」は不変であるが、臣民の意思と努力の結果によって、その「度合《どあい》」を変更できるという意味である。

神仕組では、「ミロクの世」が到来する前に必ず「立替えの大峠」が訪れるが、「大峠」の災難を「大難」にするのも「小難」にするのも臣民次第であるということなのだ。

ここに、人間の「自由意志」の重大な意味があることがわかるだろう。

「**⦿も泥海《どろうみ》は真《ま》っ平《ぴら》ぞ**」とあるのは、「大難」が極まった状態を意味すると思われる。

始原の時の地球は「泥の海」であったが、国祖様（＝国常立大神）と部下の神々は「龍体、龍神」に化身されて、地球を修理固成《つくりかため》られたとされている（『霊界物語』）。

従って、「泥海」とはこの始原の状態に戻ってしまうことを指すと思われるが、神はこのことを「**真っ平**」だと言下に拒否している。

神にとって、臣民は「我が子」であるから、何よりも「**臣民喜ぶほど⦿嬉しきことない**」のである。

「**打つ手あるのぞ**」と示されているのは、「**曇りておれど元は⦿の息入れた臣民**」だからであるが、具体的に「打つ手」とは「身魂磨き、メグリ取り」であることは論を俟《ま》たない。

しかし、その「打つ手」は臣民の「自由意志」に任されているから、神が強制介入できるものではないのである。

故に、「**番頭殿、役員殿、フンドシ締めよ**」と諭されているのだが、この表現からはやはり、役員たちの「慢心」と「狎《な》れ」が感じられてならない。

## 第三十三帖（一七〇）

江戸の仕組済みたら尾張の仕組にかからすぞ。その前に仕組む所あるなれど、今では成就せんから、その時は言葉で知らすぞ。宝持ち腐りにしてくれるなよ、猫に小判になりてくれるなよ。天地一度に変わると申してあること近づいたぞ、世は持ちきりにはさせんぞよ、息吹《いぶき》払いて論《ろん》なくするぞ、コトなくするぞ、物言われん時来るぞ、臣民見当とれんことと申してあろうが、上《うえ》の人辛くなるぞ、頑張りてくれよ。

（昭和十九年十月八日、ひつ九のか三）

**【解説】**

最初の「**江戸の仕組済みたら尾張の仕組にかからすぞ**」とは、神が岡本天明たちに指示した「神業」のことである。

江戸の仕組については、既に第二巻「下つ巻」第六帖及び第二十七帖で解説しているので、そちらを参照していただきたい。

「尾張の仕組」とは、昭和二十年一月（？）、岡本天明が東谷山《とうごくさん》尾張戸《おわりべ》神社（愛知県）において修めた神業のことを指している。

ただ神示には「**その前に仕組む所ある**」とあって、「尾張の仕組」の前に「別の神業」が残っていると示されている。

具体的には、『岡本天明伝』に書かれている天明たちの神業記録を見れば、それは「鳴門神業《なるとしんぎょう》」が該当すると思われる（「鳴門神業」は「鳴門の仕組」とも言う）。

「**今では成就せんから、その時は言葉で知らすぞ**」とあるのは、「鳴門神業」の時期にはまだ早いから、その時が来たら（神示に降ろすのではなく）直接「言葉（霊言、霊聴？）」で知らせると言っているのであろう。

最初の「鳴門神業（＝印旛沼《いんばぬま》神業、千葉県）」は、昭和十九年十二月二十八日に行われているが、これは確かに「尾張の仕組」よりも前のことであった（奉仕者は岡本天明と矢野シン）。

「**宝持ち腐りにしてくれるなよ、猫に小判になりてくれるなよ**」とある部分で、「**宝**」と「**小判**」とは「日月神示」そのものを指し、神示を大事にして台無しにしてはならないという戒めであろう。

「**天地一度に変わると申してあること近づいたぞ**」以降は、いわゆる「大峠」の到来について述べたものであって、大東亜戦争のことではない。

「**世は持ちきりにはさせん**」、「**息吹《いぶき》払いて論《ろん》なくする**」、「**コトなくする**」、「**物言われん時来る**」などは、全てこれまでの臣民の「智」や「学」による「我れ善し」のやり方が行き詰ることを表しており、しかも「**臣民見当とれん**」ようなとんでもない事態の到来を暗示している。

その時、一番「**辛くなる**」のが「**上の人**」、即ち国や社会の指導的立場の者だと神示は冷厳に述べている。このような者ほど「我れ善し、体主霊従」に堕ちているからであろう。

なお、「**天地一度に変わると申してあること近づいたぞ**」とあるから、地上世界にも「大峠」が近づいたと考えたくなるところではある（実際、天明たちもそのように考えていたようである）。

しかし、その後七十年経過した今日に至るまで、「大峠」は到来していない。

従って、ここでいう「近づいたぞ」とは地上界のことではなく、まだ「あの世（神界か幽界）」の出来事を指していると考えるべきである。

地上界に移写するのはもう少し先であろう。

## 第三十四帖（一七一）

ⓢは言葉ぞ、言葉とはまことぞ、息吹ぞ、道ぞ、まこととは、まつり合わした息吹ぞ、言葉で天地濁るぞ、言葉で天地澄むぞ、戦なくなるぞ、神国《かみくに》になるぞ、言葉ほど結構な恐いものないぞ。

（昭和十九年十月十日、あの一二のか三）

**【解説】**

本帖の主題は「**言葉**」であるが、「**ⓢは言葉ぞ**」とあるから地上界の人間が口から発する言葉ではなく、心霊的な意味での「言霊《ことたま》」と捉えてよいであろう。

「言霊」と言えば、日本語の「四十八文字（ひふみ四十七文字＋「ん」）」が基本であって、宇宙創造の大神がその四十八音を発することにより、世界（＝宇宙）を創造されたというのが一般的な考え方であると承知している。

その実態は、大神御自身が「創造の意志、（キ）」を言葉として発せられ、それが四十八のはたらきとなって三千世界を創造したと解すべきであろう。

そのはたらきに日本語の四十八文字を当てて、象徴的に表したものが「言霊」と呼ばれるものであると考えられる。

人間心では、ついつい個々の四十八文字それぞれに「言霊」という「霊力」が宿っていると考え勝ちだが、私は人間の文字そのものに霊力があるとは考えていない。

そうではなく、「神が言葉を発するから」その「はたらき」が「霊力」となるのであって、その逆は成り立たないと考えるべきである。

もし、日本語「四十八音」そのものに霊力があるなら、それを無数に「書く」か「印刷」して世界中にばら撒けば、霊的な力が働いて、世界に大きな変化が起こるということを認めなければならない。

まさか、そのようなことを本気で信じている人がいるとは思えないし、実際にもあり得ない。

やはり、言葉を発する主体が「神」であるからこそ、「言霊」なのであり「霊力」がはたらくのである。

今「神」と述べたが、実は地上界の人間もまた「神」であると神示は明言している。

**地《くに》の日月の⦿とは臣民のことであるぞ、臣民と申しても今のような臣民ではないぞ、⦿人《ひと》共に弥栄の臣民のことぞ、今の臣民も掃除すれば地の日月の⦿様となるのざぞ、自分卑《いや》しめるでないぞ、皆々⦿⦿《かみがみ》様ざぞ。**

（第十八巻「光の巻」第一帖）

右のように、臣民は本来的に「**地《くに》の日月の神**」であるから、原理的には臣民が「言葉」を発すれば「言霊」となり、「霊力」を発揮することは可能である。

勿論、言葉を発するとは何も「声に出す」ことだけではなく、思いとして「念ずる」ことでもある。

だからこそ、ものの本には「想念は現実化する」などと書いてあるわけで、それ自体は決して間違いではない。

ただし、地上界は粗《あら》い物質波動の世界であるから、念ずればすぐにでも現実化すると考えるのは虫が良すぎる。

何度も言うように、そんなことが可能なら何の苦労も要らないのである。

本帖では、「**言葉とはまことぞ、息吹ぞ、道ぞ、まこととは、まつり合わした息吹ぞ**」と示されているから、「言霊」は「**まこと**」でなければならない。「まこと」の言葉が発せられれば、「**言葉で天地澄むぞ、戦なくなるぞ、神国《かみくに》になるぞ**」とあるのは当然の道理である。

しかし、「**言葉で天地濁るぞ**」ともあるから、逆もまた真なりで、ここは注意が必要である。

これは悪神でも臣民でも同じことで、たとえ「我れ善し」の性来から発した「言葉」であっても、「(悪としての)霊力、はたらき」を発揮するということを示している。

よって「言霊」とは、正邪どちらのはたらきもすることがわかる。

これ故に「**言葉ほど結構な恐いものないぞ**」と、神示は「逆説的」に述べているのである。

※補足

第一巻「上つ巻」第十三帖で「**五十九の身魂**」が登場し、「**これが世の元の神の数ぞ**」とあった。

私は、「(五十九の)神の数」とあるのは、『神の創造のはたらきの数』と考えるべき」と解説したが、本帖では「四十八音(=言霊)のはたらき」とも解説しているので、数が合わないと思われる読者がおられるかもしれない。

神示にも、これについて具体的な説明はないが、「五十九(柱)」という言葉は何度も登場するから、やはり「五十九のはたらき」が正しいと思われる。

従って、「四十八」から「五十九」になるためには、必ず「重複」する語があることになり、その一端は、第十二巻「夜明けの巻」第十四帖で、「アイウエオ五十音」に「ヤイユエヨ、ワヰ、ヱヲ」が加わって「五十九（柱）」に成っていくことが述べられている。

ここには、単純に割り切れない神仕組があるように思われるが、詳細は今後の研究課題である。

## 第三十五帖（一七二）

日本の国はこの方の肉体であるぞ。国地《くにつち》拝《おろが》めと申してあろうがな、日本は国が小さいから、一握りに握りつぶして喰うつもりで攻めて来ているなれど、この小さい国が、喉《のど》につかえてどうにも苦しくて堪忍してくれというように、とことんの時になりたら改心せねばならんことになるのぞ。

外国人もみな神の子ざから、一人残らずに助けたいのがこの方の願いと申してあろうがな、今に日本の国の光出るぞ、その時になりて改心出来ておらぬ臣民は、苦しくて日本のお土の上におれんようになってくるのぞ。自分から外国行きとなるのざぞ。魂《たま》のままの国に住むようになるのぞ。

南の島に埋めてある宝を御用に使う時近づいたぞ。お土の上がり下がりある時近づいたぞ。人の手柄で栄耀《えいよう》している臣民、もはや借銭なしの時となりたのぞ、改心第一ぞ。世界に変わりたことは皆この方の仕組の節々ざから、身魂磨いたらわかるから、早う身魂磨いて下されよ。身魂磨くにはまつりせねばならんぞ、まつりはまつろうことぞと申して説いてきかすと、⦿祀りはしないでいる臣民おるが、⦿祀り元ぞ、⦿迎えねばならんぞ、取り違いと天狗が一番恐いのざぞ、千《せん》刃《じん》の谷へポンと落ちるぞ。

⦿の規則は恐いぞ、隠し立ては出来んぞ、何もかも帳面に記してあるのざぞ、借銭なしで裁きの時になっているのざぞ、神の国に借銭ある臣民はどんな偉い人でも、それだけに苦しむぞ、家は家の、国は国の借銭なしが始まっているのぞ、済ましたら気楽な世になるのぞ、世界の大晦日《おおみそか》ぞ、晦日は闇と決まっているであろうがな。借り返すとき辛いなれど、返したあとの晴れた気持ち良いであろうが、昔からの借銭ざから、素直に苦しみこらえて⦿の申すこと、さすことに従って、日本は日本のやり方に返してくれよ、番頭殿、下《しも》にいる臣民殿、国々の守護神殿、外国の神々様、臣民殿、卍（仏）も十（キリスト）も九（何もかも？）もみな聞いてくれよ、その国その民のやり方伝えてあろうがな、九十に気つけて用意してくれよ。

（昭和十九年十月十日、ひつ九のか三）

**【解説】**

第一段落冒頭の、「**日本の国はこの方の肉体であるぞ。国地《くにつち》拝《おろが》めと申してあろうがな**」とは読んで字のとおりである。日本が「神国」であるという事実は、まさに神（この方＝国常立大神）の御《お》身体《からだ》であることからも理解されることだ。

よって、「**国地拝め**《くにつちおろが》」とは象徴的な意味でも何でもなく、そのものズバリ、日本の大地を神と敬い拝めということになる。

次の、「**日本は国が小さいから、一握りに握りつぶして**喰うつもりで攻めて来ているなれど……」以下は、「大峠」における日本と外国の力関係を示している。

既に見て来たように、「大峠」では日本が世界中から攻められ、誰が見てももうダメだという所まで追い込まれるが、最終的には「**この小さい国が、喉《のど》につかえてどうにも苦しくて堪忍してくれ**」という大逆転が起こることになる。

これ故に、「**（外国も）とことんの時になりたら改心せねばならんことになる**」のであり、「**外国人もみな神の子ざから、一人残らずに助けたいのがこの方の願い**」だと神は申されているのだ。

第二段落の「**今に日本の国の光出るぞ**」とは、「大峠」が終わって「ミロクの世」の光が射し込めば、愈々《いよいよ》日本に神国としての神格が満ち、名実共に世界の中心になることだと理解されるが、「**その時になりて改心出来ておらぬ臣民は、苦しくて日本のお土の上におれんようになってくる**」と示されているのは極めて重大である。

「改心」のできていない臣民は、「**自分から外国行きとなる**」のであり、最早《もはや》真の日本人（＝スメラの民）の資格を喪失《そうしつ》することになってしまうのだ。

何故なら、「ミロクの世」では「**魂《たま》のままの国に住むようになる**」からである。

これは、霊的波動によって自然に「住み分け」が決まってしまうからであり、これを無視して日本に住もうとしても、**「苦しくて日本のお土の上におれんように」**なるから、結局無駄なのである。

これが、次元上昇した「ミロクの世（＝波動世界）」の実相の一端である。

第三段落に移って、**「南の島に埋めてある宝を御用に使う時近づいたぞ」**とは、具体的に判断できる手掛かりがなく、特定するのは困難である。

しかし**「宝」**と言われるものが、何か途轍《とてつ》もない「霊力」や「超科学力」を発揮し、それによって「ミロクの世」が到来するなどという（人間にとって）都合のよいものであるはずがない。

つまり、もっと現実的な意味で、日本（と世界）の「岩戸開き」に役立つものではないかとのイメージが湧く。

大胆な発想だが、**「南の島」**と限定していることから類推して、これを尖閣諸島近海の海底に眠る「エネルギー資源（石油、天然ガス）」と考えてはどうだろうか？

尖閣諸島が日本固有の領土であることは、歴史的にも国際法上も疑う余地がないが、一九六〇年代後半に海底資源の存在が指摘されてから、突然、中国や台湾が領有権を主張するようになって、現在に至るも領海侵犯や上陸事件を引き起こしている。

特に、中国が軍事力を背景に、力による現状変更を推進しようとしていることは理不尽そのもので、全く許しがたい蛮行であるが、反面、これまで極楽とんぼのようだった我々日本人の矜持《きょうじ》と正義感を呼び起こす起爆剤の役割を果たしている側面がある。

私はこのことを重視したいと思う。

「エネルギー資源」という「**宝**」を、日本（人）覚醒のための「**御用に使う**」と考えれば、けしからん国（特に中国）は「**悪の御用**」を果たしていると見ることができるのではないか？

これは、日本にとっては明らかに「逆説」であるが、逆説であるが故に真実味があるとも言える。

と言うのも、日月神示自体が逆説に満ち満ちているからである。

神国日本の役割を考えれば、日本と日本人だけが得をするような都合のよい解釈は、むしろ邪推・邪道であると言ってよいだろう。

ここでは、「尖閣諸島」近海の海底資源を引き合いに出したが、これとは別に、日本近海には「メタンハイドレート」が大量に発見されているし、元々地震国の日本の海底には、未発見の希少鉱物などが存在している可能性が高い。

厳に二〇一三年三月、「南鳥島」周辺海域で高濃度の「レアアース」が大量に眠っているとの報道があったし、今後更に発見されることも十分あり得る。

これらの利権に絡んで、中国や他の国々が日本とゴタゴタを引き起こす可能性は無視できないであろう。

次に、「**お土の上がり下がりある時近づいたぞ**」とあるのは、物理的な意味では「大峠」における陸地の隆起と沈降のことであろう。

第一巻「上つ巻」第一帖で、「**日本はお土が上がる、外国はお土が下がる**」という一節があったが、基本的にはこれと同義であると考えられる。

これが「**近づいたぞ**」とあるから、もし地上界のことなら喫緊《きっきん》の大問題であるが、本帖が降ろされた昭和十九年から七十年経っている現代でも、ごく小規模なものを除けばそのような事実はないから、私は「神界」または「幽界」の出来事を指していると考えている。

地上界に移写するのはこれからであろう。

「**人の手柄で栄耀《えいよう》している臣民、もはや借銭なしの時となりたのぞ、改心第一ぞ**」は、この地上界の臣民に与える警告である。

「**もはや借銭なしの時となりたのぞ**」とあるのは、「メグリ」を全部清算しなければならない時期が来たという意味であるから、逆に言えば、これ以上新たな「メグリ」を積み重ねる時期ではないということになる。

これ故に、「**改心第一ぞ**」と示されているのだ。

「**世界に変わりたことは皆この方の仕組の節々ざから**」とは、世界中に起こる「**変わりたこと**」、即ち通常では考えられないような異常な自然現象や大災害、大事故、大事件などは、この方（＝国常立大神）の仕組の節々（＝節目）だという意味であろう。
つまり、岩戸開きに向けて、神界の神々が仕組を推し進めているということであるが、それについては「**身魂磨いたらわかる**」と神示は述べている。

「**身魂磨くにはまつりせねばならんぞ、まつりはまつろうことぞと申して説いてきかすと、⦿祀りはしないでいる臣民おるが、⦿祀り元ぞ、⦿迎えねばならんぞ**」との示しは、「身魂磨き」と「神祀り」が別物ではないことを述べている点で重要である。

一般に我々臣民は、「身魂磨き」には気を配り意識を向けるが、一方の「神祀り」に対してはそれほどでもないのではないか。

心の中で時々神を念じ、感謝する程度ならよいほうかもしれない。

しかし、ここでいう「**⦿祀り元ぞ、⦿迎えねばならんぞ**」とは、そんな気休めのような話ではなく、文字どおりキチンと「神を祀り」、「神を迎えねば」ならないということである。

もっとハッキリ言えば、まず始めは「カタチ」としてでも神を祀り神をお迎えすること、即ち神と人との「同殿同床《どうでんどうしょう》」の場を作り、そこから始めよと仰《おっしゃ》っているのである。

具体的には、岡本天明や彼の同志たちがそうであったように、自分の住んでいる所（＝家、住居）に「お宮、神棚」を備えて神を祀ることである。

このことを軽く考えると、「**取り違いと天狗が一番恐いのざぞ、千刃《せんじん》の谷へポンと落ちるぞ**」ということになってしまうから、よくよく注意しなければならない。

第四段落のテーマは「**借銭なし（＝借銭返し）**」であるが、これは「身魂磨き」と同義である。

ただここでは、「個人」ではなく「**家**」や「**国**」を対象としている点に注目していただきたい。

今度の「岩戸開き」、「大峠」は、「この世始まって二度とない苦労」であるから、個人のみならず家も国も世界も、全ての「借銭（＝メグリ）」を返さなければならないのは当然の道理なのである。

それを担うのが、日本であれば「**神の国に借銭ある臣民**」であって、当然のことながら「因縁の身魂」は「**どんな偉い人でも、それだけに苦しむ**」のである。

どのようにして国の「借銭」を返すのかについては、「**日本は日本のやり方に返してくれよ、番頭殿、下《しも》にいる臣民殿、国々の守護神殿、外国の神々様、臣民殿、卍（仏）も十（キリスト）も九（何もかも？）もみな聞いてくれよ、その国その民のやり方伝えてあろうがな**」とあるとおり、それぞれの国ごと、民族ごとに神が伝えているやり方があると述べている。

全てが一律ではない。

最後の「**九十に気つけて用意してくれよ**」とあるのは、ここだけ見ると謎のように思えるが、全体のテーマが「借銭返し」であるから、「**九十**」は「**コト**」すなわち「**マコト**」と解すべきであろう。

「借銭返し」には「マコト」をもって当たれ、その用意をせよと仰《おっしゃ》っているのである。

※補足

第三段落の「**南の島に埋めてある宝を御用に使う時近づいたぞ**」については、尖閣諸島近海の海底資源などを、解釈の一例として本文で述べた。

実はその後、「南の島に埋めてある宝」に関して、もう一つ極めて興味深い情報が入ってきたので補足しておきたい。

それは、「天皇の金塊」と呼ばれている超巨額の「闇資金《やみしきん》」のことである。

元々の出所は、『天皇の金塊』（高橋五郎著、学研）という本であるが、世界支配層がこの闇資金を使って、世界の金融を裏でコントロールしていると言うのである。

私は、この手の陰謀論的な話は一歩引いて見る性分なので、最初はそれほど重視せず、どちらかと言えば軽く考えていたが、どうも全くの虚構ではないようなのだ。

日月神示研究の泰斗《たいと》、中矢伸一氏も独自の情報と判断によって、「天皇の金塊」は存在する（はず）と述べておられる。

カッコ書きで「はず」としたのは、中矢氏ご本人も直接「実物の金塊」を見ていないため、百%絶対確実とまでは言い切れないということのようだが、実在の可能性については非常に高くみておられるようである。

ここで、中矢氏が主宰する「日本弥栄《いやさか》の会」発行の『月刊玉響《たまゆら》』(No．231)から、『天皇の金塊』に関する関係箇所を引用してみよう。

(引用開始)

本記事では、もう少し「イシヤ」の金融活動の原資ともなっている「闇の資金」の実体について、ギリギリのところまで書いて見たい。

高橋五郎氏の『天皇の金塊』で書かれていることは、全部が全部本当ではないものの、だいたいこの通り、真実であると聞いている。(中略)

天皇家には2000年以上に及ぶ歴史の中で蓄えられてきた莫大な資産がもともと存在したが、大東亜戦争の時、南方に進出した日本軍によりアジア12カ国に属する金銀財宝の「略奪」が行われ、さらに莫大な資産が溜め込まれた。これが「天皇の金塊」と呼ばれるものである。日本は戦争に突入する前から国内にも相当の金を保有していたというから、当時としては圧倒的に世界一の金保有国だった。

これら「略奪金塊」はいったんフィリピンに集められたが、米国により海上ルートを封鎖されたため、日本国内へ移動させることができなくなった。そこでフィリピンの175カ所に地下サイトをつくり、分散する形で保管した。そしていよいよ敗戦が濃厚となった1945年6月1日、日本軍は最後のトンネルを爆破して、埋設作業をすべて完了したという。

この埋蔵金話は「山下財宝」としても知られるが、同著ではこの膨大な金塊を「黄金の百合（ゴールデン・リリー）」と呼んでいる。（中略）

戦争終結後、フィリピンの財宝はトンネルの闇に葬られたが、現地人の噂を聞きつけたマルコス大統領がその一部を発見したことで、米国に情報が漏れ、彼らも「黄金の百合」の全貌を知るようになったという。

国際法上では、見つかった「略奪金塊」は、連合軍とフィリピンの所有になるそうだが、これだけの量の財宝となると、そう簡単にはアメリカも許さない。

結局、マルコスは1986年に失脚し、米国（ハワイ）に亡命、そのまま死去した。

戦後、日本は〝奇跡の復興〟と呼ばれる高度成長を成し遂げた。それは、日本人の勤勉さの賜物であり、国民一丸となって努力した結果でもあるが、じつは、戦後復興に際して、一度は天皇からアメリカに差し出した莫大な金を原資とするマネーが還流する形で日本に戻り、これが高度成長を後押ししたと言われている。（中略）

『天皇の金塊』によれば、これらの財宝は日本軍が戦時中にアジア各国から戦利品として「略奪」したものであるというが、異説もある。

略奪したのではなく、欧米にみすみす奪われるよりは日本に預かっていてほしいということで、日本がアジアの各王朝から一時的に管理を任されたというものだ。

どちらが正しいかはわからないが、後藤隆氏の『謎の根元聖典　先代旧事本紀大成経』（徳間書店）に、東京湾の月島で発見された大量の金塊の話が出てくる。それによれば、この隠し金塊はけっして日本が略奪したものではなく、戦時中にベトナム王朝から「祖国復興のための資金」として「預かった」ものだったのだ。日本は終戦に際しても、けっしてその金に手をつけず、ベトナムとの約束を守って隠し通そうとしていたのだが、それをアメリカが見つけて持ち去ってしまったという。

だが、月島の金塊は、全体量のごく一部でしかなかった。おそらくベトナムから日本に持ち込むことに成功した金塊だったのだろう。持ち込めずにフィリピン国内に隠した金塊の方がはるかに多く、その総量は想像を絶するものだ。

こうしたものが、イシヤたちの原資になっている。イシヤというと、ロックフェラーだとかロスチャイルドも含まれるが、そういう新興財団だけがこの資金に関わっているのではない。その管理と運用を行っている人たちが現に存在する。（中略）

つまり、「天皇の金塊」とか「黄金の百合」と呼ばれる資金は存在する。その額は、最低でも二ケタの「京」にはのぼるはずだ。

しかし、この資金の存在は決して表に出ることはないだろう。これまでにも公にはされていないし、これからもされることはない。せいぜい「M資金」という都市伝説でチラリと詐欺話のような形で噂話にのぼる程度である。

（引用終了、同書16～19頁、一部要約）

右の内容は、公《おおやけ》には絶対認められない「裏情報」であるから、私にはどの程度信憑性があるか判断できる材料はない。しかし、ハナから無視すべきものではなく、神示解読の仮説となるのなら採り上げる価値はあるだろう。

もう一度神示を見ると、「**南の島に埋めてある宝を御用に使う時近づいたぞ**」とある。注目すべきは「南の島に埋めてある宝」と「御用に使う」の二点である。

右の引用文では「フィリピン」に金塊が埋められたとあるから、日本から見て完全に「南の島」であり、しかも間違いなく「埋められていた宝」である。

従ってこの部分は、神示と完璧に一致するのだ（勿論、今現在はフィリピンにはないであろうが）。

また、「御用に使う」とあるのも、天文学的な金額に相当する金塊なら、この世でできないことなど何もないことになる。

「悪の御用」でも「善の御用」でも、世界に対して最大級の影響を与えることができる。

今は世界支配層（イシヤ）の原資となっているようだが、中矢氏は単純に「イシヤ」＝「悪」とは見ておらず、善の御用を担う者もいると述べておられる。

今後、この「闇資金」がどのような使われ方をするのかわからないが、いずれにしろ国常立大神が「**金で世を治めて、金で潰して、地固めしてみろくの世と致すのぢゃ**」（第二十四巻「黄金の巻」第五十九帖）と述べておられるとおり、最終的にはこの世を金で潰すことは間違いないことである。

その金の価値（金額）が最低でも二ケタの「京《けい》」になるとしたら、一体どんな「潰し方」になるであろうか？

京《けい》とは一兆の一万倍である。おカネで言えば、一〇〇〇兆円の桁が一つ上がれば一京円となる。日本の国家予算（一般会計）が一〇〇兆円くらいだから、一京円はその一〇〇倍、一〇京円なら一〇〇〇倍となる。

仮に、「最低でも二ケタの京」と言われる「天皇の金塊」の価値が、文字どおり二ケタの最低である「一〇京円」相当だとしたら、何と日本の国家予算の千年分という途轍もない額になる。

あまりにも凄《すご》過《す》ぎて、その影響力となると想像もできないほどだ。

このように、この話は取り方によってはとんでもない可能性を秘めている。

今後の世界を見るポイントの一つとして捉えておくべきだろう。

## 第三十六帖（一七三）

富士は晴れたり日本晴れ、てんし様が富士から世界中に稜威《みいづ》される時近づいたぞ。富士はヒの山、日の本の山で、汚してならん御山ざから、人民登れんようになるぞ、神の臣民と獣と立て別けると申してあろうが、世のさま見て早う改心して、身魂洗濯致して⦿の御用つとめてくれよ。大き声せんでも静かに一言いえばわかる臣民、一言えば十知る臣民でないと、まことの御用はつとまらんぞ、今にだんだんにせまりて来ると、この方の神示あてにならん、騙されていたと申す人も出て来るぞ、よくこの神示読んで神の仕組、心に入れて、息吹として言葉として世界浄《きよ》めてくれよ。わからんと申すのは神示読んでいないしるしぞ、身魂芯から光り出したら、人も⦿も同じことになるのぞ、それがまことの臣民と申してあろうがな。

山から野《ぬ》から川から海から何が起こっても神は知らんぞ、みな臣民の心からぞ、改心せよ、掃除せよ、洗濯せよ、雲霧《くもきり》払いてくれよ、御光出ぬようにしていてそれでよいのか、気つかんと痛い目に遭《あ》うのざぞ、誰れ彼れの別ないと申してあろうがな。いずれは天のひつくの神様、御憑《おんか》かりになるぞ、遅し早しはあるぞ、この神様の御神示は烈しきぞ、早う身魂磨かねば、御憑かり遅いのざぞ、よくとことん掃除せねば御憑かり難しいぞ、役員も気つけてくれよ、御役ご苦労ぞ、その代わり御役済みたら富士晴れるぞ。

（昭和十九年十月十一日、一二か三）

【解説】

本帖は、第五巻の最後に相応《ふさわ》しく、極めて重要な内容が多く述べられている。

冒頭の「**富士は晴れたり日本晴れ、てんし様が富士から世界中に稜威《みいづ》される時近づいたぞ**」とは、地上界ではなく神界（または幽界）のことと理解すべきである。

と言うのも、肝心の「てんし様」がまだ地上界に降臨されておられないばかりか、降臨の「型」さえも出ていないからである（「てんし様」降臨の型が出るのは昭和二十年八月八日である）。

ここで大注目すべきは、「てんし様」と「富士」の不可分の関係性である。

何故なら、「**てんし様が富士から世界中に稜威《みいづ》される**」とあるように、「てんし様」のお住まい(=宮殿)は、霊的に最も神聖な場所、即ち「富士」でなければならないと考えられるからである。

次の「**富士はヒの山、日の本の山で、汚してならん御山ざから、人民登れんようになるぞ**」とあるのも極めて重要である。

特に、「**人民登れんようになるぞ**」とあるのは、富士の神格がずば抜けて高いことに加え、「てんし様」の宮殿が所在するため、「禁足地《きんそくち》」となるのが当然の道理であるからだ。

臣民・人民は、麓《ふもと》或いは遠方からから富士を「遥拝《ようはい》」するのが理に適った作法である。

翻《ひるがえ》って現在の富士山はといえば、平成二十五年六月、「世界文化遺産」に登録されたことにより、登山者は増加する一方であるが、その目的はほとんどが「観光」や「遠足」などの物見遊山《ものみゆさん》でしかない(便利なことに、五合目までは車やバスで行ける)。

ここには、神聖な霊山に対する畏敬の念のカケラも見られない。

毎日毎日、「我れ善し」の不純な波動で富士は汚され続けているのであるから、私にはこれが「富士爆発(=噴火)」の引き金になると思われて仕方がないのである。

「**神の臣民と獣と立て別けると申してあろうが**」とあるのは超重要である。

ここにはっきりと、「**神の臣民**」と「**獣**」に二分する(=**立て別ける**)と明記されているが、読者には、その中間はないことに気付いていただきたいのだ。

これはつまり、最後の最後の仕分けであって、もう二度と「やり直し」はないという意味であり、必ず「神の臣民」か「獣」のどちらかに分けられるということなのだ。

しかも、分けるのは「神」であって人間ではない。

臣民に選択の権利はないのである。

だからこそ、「**身魂洗濯致して◉の御用つとめてくれよ**」と、神はこれでもかというほど同じことばかり強調されているのであるが、これを「くどい」とか「うんざり」だと感じる者は、残念ながらその時点でアウトになってしまうだろう。

では、この「**立て別け**」とは、神仕組のどの段階で決まるのかということになるが、その答は第三巻「富士の巻」第四帖で既に出て来ている。

**五六七の仕組とはミロクの仕組のことぞ、獣と臣民とハッキリ分かりたら、それぞれの本性出すのぞ、今度は万劫末代《まんごうまつだい》のことぞ**

右に明記されているように、最終的に「**神の臣民**」と「**獣**」に分けられるのは「**五六七《みろく》の仕組**」においてである。

私の考えでは、今現在、その「五六七の仕組」のど真ん中にいるように思われる。

「**今にだんだんにせまりて来ると、この方の神示あてにならん、騙されていたと申す人も出て来るぞ**」とは、神示を浅くしか読まず、しかも神意から外れた自分勝手な解釈をした者が陥《おちい》る典型的な落とし穴である。

わかり易い例を挙げれば、自分は日本人で日本は神国であるから、「身魂磨き」などしなくても(或いはそれほど努力をしなくても)「大峠」を無事に越せるなどと単純に信じ込み、甘い期待を持っているような人である。

このような者は、間違いなく落第生となるだろう。

また「大峠」の時、友好的な宇宙人が巨大なUFOで飛来し、選民を救助するなどと信じている人も、自分自身の盲信だったことを思い知るであろう。

そのような者が「選民」であるはずがない。これこそ「**わからんと申すのは神示読んでいないしるし**」なのである。

これ以上多くの説明は要《い》るまい。

さて次に、「**よくこの神示読んで神の仕組、心に入れて、息吹として言葉として世界浄《きよ》めてくれよ**」とあるが、ここには「言霊」の本義が述べられている。

「**息吹として言葉として世界浄《きよ》めてくれよ**」とは、要するに「言霊」で世界を清めることができるという意味だが、その前提として、必ず「**よくこの神示読んで神の仕組、心に入れる**」ことが必要なのである。

ただ読むだけではダメで、「心に入れなければ」ならないのであるから、これは「身魂磨き」が神の目に適うほどに進んだ臣民にしかできるものではない。

第三十四帖の解説で述べた「**言霊**」の考え方と、全く同じことがここでも述べられている。

第一段落の最後に、「身魂が磨けた臣民」とは具体的にどのような存在なのかということが述べられているが、これもまた極めて重要な内容である。

曰《いわ》く、「**身魂芯から光り出したら、人も☉も同じことになるのぞ、それがまことの臣民**」と。

おわかりだろう、これが身魂磨きの究極の目的なのである。

「**人も☉も同じことになる**」とは、「**人が神になる（戻る）**」ということである。

しかも、単なる神への「元返り」ではなく、「身魂磨き」を通じて「より神格の高い神」に次元アップできる仕組となっているのだ。

これが、俗に「アセンション」とか「次元上昇」と言われることの真義である。

自分は何も変わらず「身魂」も磨かず、今のままでアセンションできるなどと思っている人は、「置いていかれる」だけである。

第二段落の冒頭に、「**山から野《ぬ》から川から海から何が起こっても神は知らんぞ、みな臣民の心からぞ**」とある。

これは、「自然現象」とは異常な現象も含めて、みな「臣民の心」が根本原因であることを示したものである。

臣民は、地上界の主宰を任されているのであるから、その臣民が「我れ善し」に堕ちれば、当然のことながら自然環境を含め、地球自体も臣民に牙《きば》を剝《む》くことになる。

因果応報の法則である。

またこれが、「大難」が「小難」になるか、それとも「超大難」になるのかを決める決定的要因でもある。ここにも「身魂磨き」の意義がある。

最後のほうに移って、「**いずれは天のひつくの神様、御憑《おんか》かりになるぞ、遅し早しはあるぞ、この神様の御神示は烈しきぞ、早う身魂磨かねば、御憑かり遅いのざぞ、よくとことん掃除せねば御憑かり難しいぞ**」とあるのは、どういう意味だろうか。

はっきりしているのは、誰かに「いずれは天《あめ》のひつくの神様、御憑《おんか》かりになる」ということだが、一体誰に憑かるのであろうか？　ここが謎である。

以前の私は、身魂が磨けた臣民全員に、いずれ「天のひつくの神」が憑《か》かるのだろうと考えていたが、それではいささか漠然とし過ぎているきらいがあった。

今回、もう一度よく検討したところ、本帖が示す「天《あめ》のひつくの神」が憑《か》かる対象者は「岡本天明」のことだと気がついた。このように捉えれば、ハッキリと意味が通るのである。

ただ、ここを読み解くには他のピースが必要であって、それは第二十七帖で述べた、「**旧九月になればこの神示に代わりて天のひつくの神の御神示出すぞ、……遅し早しはあるなれど……**」というものである。

これと右の一節を併せて読めば、「天のひつくの神」が憑かるのは「神示」を降ろすのが目的であるから、憑かる対象は岡本天明であるということが歴然とするのである。

しかも、「**この神様の御神示は烈しい**」ため、今までの天明の「身魂」の状態では「**御憑かりが遅く**」なるから、「**早う身魂を磨け**」、「**とことん掃除しろ**」と急《せ》かしておられるのである。

ここに気がつけば、「**遅し早しはあるぞ**」の謎もキレイに解くことができる。

要は、これまでの「ひつくの神」に代わって、より烈《はげ》しい「天《あめ》のひつくの神」が憑かるために、天明の「身魂磨き」の深化を促しているのであり、その成果によって「遅くも早くも」なるという意味なのである。

前にも述べたが、「旧九月になれば、天のひつくの神の御神示を出す」と述べておきながら、実際に「天のひつくの神」の神示（第六巻「日月の巻」第二十八帖）が降りたのは、十一月二十五日（＝旧十月十日）であった。

つまり、旧九月末日より十日間遅れたわけだが、これは神が時期を間違えたのではなく、天明の

「身魂磨き」を待っておられたというのが真相であったことになる。

このような浮動的な状況下であったから、天明以外の「**役員も気つけてくれよ**」という一節が意味を持つのである。

つまり、つまらんことや些細《ささい》なことに天明を巻き込んで煩《わずら》わせてはならんという、役員への戒めであったと考えればピタリと整合するのだ。

岡本天明と役員たちは、大東亜戦争末期という大変な難儀《なんぎ》の中で神示を降ろし、翻訳・解読し、神命のまま神業に奉仕したのであるが、そのことを神は「**御役ご苦労ぞ、その代わり御役済みたら富士晴れるぞ**」と労《ねぎら》っておられる。

彼らの苦労が報《むく》われるのは、地上界ではなく、「日本晴れの富士（＝ミロクの世）」の到来によってはじめて報われるのである。

そのために、地上界では苦労が絶えないのが、「因縁の身魂」の宿命なのである。

《第五巻「地つ巻」了》

# 第六巻　日月《ひつく》の巻（全四十帖）

自　昭和十九年旧九月一日

至　昭和十九年十一月三十日

**【概説】**

第六巻「日月《ひつく》の巻」は、「巻の構成」そのものに壮大な仕掛けがあるので、最初にそのことを説明しておきたい。

それは、別々の巻として降ろされた「二つの巻」を合わせて「一つの巻」にしていることで、こんな特異な巻は他にはない。

具体的に「二つの巻」とは、「日の巻」と「月の巻」であり、両方を合わせて「日月《ひつく》の巻」と呼ばれている。

日月神示全巻の中で、このように「合体」した巻は「日月の巻」だけであって、それ故ここには大きな「密意」があるはずだと考えられてきた。

これまでの私の解釈は、「日」は「火、陽、男性原理」であり、「月」は「水、陰、女性原理」を表すと考え、これが合体するのだから「陽と陰の統合（融合）」を意味し、これにより「岩戸」が開き「ミロクの世」に至る暗示だと考えていた。

勿論この考えは、今でも正しいと思っている。

実はこれに加えて、『岡本天明伝』の著者、黒川《くろかわ》柚月《ゆつき》氏が更に深い解釈をされており、私も深く頷くところがあるので、ここに黒川氏の解釈をご紹介しておきたい（一部要約あり）。

まず、「日月の巻」の最初に出て来る「日の巻」は、旧暦の朔《さく》いわゆる「新月」となる「旧九月一日」に降ろされている。「日月」とは天地の運行や天地創造の意味合いを持っており、要するに世界創造の象徴が、旧九月一日の新月から始まっている。

旧九月一日にはもう一つ隠された意味がある。この日は新暦で「昭和十九年十月十七日」であるから、実は「伊勢の神嘗祭《かんなめさい》」の日付でもある。伊勢の神嘗祭とは伊勢神宮の正月であって、本来は伊勢神宮最大の御祭であったし、戦前は国民の祝日でもあった。

「日の巻」にその日付が織り込まれているのは、霊的に「伊勢の働き」があるからである。

「日月の巻」は全体で四十帖あるが、二十八帖から「月の巻」に変わる。切り替わる日が十一月二十五日（著者注：新暦）であるが、こちらは旧暦では「十月十日」になる。

十月十日は出雲大社の「神迎祭《かみむかえさい》」の日で、引佐《いなさ》の浜に日本中の神々が上陸される日である。翌十一日から一週間が神在月《かみありづき》で出雲大社に神々が鎮まるとされる（著者注：これと反対に日本各地では神々が不在となるため「神無月《かんなづき》」と呼ばれる）。

このように、「月の巻」には霊的に「出雲の働き」が暗示されている。しかも、「出雲神」の祖神と言い得る「スサナル神」が始めて登場するのも「月の巻」であるから尚更《なおさら》である。

（『日月神示が語る今この時』（ヒカルランド）180〜181頁、文中傍点は筆者）

右のように、黒川氏の解釈の根本は、「日の巻」が霊的な「伊勢」のはたらきであり、一方の

「月の巻」が霊的な「出雲」のはたらきだというものである。両者が合一して「日月の巻」になるのだから、つまるところ「伊勢と出雲の霊的な統合（融合）」と解釈できるわけである。

その謎解きの仕掛けは、神示が降ろされた「日付」に隠されていたのであるが、これはかねてから私が主張して来たように、「日月神示」の解読には降ろされた「時」が決定的な糸口になる場合があるということと見事に一致する。

よって私は、この解き方には全面的に同意するものである。

このように「日月の巻」には、従来の「陽と陰の統合」という解釈に加えて、「伊勢と出雲の統合」という重大な仕組が秘められていたのである。

日本神話では、出雲の国《くに》津神《つかみ》が伊勢の天《あま》津神《つかみ》に「国譲り」をしたことになっているが、実際は伊勢系が出雲系を力で従えたはずであり、それ故、この国は伊勢系が一方的に支配・統治して来た。

その両者が統合されるのなら、まずは没落している「出雲の神」が復活しなければならないが、それは霊的次元ではもう終わっている。

第五巻「地《くに》つ巻」第六帖に「出雲の⦿様大切に、有り難くお祀りせよ、尊い御⦿様ぞ」と示され、これに従って、岡本天明たちが「大国主命《おおくにぬしのみこと》」を祀ったのは、昭和十九年九月二十八日（？）であった。

ここで、「出雲の神」復活の霊的な「型」が出されているのである。

「日の巻」初発が旧九月一日であって、これは新暦で十月十七日であるから、時系列的には「大国主命」が祀られてから「日の巻」が降ろされたことになる。

よってこれを逆に見れば、「大国主命」を祀った後でなければ「日の巻」は絶対に降ろせなかったということがよくわかるのである。

実に神仕組の経綸《けいりん》とは、このように天明たちの「神業」と「神示降下の時期」がピタリと噛み合っていて驚くほかない。

さて、「伊勢と出雲の統合」と言えば、平成二十五年は「伊勢神宮」と「出雲大社」の遷宮《せんぐう》が重なるという稀有《けう》な年であった。

この「同年遷宮」と日月神示が示す「伊勢と出雲の統合」が無関係であるとは思われず、いずれ地上界においても何らかの大きな動きが出て来るのではないだろうかと思っていたところ、平成二十六年五月二十七日に、皇族「高円宮家《たかまどのみやけ》」次女、「典子《のりこ》」女王殿下の婚約内定が発表されるという慶事があった。

これは単にお目出度《めでた》いだけではない。典子女王の婚約者は「千家国麿《せんげくにまろ》」氏であるが、何とこの方は「出雲大社」の神職者であり、現宮司の御子息なのである。いずれは、出雲大社の宮司を継がれる方である。

これを心霊的に見ると、まさに伊勢系（皇族→天津神系）と出雲系（国津神系）の統合に他ならないから、図らずも本書シリーズ執筆中に、「日」と「月」の統合が地上界の実動として成就したことになる。私もこれには、正直驚いてしまった。

このような重大な仕組が施されているのが「日月の巻」なのである。

（注：本書原稿執筆時点ではご婚約内定であったが、平成二十六年七月四日納采《のうさい》の儀によって正式なものになり、同年十月五日お二人は晴れてご結婚された）


なお、第六巻の内容について簡単に触れておくと、「日の巻」、「月の巻」とも日本神話が登場していることが大きな特徴である。

ここに登場する神々は「古事記」とほぼ同じであり、神話のストーリーもよく似ている。

しかし、「古事記」に記述がなく日月神示だけに書かれている内容があり、言うまでもなくこのような場合は重大な密意・神意が隠されている。

それが何であるかは、本文をお読みいただきたいが、最も重要な一点を述べておけば、現在の「アマテラス（の直系）」にはこの地上界統治の正統なる権限はなく、それは「スサナル神（の直系）」に属するということである。

スサナルとは、「古事記」のスサノオに対応する神であり、「出雲系の神々」の祖先でもある（と言っても、スサナルとスサノオはその出自に重大な相違がある）。

そして、最後の第四十帖に至って、遂に「岩戸閉め」と「岩戸開き」の秘密が明かされるが、それも「神話」のスタイルを取っているから、丁寧に読み込まないと見過ごしてしまう仕掛けが施されている。
「よく読め、裏の裏までよく読め」と神が仰《おっしゃ》る所以《ゆえん》である。

## 〈日の巻〉

### 第一帖（一七四）

富士は晴れたり日本晴れ。⦿《ヒ》の巻書き知らすぞ。この世に自分の物という物は何一つないのであるぞ。早《はよ》う自分からお返しした者から楽になるのざぞ。今度の大洗濯は三つの大洗濯が一度になっているのざから、見当取れんのざぞ。⦿の国の洗濯と外国の洗濯と世界ひっくるめた洗濯と一度になっているのざから、そのつもりでおりて少しでも⦿の御用務めてくれよ。これからがいよいよの正念場と申してあろがな。今はまだまだ一の幕で、先繰《せんぐ》り出て来るのざぞ。

我《が》、出したらわからなくなるぞ、てんし様拝めよ、てんし様まつりくれよ、臣民無理と思うことも無理でないこと沢山にあるのざぞ、⦿はいよいよの仕組にかかったと申してあろがな。壊すのでないぞ、練《ね》り直すのざぞ。世界を擂《す》り鉢《ばち》に入れてこね廻し、練り直すのざぞ。日本の中に騒動起こるぞ。神の臣民気つけてくれよ。日本も⦿と獣に分かれているのざから、否《いや》でも応でも騒動となるのざぞ。小さくしたいなれど。

（昭和十九年旧九月一日、ひつ九のか三）

【解説】

冒頭に「**富士は晴れたり日本晴れ**」とあるが、この文言は既に何度も出て来ている。

神示に何度も出て来るというのは、それだけ重大（重要）なことだからであって、臣民に対して繰り返し繰り返し強調しているのである。

ただし、本帖に「富士は晴れたり日本晴れ」と書いてあるからと言って、本帖が降ろされた直後に「ミロクの世」が成就するという意味ではないから、この点は間違わないでいただきたい。

「**この世に自分の物という物は何一つないのであるぞ。早《はよ》う自分からお返しした者から楽になるのざぞ**」とあるのは絶対の神理である。

この世に人間の物など何一つなく、全ては神からお預かりしているに過ぎない。

それに気づいて、物への執着を手放せば楽になるのは道理であるが、「我れ善し、体主霊従」の性来に堕ちている臣民には途轍《とてつ》もなく困難なことである。

やはり、「身魂」が磨けた分だけ、「物への執着」も自然に薄れていくというのが理想である。それができない者は、最後の「大峠」の時に強制的に全てを取り上げられることになるだろう。

次に、「**今度の大洗濯は三つの大洗濯が一度になっている**」とあり、（地上世界では）具体的に「**⦿の国の洗濯と外国の洗濯と世界ひっくるめた洗濯と一度になっている**」とある。

ここで「**大洗濯**」とは、大掛かりな「身魂磨き、メグリ取り」と同義であることはおわかりだろうが、「三つの大洗濯」についてはしっかりと理解する必要がある。

「**⦿の国の洗濯**」とは「神国日本の洗濯」であり、「**外国の洗濯**」とは「神国日本以外の外国の洗濯」である。

ここまでは、いわゆる「国々の洗濯」ということができる。

そして、「**世界ひっくるめた洗濯**」とは「国々以外の洗濯」のことで、いわば「地球全体の洗濯」といえよう。人間とその国々だけでなく、地球自体も洗濯しなければならないわけである。

地球にとって、これまでの人間は（ある意味）ガン細胞みたいなもので、人類進歩の美名の下に大自然から散々搾取し、また破壊し続けてきた。

大局的に見れば、地球は人間が出す悪想念によって、これでもかというほど汚《よご》され穢《けが》されてきたのである。

よって、「国」だけに止《とど》まらず、「地球」も含めて洗濯されるのであるが、その中でも最も強烈な洗濯の対象となるのは、地球を穢した「人間とその国々」であるのは言うまでもない。

洗濯がどのようなものであるかと言えば、臣民には「**見当取れん**」ほど大層なことであり、しかも「**これからがいよいよの正念場**」であって、「**先繰《せんぐ》り出て来る**」と示されている。

また、「**今はまだまだ一の幕**」とあるから、「大東亜戦争」さえも「岩戸開き」の一の幕に過ぎないことが暗示されている（このことの真意は、第十二巻「夜明けの巻」で明らかになる）。

なお「先繰《せんぐ》り出て来る」とは、「順を追って次々に出て来ること」であるから、一つの「洗濯」が終わっても、次々に続きが登場することを覚悟しなければならない。


後半に入って、「**我《が》、出したらわからなくなるぞ、てんし様拝めよ、てんし様まつりくれよ、臣民無理と思うことも無理でないこと沢山にあるのざぞ**」とあるのは、一般論としても成立つが、第一義的には岡本天明たちに対する教えであり諭《さと》しであったと思われる。

ここでいう「**我を出す**」とは、人間の「学」や「智」、或いは「常識」を優先させて物事を判断することであろうが、それでは「**わからなくなる**」と神が教え諭している。

天明たちには「神業《しんぎょう》」という大役が課せられていたから、それを人間心であれこれ判断するとわけがわからなくなってしまうのがオチである。

よって、素直に神に従えという諭しであると考えられるのである。

「**てんし様拝めよ、まつりくれよ**」とは天明たちの「神業」の中で最も重要なものであり、神仕組の根幹を成すと言っても過言ではない。

実際に「奥山」に「てんし様」を奉斎《ほうさい》するのは、昭和二十年八月八日であるから、本帖降下からまだ十カ月ほど先になるが、神は早くから「てんし様」奉斎に関する神示を降ろして、天明たちの意識に刷り込もうとされていたようである。

このように「てんし様」とは、「基本十二巻」の中でも最重要存在なのである。

「**臣民無理と思うことも無理でないこと沢山にあるのざぞ**」とは、一見何のことかわからないようにも感じられるが、天明たちの時代が大東亜戦争末期であったことを考えれば、一つの見方として、「神業奉仕」の実行の可能性について示されたものだったのかもしれない。

天明たちはこの後も、「**甲斐の仕組**」や「**鳴門神業**」などに奉仕するため、全国各地へと赴くのであるが、戦争末期の当時は、日本国内移動のための列車の切符さえも入手が困難であり、何処へ行くのも大変な時であった。

しかも、昭和十九年十一月からは、米軍の「本土大空襲」が頻繁に行われるようになった。

こんな時代に、「〇〇へ行って神を祀れ」との神命があったとしても、人間心では「それは無理、無茶」と思うのは当然であっただろう。

それを神は、「**臣民無理と思うことも無理でないこと沢山にある**」と諭しており、実際全ての神業は神命どおり行われているから、この解釈は当時の状況によく適合すると思われる。

「**壊すのでないぞ、練《ね》り直すのざぞ**」とは、何一つ壊さない（壊れない）という意味ではないから注意していただきたい。

ここの真意は、「壊す」のが目的ではなく、「**練り直す**」のが目的だということである。

「立て直し」の前に来る「立て替え」では、「グレンと引っ繰り返っている」ものが必ず破壊されるが、それは手段であって、「壊すことによって臣民の心を練り直す」ことが真の目的だと述べているのだ。

最後の、「**日本も⦿と獣に分かれているのざから、否《いや》でも応でも騒動となる**」との示しは非常に重要である。

これは日本人であっても、その中には「**⦿**（＝**神人**）」もいれば「**獣**」もいるという意味であって、日本国籍を持つ者全員が「神人（＝スメラの民）」ではないということでもある。

読者は、この点をよくよく肝に銘じていただきたい。

自分は日本人（＝日本国籍）であり、日本は「神の国」だから、「大峠」が来ても安心だなどとほんの少しでも思っていたら、それは大間違いなのである。

なおこのことは、第一巻「上つ巻」第二帖で「**⦿の国にも外国の臣《しん》がおり、外国にも⦿の子がいる**」と示されていることに対応するものである。

「神の子（＝神人）」は日本だけでなく、外国にも存在していることを忘れないでいただきたい。

「**騒動が起こる**」とあるのも、善と悪に二極化するのだから当然である。

## 第二帖（一七五）

三千年、三千世界乱れたる、罪や穢れを身において、この世の裏に隠れしまま、この世構いし大神の、ミコト畏《かしこ》みこの度の、岩戸開きの御用する、身魂《みたま》はいずれも生き変わり、死に変わりして練りに練り、鍛えに鍛えし⦿国《かみぐに》の、まことの身魂天駈《あまか》けり、地《くに》駈けります元の種、昔の元の御《おん》種ぞ、今落ちぶれているとても、やがては神の御民《みたみ》とし、天地《あめつち》駈けり⦿国の、救いの神と現われる、時近づきぬ御民等《みたみら》よ。今一苦労二苦労、とことん苦しきことあれど、堪え忍びてぞ次の世の、まこと⦿代《よ》の礎《いしずえ》と、磨きてくれよ⦿身魂、弥栄つぎに栄えなむ。身魂幸《さち》はえましまさむ。

（昭和十九年旧九月二日、ひつ九のか三）

**【解説】**

この帖は、七五調の律（＝リズム）で「因縁の身魂（＝真の日本人、スメラの民）」の本質を表している。

一読しただけでもその大意は摑めるが、臣民にとっては極めて重要なので、ここに要点をまとめておきたい。どうか自分事《じぶんごと》として受け止めていただきたい。

◉「因縁の身魂」とは、「大神（国常立大神）」のミコトに従って、「岩戸開きの御用」をする者である。

◉その身魂とは、長い転生の時をかけて練りに練り、鍛えに鍛えられた「元の種」である。

◉今は落ちぶれているが、やがては神の御民《みたみ》となって復権し、神国の救いの神となる。

◉その時は近づいている。

◉これからも一苦労二苦労、とことん苦しいことが続く。

◉それを堪《た》え忍んで、「ミロクの世」の礎《いしずえ》となるよう身魂を磨くのが「因縁の身魂（＝神の子）」である。

以上を読んでいただければ、「因縁の身魂」の何たるかがよくわかるであろうし、岡本天明たちがそうであったように、この地上界においては、苦難の日々が多いことも納得されるのではないだろうか。

なお本帖では、「因縁の身魂」の「別の呼び方」が幾つか出て来ているので、それもまとめておこう。

◉まことの身魂

◉元の種、昔の元の御《おん》種

◉神の御民《みたみ》

◉救いの神

日月神示はこのように、一つのものを幾つもの異なる表現で呼び表している場合が多いが、これは神示記述上の特徴のひとつであるから、しっかり押さえておいていただきたい。

そうでないと、言葉や表現の数だけ別の意味があると思い込む危険があり、そうなってしまえば解釈が発散して神意から離れてしまい、結局、迷路に嵌《はま》るだけであるからだ。

これが、本書シリーズの「序文」でも述べた「日月神示の魔法」にかかるということである。

## 第三帖（一七六）

この神示《ふで》、声立てて読みて下されと申してあろがな。臣民ばかりに聞かすのでないぞ。守護神殿、神々様にも聞かすのぞ、声出して読みてさえおればよくなるのざぞ。じゃと申して、仕事休むでないぞ。仕事は行《ぎょう》であるから務め務めた上にも精出してくれよ。それが真《まこと》の行であるぞ。滝に打たれ、断食するような行は幽界《がいこく》の行ぞ。⦿の国のお土踏み、⦿国の光息して、⦿国から生れる食べ物頂きて、⦿国の御《おん》仕事している臣民には、行は要らぬのざぞ。このことよく心得よ。

（昭和十九年十月の十九日、一二⦿）

**【解説】**

冒頭の「**この神示《ふで》、声立てて読みて下されと申してあろがな。臣民ばかりに聞かすのでないぞ。守護神殿、神々様にも聞かすのぞ、声出して読みてさえおればよくなるのざぞ**」は、既に何度か登場している内容である。

「声立てて読む（＝音読）」ことの目的は、「**守護神殿、神々様にも聞かす**」ためだと述べているから、「黙読」よりは「音読」の方が声の波動によって神々に伝わりやすいということであろう。

ただし、本帖が「黙読」を禁止しているわけではないから誤解のないように願いたい。私自身、神示関連の執筆のため日月神示は何度も読んでいるが、この場合は矢張り「黙読」が圧倒的に多い。神示を拝読するのも、ＴＰＯに応じ音読と黙読を使い分けてしかるべきであろう。

次は、「行《ぎょう》」についてであるが、我々がイメージする「行」とは、「滝行《たきぎょう》」や「断食《だんじき》」、山野を踏《とう》破《は》する「荒行《あらぎょう》」或いは「瞑想《めいそう》」、「座禅《ざぜん》」などが思い浮かぶ。

これ以外にも「沈黙の行」とか、反対にひたすら「念仏や経文を唱え続ける」ものもある。種々あるけれども、これらに共通しているのは、大なり小なり「日常生活との乖離」である。

ところが右の神示には、「**仕事は行《ぎょう》であるから務め務めた上にも精出してくれよ。それが真《まこと》の行であるぞ**」とあるばかりか、「**滝に打たれ、断食するような行は幽界《がいこく》の行**」であると厳しく戒められている。

　我々がイメージする「行」とは、全く違うことが述べられている。

　この真意は、「仕事」を含め「日常生活」そのものが「真《まこと》の行」なのだということである。

「滝行」、「断食」などは「幽界《がいこく》の行」であると諭《さと》しているのは、そのようなものは本来神国日本の行ではないということなのであろう。

　日月神示にこのように示されている意義は極めて大きい。

　何故ならば、「日常生活」を送らない者など誰一人おらず、全ての臣民に等しく「行」の機会が与えられていることになるからである。

　つまり、「日常生活」が調和し、歓喜のうちに送れるようになることが「行」の目的であるが、結局これは「身魂磨き」、「メグリ取り」を別の角度から見たものに過ぎないのである。

　本質は全く同じである。

　よって、何もかもが調和している「ミロクの世」では、地上界のような「滝行、断食」などが不要になるのは論を俟たない。

「**☉の国のお土踏み、☉国の光息して、☉国から生れる食べ物頂きて、☉国の御《おん》仕事している臣民には、行は要らぬのざぞ**」とあるとおりである。

　本帖はこのように、「行」に関する重要な指針が述べられている。

## 第四帖（一七七）

戦《いくさ》済みても後の紛糾《ふんきゅう》なかなかに済まんぞ。人民いよいよに苦しくなるぞ。三四五《みよいづ》の仕組出来ないで、一二三《ひふみ》の御用はやめられんぞ。この神示読んで、三四五の世の仕組、よく肚《はら》の中に入れておいて上《かみ》の人に知らせてやりて下されよ。三四五とはてんし様の稜威《みいづ》、出づことぞ。

（昭和十九年十月二十日、ひつ九か三）

【解説】

冒頭の「**戦《いくさ》済みても後の紛糾《ふんきゅう》なかなかに済まんぞ。人民いよいよに苦しくなるぞ**」とは、「大東亜戦争」後の「地上界（＝人間世界）」の状況を述べたものであって、「大峠」における戦ではない。

何よりも戦後の世界情勢を見れば、「**後の紛糾《ふんきゅう》**」がいつまでも収まらず、神示が示すように「**人民いよいよに苦しく**」なっていることがよくわかるはずだ。

また、ここには「**人民**」という言葉が使われているから、「日本」だけではなく広く「世界中の人間」を指すと考えた方が実情に合う。

次に、唐突に「**三四五《みよいづ》の仕組**」が述べられている。

「三四五の仕組」とは、「一二三《ひふみ》、三四五《みよいづ》、五六七《みろく》の仕組」の真中に来る仕組みであるが、何よりも重要なことは、「**三四五とはてんし様の稜威《みいづ》、出づことぞ**」とあるように、「てんし様」が主役になる仕組だと明記されている点である。

「稜威」とは、一般的には「神、天皇などの威光、威徳」と説明されるが、私の言葉では、「神や天皇の大御心《おおみこころ》に触れた臣民の頭が自然に下がってしまうこと、またその大御心」と説明したい。崇高な存在が放つ「キ（＝大御心）」に対して、自然に跪《ひざまず》いてしまうことと言ってもよいだろう。

そのためには、まず「てんし様」が降臨されていることが絶対条件になるから、ここは岡本天明の「てんし様降臨の神業（＝てんし様を祀ること）」に繋《つな》がっていくことが予期される部分である。

既に何度も述べているが、昭和二十年八月八日、天明たちは神命により「てんし様（＝天津日嗣《あまつひつぎ》皇尊大神《すめらみことおおかみ》）」を「奥山」に奉斎しているが、これが「**三四五《みよいづ》の仕組出来ないで、一二三《ひふみ》の御用はやめられんぞ**」に相当し、「三四五の仕組の始まり」であることがわかる。

「一二三の御用」と「三四五の仕組」は「三」が重複しているから、切り離された別々の御用（仕組）ではなく、「一二三の終わり」＝「三四五の始まり」という関係になるのである。

つまり、「てんし様」の奉斎（＝降臨の型）が「三」に該当すると考えれば、「てんし様」を奉斎することによって「一二三の御用」が終わり、同時に「三四五の仕組」が開始されるという重大な関係性が明らかになるわけである。

しかも、その「てんし様」とは、「天津日嗣皇尊大神（＝スメラミコトの神霊）」として祀られるのであるから、絶対に「日本の天皇と切り離して語れない」ということになるのである。「てんし様」と天皇の関係については、今の段階でもこれくらいは明らかになるが、逆に言えばここまでが限界である。

本帖だけで「三四五の仕組」を語り尽くすことはできず、多くのピースを集めて総合的に考えなければ全体像は明らかにならない。

ただ、本書の性質上、そこまでは踏み込めないので、詳しくは拙著『ときあかし版』てんし様の章　を参照していただければ幸いである。

## 第五帖（一七八）

⦿の国には⦿も人も無いのざぞ。忠も孝もないのざぞ。⦿は人であるぞ。山である、川である、めである、野であるぞ。草である、木である、動物であるぞ。為すこと、皆忠となり孝と流れるのぞ。死も無く生《いき》も無いのぞ。⦿心あるのみぞ。やがては降らん雨霰《あめあられ》、役員気つけてくれよ。⦿の用意は出来ているのざぞ。何事からでも早う始めてくれよ。⦿の心に叶うものはどしどしと埒《らち》あくぞ。

（昭和十九年十月二十一日、一二⦿）

【解説】

**「⦿の国には⦿も人も無いのざぞ。忠も孝もないのざぞ。……死も無く生《いき》も無いのぞ。⦿心あるのみぞ」**と示されているが、これは紛れもなく「ミロクの世」における「中心帰一」或いは「中心歓喜」を意味している。

**「⦿心あるのみぞ」**とは、「ミロクの世」の中心におられる「てんし様（＝スメラミコト）の大御心がすべてである」という意味であって、人も動物も草も木も、自然を含め何もかもが「てんし様」の大御心を中心として大調和するが故に、「中心帰一」、「中心歓喜」と表現し得るのである。

しかも、**「死も無く生《いき》も無い」**とあるから、これまでの地上界の人間の「生死（＝輪廻《りんね》転生《てんせい》）」とは無縁の世界ということになる。

このような世界が、来るべき「ミロクの世」である。

**「やがては降らん雨霰《あめあられ》」**とは、おそらく「大峠」における「超天変地異」の災害の様相の一端を述べたものと思われる。

雨霰とあるから、一般的には「水の災害」がイメージされるが、「大峠」においては火山爆発によるマグマ、岩石、火山灰などによる「火の災害」も当然含まれるであろう。

日月神示はこのように、何の前触れもなく、唐突にテーマや内容がコロッと変わることが多いから、解釈に当たっては注意が必要である。

何処《どこ》が「内容やテーマの切れ目」であるかを見極める「目」が要求される。

「目」と言えば「**川である、めである……**」という不思議な一節があるが、実は、ここでいう「め」が何のことか判然としない。

「目」と解釈できないこともないが、前後に「山、川、野、草、木」とあるから「目」では整合性がなく決め手に欠けるのである（むしろ「芽」のほうが、野、草、木とは整合する）。

原文の書記ミスではないかと思ったりする部分である。

とはいえ、全体の意味は明らかであるから、「め」だけに拘《こだわ》る必要は特にないであろう。

「**役員気つけてくれよ。◉の用意は出来ているのざぞ……**」以降はそのまま読めるから、改めて説明の必要はないであろう。

一点「**埒《らち》があく**」とは、「事態が進展する」とか「問題が解決する」という意味である。

## 第六帖（一七九）

アメツチノトキ、アメミナカヌシノミコト、アノアニナリマシキ、タカアマハラニミコトトナリタマヒキ（天地の時、天御中主命、アのアに成りましき、高天原に命と成り給いき）。

今の経済は悪の経済と申してあろがな、もの殺すのぞ。◉の国の経済はもの生む経済ぞ。今の政治はもの壊す政治ぞ、◉の政治は与える政治と申してあろが。配給は配給、統制は統制ぞ。一度は何もかも天地《てんち》に引き上げと申してあるが、次の世の種だけは地に埋めておかねばならんのざぞ。それで⦿がくどう申しているのぞ。種は落ちぶれていなさる方で守られているぞ。上下に引つくり返ると申してあること近づいて来たぞ。種は百姓に与えてあるぞ。種蒔くのは百姓ぞ。

（昭和十九年十月の二十二日、ひつ九か三）

**【解説】**

本帖から初めて「日本神話」が降ろされているが、これが「日の巻」の大きな特徴であり、後半の「月の巻」まで続いている。

神話といっても、登場する神々は「古事記」とほとんど変わらないが、書かれている内容が一部異なる箇所がある。

当然ながら、「異なる箇所」には大きな神意・密意が隠されていることが予想されるが、それらについては当該部分が登場した時に解説したい。

まず、ここで登場するのは「**アメミナカヌシノミコト（天御中主命）**」であるが、この神は「古事記」と同じで、神話の最初に登場する「根元神」とされている。

「**アのアに成りましき**」とは、明らかに「言霊」であるから、解釈には言霊学の知見が必要とされる。私自身の言霊に関する知見は極めて乏しいので、ここは中矢伸一氏が書かれた『[正釈]日月神示Ⅱ』（徳間書店）を参考にして解説しておきたい。

同書によると、「ア」はアイウエオの五大母音のアであり、言霊で言うところの統括的役割を果たす最初の言（コト）であり「⦿の、」であるとされている。

神示では「**アのア**」とあるから「最初のア、根源のア」という意味を示しているのであろう。

また「⦿の、」とあることから、「ア」が他の言（コト）の中心に位置する最も基本的な言であると思われる。

なお、「高天原」には「タカアマハラ」以外に、「タカマガハラ」、「タカマノハラ」という読み方もあるが、日月神示では「タカアマハラ」となっているので、私もこれに従っている。

実はここにも、「タカアマハラ」→「TA・KA・A・MA・HA・RA」と「A」即ち「ア」の言《こと》が隠されている。

以上のことから、天地創造の時、「高天原《たかあまはら》」に最初に顕れた「世の元の大神様」の神格が「**アメミナカヌシノミコト（天御中主命）**」であり、これを言霊では「アのア」と言い、神文字では「⦿の、」と表現されることがわかる。

意味的には、「根源、中心、原点」などが該当すると考えればよいであろう。

次の「政治・経済」については、人間と神のそれぞれについて「違い」が明確に説かれている。

人間の政治・経済は「悪」であって、「**もの殺す経済、もの壊す政治**」であるのに対し、神のそれは、「**もの生む経済、与える政治**」と明示されている。

まさに、「体主霊従」と「霊主体従」の違いが、そのまま政治経済に反映されている。

「**配給は配給、統制は統制ぞ**」とは、大日本帝国が昭和十三年に制定した「国家総動員法」によって食糧や物資が軍事優先となり、国民には「統制経済」に基《もとづ》く「配給」が成されたことを指していると思われる。

この神示が降りた昭和十九年十月は、大東亜戦争も終盤に入って、日本の敗色が極めて濃厚となっており、「配給、統制」は厳しさのピークにあったであろう。国民は困窮を強《し》いられていた。

勿論これは、「**もの殺す経済、もの壊す政治**」以外の何ものでもない。

「**一度は何もかも天地《てんち》に引き上げと申してあるが、次の世の種だけは地に埋めておかねばならんのざぞ**」とあるのは、極めて意味が深い。

まず、「**次の世**」とは「ミロクの世」のことであるが、それが到来する前に、「大峠」の艱難《かんなん》によって全ての人類は例外なく一旦「肉体死」になってしまい、「大峠」が過ぎてから、神が「身魂磨けた臣民」だけを拾い上げて蘇生させ、「ミロクの世」の住人にすると神示は述べている。

すると、「**次の世の種**」とは当然「**身魂磨けた臣民**」ということになる。

ここで「**地に埋めておかねばならん**」のは、「**次の世の種**」であるが、「種」は地（＝土）に埋めなければ芽が出ないためこのような表現を取ったのであろうが、勿論「臣民をそのまま土の中に埋める」ことではない。

「種」とは第二帖で、「因縁の身魂」の別名として、「**元の種、昔の元の御種《おん》**」と呼ばれていたことと同義である（第二帖解説を参照）。

次に、「**種は落ちぶれていなさる方で守られているぞ**」とあって、「次の世の種」になる身魂は、この世的には落ちぶれていると示されている。

つまり、権力や金銭、地位、名誉などとは無縁の、一見社会の底辺にいるような人を指すのであろう。

しかし、このような人たちこそ、「**上下に引っくり返ると申してあること近づいて来た**」とあるとおり、やがて「神人」となって復活する可能性が高いのである。

なおここでは、「種」と「守る人」が全く別々のものだと解釈したくなるところだが、それでは全体の意味が通らないので注意していただきたい。

何故なら、「種」＝「魂」＝「、」、「守る人」＝「肉体」＝「〇」と考えることができるから、つまるところ両者は一体（、＋〇→⦿）ということになるからである。

最後の「**種は百姓に与えてあるぞ。種蒔くのは百姓ぞ**」とあるのも同様であって、「種」と「百姓」を別々に分けて考えてはならない。

「種」＝「、」、「百姓」＝「〇」という関係になるのである。

ただ、ここで「百姓」という表現をとっているのは、単に「種」を蒔くのが百姓であるというだけではなく、「百姓」＝「土とまつろう人」であるから、来たるべき「ミロクの世」では臣民が土にまつろいながら生きることを暗示していると考えるべきである。

何よりも日月神示には、「お土は国常立大神の御身体《おからだ》」と示され、「お土を拝《おろが》め」ともある。

つまり、お土を拝む人が「百姓」であるから、これ故に「**種は百姓に与えてあるぞ。種蒔くのは百姓ぞ**」なのである。

## 第七帖（一八〇）

ツギタカミムスビゾ、カミムスビノミコトトナリタマイキ、コノミハシラ、スニナリマシテ、スミキリタマイキ（次、高御産巣日ぞ、神産巣日命と成り給いき、この三柱、スになりまして、澄みきり給いき）。

岩戸ひらく道、神々苦むなり、弥ひらき苦む道ぞ、苦しみてなりなり、なりえむ道ぞ、神諸々なり、世は勇むなり、新しき道、ことごとなる世、神諸々四方《よも》にひらく、なる世の道、ことごとくの道、みいづぞ。

（昭和十九年十月二十四日、一二⊙）

**【解説】**

本帖に登場する神は、「**タカミムスビ（高御産巣日）**」と「**カミムスビノミコト（神産巣日命）**」

の二神であるが、これも「古事記」と同じ神、同じ順序である。

これに、前帖で登場した「**アメミナカヌシノミコト（天御中主命）**」を加えたものが「**この三柱**」であり、一般に「造化三神（＝宇宙創造の根元となる三神）」と呼ばれているのは、読者もご存じのとおりである。

そして、「**この三柱、スになりまして、澄みきり給いき**」とあって、ここでは「ス」の言《こと》が登場している。「ス」とは「澄みきり」のことであるから、「造化三神」の御神力が澄み切って、一切の邪念や不純物が入らず百％の御神力を発揮されることを意味し、これによって、じ後の神々が化生《けしょう》する下地（＝足場）ができたと解釈すればよいだろう。

後半の「**岩戸ひらく道……**」以降は、これまで度々登場してきた「超難解」神示の一つである。

しかし、ある程度の読み解きは可能である。

神がここで仰《おつしや》っていることは、「**岩戸ひらく道**」＝「**神々が苦しむ道**」＝「**苦しんで成る道**」＝「**ことごとくの道**」＝「**みいづ（稜威）**」ということだと思われる。

つまり、「苦の道」がやがて「みいづ（稜威）」に成り行く道であり、それが「岩戸を開く道」だと述べているのである。

このように見ると、神々も我々臣民と全く同じように「艱難」の道を歩まれていることが理解される。

## 第八帖（一八一）

ツギ、ウマシアシカビヒコヂノカミ、ミコトトナリナッテ、アレイデタマイキ（次、宇摩志阿斯訶備比古遅神、命となり成って現れ出で給いき）。

瓜《うり》の蔓《つる》に茄子《なす》ならすでないぞ。茄子には茄子と申してあろがな。味噌も糞も一つにするでないぞ。皆がそれぞれに息する道あろがな。野見よ森見よ。神の経済よく見よ。神の政治よく見て、まことの政治仕《つか》えてくれよ。すべてにまつろうことと申してあろがな。上《うえ》に立つ番頭殿、目開いて下されよ。間に合わんこと出来ても㋺はもう知らんぞ。㋺急《せ》けるぞ。役員も気配れよ。

（昭和十九年旧九月八日、ひつ九のか三）

**【解説】**

本帖に登場する「**ウマシアシカビヒコヂノカミ（宇摩志阿斯訶備比古遅神）**」も「古事記」と同じ神、同じ順序である。

御神名を漢字で書くと、えらく長くて難解なイメージを持たれる読者もおられると思うが、漢字そのものは後世の人間が当てはめたものであるから、書によって、また人によって異なる場合が多く、あまり神経質になる必要はないと思う。

次の「**瓜《うり》の蔓《つる》に茄子《なす》ならすでないぞ**」、「**味噌も糞も一つにするでないぞ**」、「**皆がそれぞれに息する道あろがな**」とは、大きい意味では「この宇宙に全く同じモノは一つもなく、無駄なモノもない」という普遍的真理のことであると考えられるが、より狭い人間世界においては、思想や価値観などを統一して一本化（＝**瓜《うり》の蔓《つる》に茄子《なす》ならす、味噌も糞も一つに**）しようとする「全体主義化」への警鐘であると考えられる。

当時の日本は、大東亜戦争の真っ最中であったから、国家総動員令の下《もと》に思想も政治を経済も何もかも統制されて自由がなかった。

よってこの帖の内容は、岡本天明と当時の役員には身に沁《し》みてよくわかったであろう。

「**皆がそれぞれに息する道**」とは、一人々々が違った思想や価値観あるいは生き方を持っていても、「神の政治・経済」の下《もと》では全く自由であり、それでいて全てが生かされ中心に帰一するという意味に解されるが、実はその見本は大自然にこそあるのだ。

「**野見よ森見よ**」というこの短い一節に、「神の政治・経済」が凝縮されていることを実感していただきたい。

木の葉一枚、草一本に至るまで全く同じものは何一つとして無いのに、それでいて喧嘩することもなく、仲良く共存・共栄・共生しているではないか。

これを神示では「**まつろう**」とも表現しているが、「ミロクの世」の原型とはこのように「大自然」が示しているのである。

最後の「**◯ゝ急《せ》けるぞ。役員も気配れよ**」とは岡本天明たちに当てたものであるが、これは当時の「(地上界における)神業」に時間的余裕がなく、神も安穏《あんのん》としてはいられなかったからであろう。

神業に関する最初の大きな節目は、「**大東亜戦争の終戦**」であり、この時期に「一二三《ひふみ》の仕組」が終わり、同時に「三四五《みよいづ》の仕組」に切り替わるという重大な神仕組があった。

よって神にとっては、「大東亜戦争」の進捗状況と天明たちの「神業」の進み具合のバランスを見ながら神示を降ろす必要があったと思われる。

読者は、神がそんな人間臭い心配をするだろうかと思われるかもしれないが、地上界の主宰者は「人間」であって、神といえども人間の自由意志に強制介入することはできないのである。

第七帖で、「**岩戸ひらく道、神々苦むなり**」とあったことを思い出していただければ、少しは胸落ちするのではないか。

最後に、本帖の日付が「**旧九月八日**」と「旧暦」表示になっている点に触れておきたい。

この日は、新暦では「(昭和十九年)十月二十四日」であるから、これは直前の「第七帖」と同じ日付である。

つまり、同じ日に第七帖と第八帖が降ろされているが、前者は新暦、後者は旧暦で表示していることから、「旧九月八日」には明らかに密意があると考えられる。

ただ、それが何であるかを判断するには慎重さが求められる。

「旧九月八日」は「大本《おおもと》教団」から重視されてきた日付であり、古くは開祖・出口直《でぐちなお》が明治三十四年「旧九月八日」（新暦では十月十九日）、綾部《あやべ》の弥仙《みせん》山に一週間「岩戸隠れ」をした初日であって、神仕組上の重大神事であった。

一方の岡本天明たちにとっては、昭和二十二年「旧九月八日」（新暦では十月二十一日）、神命によって「ミロク大神（＝大日月の大神）」を奉斎した日である。

更に、新暦で「九月八日」と言えば、昭和二十六年「九月八日」、「サンフランシスコ講和条約」が調印された日であって、戦後の日本が独立する第一歩を踏み出した重要な日でもあった。

このように「(旧) 九月八日」とは、大本にも日月神示にもまた日本にとっても極めて重要な節目の日であるが、それ故にどれか一つに決め付けられない日なのである。

将来の「大峠」の到来と「ミロクの世」への移行においても、「(旧) 九月八日」が重大な節目となるであろうことは容易に想像がつく。

このように「(旧) 九月八日」は、複数の神仕組に共通する「時節（となる日付）」と考えられる。

本帖でわざわざ「旧九月八日」と示されたのは、「この日は神仕組の重大な節目であるから忘れてはならないぞ」ということを「強調」するためだったのであろうか。

と言うのも、昭和十九年のこの日には、地上界では特筆すべき重大な出来事が起こっていないからであるが、反面、あの世（＝神界または幽界）では何かが生起した可能性は否定できない（ただし、それが何であるかは不明である）。

## 第九帖（一八二）

何事も持ちつ持たれつであるぞ。神ばかりではならず、人ばかりではならずと申してあろが。善一筋の世と申しても、今の臣民の言うているような善ばかりの世ではないぞ。悪でない悪とあなないているのざぞ。このお道は、あなないの道ぞ。上ばかりよい道でも、下《しも》ばかりよい道でもないのざぞ。まつりとはまつわることで、まつり合わすとは、草は草として、木は木として、それぞれのまつり合わせぞ。草も木も同じまつり合わせではないのざぞ。

（昭和十九年十月の二十六日、ひつ九か三）

【解説】

冒頭の「**何事も持ちつ持たれつであるぞ。神ばかりではならず、人ばかりではならずと申してあろが**」とは、「神と人が一体（＝神人一体）」にならなければ、神仕組は何も成就しないという意味である。

勿論、神が「主」であり人は「従」という関係性はあるが、神が絶対的支配権を握って、人間を思いのままに操るなどということとは根本的に異なる。

次の、「**善一筋の世と申しても、今の臣民の言うているような善ばかりの世ではない**」、また「**悪でない悪とあなないている**」とあるのは、「善悪の本質」に触れたもので、極めて意味が深い。

人間はこれまでずっと、「悪をなくせば善一筋の世になる」と信じてきた。

これは、「善悪二元論」に基づいた価値観であるが、「**今の臣民の言うているような善**」とはまさしくこの「善悪二元論」から来ている。

ところが神は、「**そのような善ばかりの世ではない**」と否定し、更に「**悪でない悪**」があるとも仰《おっしゃ》っている。この「善と悪」の意味するものは極めて奥が深くかつ重大で、神仕組の根本に関わるものと言っても過言ではない。

善とか悪とか言う時、そこには「絶対善」も「絶対悪」も存在せず、善と悪は相対的な表と裏の関係にあると言える。

例えて言えば、一枚の紙の表が善、裏が悪と考えればよいであろう。

どんなに薄い紙でも、表だけの紙、裏だけの紙が存在しないように、善だけ悪だけというものは存在しないのである。

原理的に不可能と言ってもよい。

つまり、「対《つい》」、「ペア」で存在するのが絶対原則であるから、「善悪二元論」ではなくむしろ「善悪一元論」と言うべきなのである。

すると善と悪は、「神」という「一元」の表と裏ということになるから、これはどちらも神の「はたらき」の一つであることが理解できるであろう。

これを神示は、別の言葉で「善の御用」とか「悪の御用」と表現しているのである（「御用」＝「はたらき」の関係になる）。

このように、善と悪は「神のはたらき」、「御用」としてのみ存在できるのであって、この両者のせめぎ合いによって、神仕組の経綸が進展していくのである。

ところが、狭視野《きょうしや》の人間にとっては、そのような神の仕組などわかるわけがないから、自分たちを利するものを「善」、害するものを「悪」と呼んで区別し、両者は別々の存在だと見てしまったのである。

日月神示が説く「**善も悪も共に抱き参らせる**」という究極の真理は、「善悪」を「神の御用（＝はたらき）」と理解した時に初めて到達できる境地なのである。

なお、「**あなない、あななう**」とは「助ける、支える」という意味であるから、つまるところ「善と悪のあなない」とは「善悪共に抱き参らせる」ことに繋《つな》がる概念である。

「**上ばかりよい道でも、下《しも》ばかりよい道でもないのざぞ**」とあるのも、基本的にはこれと同じ意味である。

最後に、**「まつり合わすとは、草は草として、木は木として、それぞれのまつり合わせぞ。草も木も同じまつり合わせではないのざぞ」**とあるが、これは第八帖に出てきた**「瓜《うり》の蔓《つる》に茄子《なす》ならすでないぞ。茄子には茄子と申してあろがな。味噌も糞も一つにするでないぞ」**とほとんど同じ意味である。

この部分は「まつり合わす」が主題であるが、草は草、木は木のまま「まつり合わせる」のであって、何もかも一色に染めたり、同じ形にはめ込むことではないと述べているのである。

「ミロクの世」とは、無限無数にある「多様性」が何一つ犠牲にされることなく、全ては「てんし様」の大御心を体し、歓びのうちに共存共栄する世界なのである。

何故ならば、無限無数の多様性といっても、それらがテンデンバラバラ、自由勝手なのではなく、大歓喜（＝中心歓喜）の体現者である「てんし様、スメラミコト」の大御心に繋がっているからである。

これが「まつり合わせる」ことの真義であり、神文字「⦿」に込められた意味でもある。

## 第十帖（一八三）

ツギ、アメノトコタチノミコト、ツギ、クニノトコタチノミコト、ツギ、トヨクモヌノミコト、ナリナリテ、アレイデタマイ、ミコトスミキリタマイキ（次、天之常立命、次、国之常立命、次、豊雲野命、なり成りて、現れ出で給い、命澄みきり給いき）。
辛酉《かのととり》の日と年は恐い日で、良き日と申してあろがな。九月八日は結構な日ざが、恐い日ざと申して知らしてありたこと、少しはわかりたか。何事も神示通りになりて、先繰りに出て来るぞ。遅し早しはあるのざぞ。この度は幕の一ぞ。日本の臣民これで戦済むように申しているが、戦はこれからぞ。旧十月八日、十八日はいくらでもあるのざぞ。三月三日、五月五日は良き日ぞ。恐ろしい日ざぞ。今は型であるぞ。早う改心すれば型小さくて済むなれど、掃除大きくなるぞ。猫に気つけよ、犬来るぞ。臣民の掃除遅れると段々大きくなるのざぞ。神が表に出て御《おん》働きなされていること、今度はよくわかりたであろがな。⦿と神との戦であると申してあろがな。戦のまねであるぞ。⦿がいよいよとなりて、ビックリ箱開いたら、臣民ポカンぞ。手も足も動かすこと出来んのざぞ。譬《たと》えではないのざぞ。くどう気つけておくぞ、これからがいよいよの戦となるのぞ、鉄砲の戦ばかりでないぞ。その日その日の戦烈しくなるぞ、褌《ふんどし》締めくれよ。

（昭和十九年十月二十五日、ひつ九のか三）

**【解説】**

まず、「神話部分」の御神名を整理すると、「**アメノトコタチノミコト（天之常立命）**」、「**クニノトコタチノミコト（国之常立命）**」、それに「**トヨクモヌノミコト（豊雲野命）**」の三神が登場している。

これらの神々は「古事記」と同じであり、登場する順序も同じである。

ここまでに「七神」が登場しているが、いずれも「独り神」である。


次には、やたらと「因縁の日」が登場するので、これについて考えてみたい。

具体的には「**辛酉《かのととり》の日と年**」、「**九月八日**」、「**旧十月八日、十八日**」、「**三月三日**」、そして「**五月五日**」である。これらは一体何を意味するのであろうか？

これらは個々に見ることも必要だが、私はもっと大事な「解読のキー」があると思っている。

それは、「**恐い日で、良き日**」、「**結構な日ざが、恐い日**」、「**良き日ぞ。恐ろしい日ざぞ**」のように、相反する表現が三度も出て来ていることである。

言うまでもなく、日月神示特有の「逆説的表現」であって、明らかに密意が込められている。

よって、「恐い日」でもあり「結構な日」でもあるという逆説が、どのような意味であるかを知らなければ真実は見えてこない。

私はこれを、「体主霊従」の者にとっては「恐い日」だが、身魂を磨いて「霊主体従」に戻った者には「結構な日」になることだと解釈している。

そうすると、先の「因縁の日」の全体的な意義とは、「体主霊従」から「霊主体従」へと大転換するための大きな「神仕組」が発動する日（＝節目、時節）と考えることができるだろう。

おそらく神は、これらの日に何かを仕掛けているのではないだろうか。しかしそれが何かまでは計りかねる。

ここで注意すべき点は、我々はとかく時期をある一点に「特定」したがるが、それは神示解釈上むしろ弊害が大きいということである。

「**遅し早しはあるのざぞ**」、「**旧十月八日、十八日はいくらでもあるのざぞ**」という箇所がそのことを端的に示している。

ここからも、特定の「一点」に絞り込めない（絞り込んではならない）ことが読み取れる。

神であっても、仕組成就の時期を特定できない理由には二つあって、臣民の身魂磨きが遅々として進まないことがひとつ、もうひとつは地上界の主宰者は人間であるから、神でも強制的な介入はできないことである。

「**神は待てるだけ待っている**」という神示も、右の事情によるものである。

また、更に大きく見るならば、今度の「岩戸開き」は三千世界全体に亘る神仕組・経綸であって、「神」→「幽」→「顕」という縦糸《たていと》と、「型」→「日本」→「世界」という横糸《よこいと》が絡み合う重層複合構造を構成しているから、当然これらと右の日付との関係性も絡んでくる。

この場合は、同じ日付が複数回意味を持つことも当然あり得ると見なければならない。

よって、これらの「因縁の日」を地上界だけに限定して、「西暦〇〇年〇月〇日」のように特定しようとすることは、神示解釈の幅をいたずらに狭くしてしまうから、弊害の方が大きいと言い得るのである。

では、ここで、右の「因縁の日」に、（我々から見た）過去の地上界で何が起こったか、わかる範囲で見ておこう。

◉**辛酉《かのととり》の日**↓　昭和十九年十二月二十三日（辛酉の日）、奥山に「十柱《とはしら》の大神」を奉斎《ほうさい》。

本帖が降りた約二カ月後に、神命により「十柱の大神」を祀っている。「十柱の大神」とは雨の神、風の神、岩の神、荒の神、地震の神など、国常立大神の眷属神であり、部下神将でもある十柱《とはしら》の神々であって、「岩戸開き」と「ミロクの世」顕現に任ずる実動部隊の指揮官たちと言ってよい。

◉**辛酉の年**↓大正十年（＝辛酉の年）二月十二日、第一次大本事件勃発。

◉**九月八日**↓本帖では「旧暦」との指定はないが、新暦・旧暦両方を考えれば、第八帖で解説した三つの「出来事」が該当する。明治三十四年旧九月八日、出口直の弥仙山《みせん》「岩戸隠れ」、昭和二十二年旧九月八日、岡本天明による「ミロク大神（＝大日月の大神）」奉斎、そして昭和二十六年九月八日の「サンフランシスコ講和条約」の調印である。

◉**十月十八日**↓大正十年十月十八日（新暦）、出口王仁三郎『霊界物語』の口述を開始。

◉**三月三日**↓昭和三年三月三日、出口王仁三郎が五十六才七カ月（＝五六七《みろく》）になり、「みろく大祭」が執行される。

以上のように、神示に示された「因縁の日」に対応する地上界の出来事は、大本教団、岡本天明、そして神国日本にとってそれぞれ重大な意義を有するものであった。

右は、全て「過去」の出来事であるが、今後、将来の「該当日」に新たに何か大きな「神仕組」が発動することは十分考えられる。

そういう意味では無関心ではいられないが、最も肝心なことは、そのようなことにのみ心を奪われるのではなく、ひたすら「身魂」を磨くこと、これに尽きる。

なお一点補足すると、**「三月三日」**と**「五月五日」**については、第五巻「地つ巻」第五帖でも解説したように、両者は独立した別々の日ではなく、「二者一体」と見た方が正鵠《せいこく》を得ていると思われる。

と言うのは、「三月三日」→「桃の節句」→「女（＝**女性原理**）」であり、同様に「五月五日」→「端午の節句」→「男（＝**男性原理**）」と解くことができるから、これを「二者一体」と考えれば、**「陽と陰の統合」**となるからである。

しかも、「女と男の二者一体」であるから、これは最初の「岩戸閉め（＝離別）」であった「イザナミ神」と「イザナギ神」が再会・再結を果たすことにも繋がり、結果的には「岩戸を開く」ことになるから尚更《なおさら》なのである。

次に、「**この度は幕の一ぞ。日本の臣民これで戦済むように申しているが、戦はこれからぞ**」とある点に注目していただきたい。

ここにはっきりと、当時の「大東亜戦争」が終わってもそれが最後ではなく、「**戦はこれからぞ**」と示されている。

つまり、これから先の「大峠」において、戦争がもう一度起こるという意味になる。

「**この度は幕の一ぞ**」もこれを裏付けている。

この意味は「この度の大東亜戦争は、岩戸開きの幕の一《はじめ》である」ということであって、事実、第十二巻「夜明けの巻」第十一帖には次のように示されている。

**岩戸開きのはじめの幕開《あ》いたばかりぞ。**（昭和二十年八月六日、傍点は筆者）

この帖が降ろされたのは「昭和二十年八月六日」であって、この日は広島に「原爆」が投下された日である。

これが、日本降伏の決定的な要因となったが、このことを「**岩戸開きのはじめの幕開《あ》け**」と述べているのだから、結局大東亜戦争そのものが「岩戸開きの幕の一《はじめ》」であったことがわかる。

「**早う改心すれば型小さくて済むなれど、掃除大きくなるぞ**」とあるのは、このままでは誤解を与えかねない文章なので注意しなければならない。

何故ならば、早く「**改心**」すれば「**型が小さくて済む**」のは当然であるが、それに応じて「掃除（＝メグリ取り）」も小さくて済むはずであり、「**掃除が大きくなる**」道理がないからである。

よって右の神示は、「**早う改心すれば型小さくて済むなれど、（改心が遅くなれば）掃除大きくなるぞ**」のように、括弧《かっこ》内に「改心が遅くなれば」という一節を補って読まなければ正確な文章にはならない。

神は何故、このようなことをされたのであろうか？

まさか神が書き忘れる（降ろし忘れる）ことなどあるわけがないから、思うにこれは、わざと（　）内を省略して、読む者の気を引くための「引っ掛け」ではないだろうか。

神も臣民のために、あの手この手を使っていることが窺《うかが》われて興味深いが、反面、それだけ拝読する側は注意しなければならない。


「**猫に気つけよ、犬来るぞ**」とは、何とも不思議な一節である。しかも唐突に登場している。

私も長い間、この部分の解釈はお手上げだったのだが、黒川《くろかわ》柚月《ゆづき》氏の『岡本天明伝』にその答が載《の》っていたのでご紹介すると、実は、当時の岡本天明たちの行動は「特高《とっこう》」によって目をつけられていたのである。

「特高」については、『本書』シリーズ［その一］でも説明しているが、ご存じない読者のために改めて取り上げると、これは戦前の「特別高等警察」のことである。

「特高」は、政治犯や思想犯の取締りを主な任務とする秘密警察であった。

具体的には、「反天皇主義」、「共産主義」、「社会主義」など、当時の大日本帝国の統治思想に反する主義主張を持つ者が対象とされた。

憲法で、「思想信条の自由」が保証されている現在の我々には想像もつかないだろうが、当時は宗教や思想関係者の「集会」があるだけでも「特高」が目を光らせていたのである。

当然、天明たちも例外ではなかったということだ。

そこで、「**猫に気つけよ、犬来るぞ**」に戻ると、「**猫**」とは天明たちが神業奉仕のため作っていた「天之日津久神《あめのひつくのかみ》奉賛会」の「会員」のことであり、「**犬**」とは「特高」の「スパイ」のことだと考えれば意味が通る。

要するに、「特高」のスパイ（＝**犬**）が天明たちの会員（＝**猫**）になりすまして、内情を探っていたと考えられる。

神はそれに対し、神示の中で注意を喚起していたわけだが、それが功を奏してか、天明たちが検挙されることはなかった（実際は天明の名が「逮捕者リスト」に挙がっていたが、検挙前に終戦となっている）。

「**⦿と神との戦であると申してあろがな。戦のまねであるぞ**」に移ると、まず「**⦿と神**」とは、

**「⦿(=正神、元の神)」**と**「神(=悪神)」**と考えなければ全体の意味が通じない。

同じカミでも、「⦿」と「神」で善の御用と悪の御用を表しているわけである。また神示には「神力と学力の戦い」という表現もあるが、これと同じことである。

**「戦のまね」**とは、「⦿の視点」で見なければ決してわかるものではない。

ここでいう「戦」が「大東亜戦争」を指していると考えれば、悪神と人間には実際に生《なま》で起こっている本物の「戦」に見えても、元の⦿にとっては「善と悪の御用」の顕現に過ぎないから、これを**「戦のまね」**と述べているのである。

表層を見るか、本質を見るかの違いと言ってもよい。

**「これからがいよいよの戦となるのぞ、鉄砲の戦ばかりでないぞ」**については特に説明の必要もないであろう。戦後の世界を見れば一目瞭然である。

世界を覆っているものは、今や「経済戦争」、「情報戦争」、「心理戦争」、「思想・宗教戦争」等々であって、それら全ては「我れ善し、体主霊従」によるものであり、それらが行き着く先は結局**「金《かね》」**である。全ては「集金システム」であり、その変形であり派生形なのである。

ところで「金」と言えば、日月神示を知る者なら誰でも知っている有名な神示がある。

金で世を治めて、金で潰して、地固めしてみろくの世と致すのぢゃ。

(第二十四巻「黄金の巻」第五十九帖)

右の帖で神は、人間社会を「金で治めて金で潰す」と明言しているが、これこそ人間にとっては最も恐れることであり、反面、神にとっては最も人間を引っ掛け易い「戦のまね」なのである。ここが胸落ちすれば、「金」に執着することが如何に馬鹿げているか理解できるはずである。

※補足
本帖に登場する「猫と犬」については、その後、黒川柚月氏がかつての岡本天明の側近だった黒羽保氏から聞いた情報を提供してくれたので補足しておきたい。

それによると、「犬」は（特高の）スパイであり、「猫」は「霊的な異物を持ち込む人間」を指すとのことである。「霊的な異物」とは（動物霊などに）憑依されているニュアンスを表していて、祭典の最中などに感応（発動）して、おかしな素振りをする人が存在していたとのことである。

これは、黒羽氏が天明から聞いた話であると言う。

## 第十一帖（一八四）

学も神力ぞ。神ざぞ。学が人間の智恵と思うていると、とんでもないことになるぞ。肝腎の真ん中、動いてはならんのざぞ。◉国の政治は魂《たま》のまつりごとぞ。苦し行が喜んで出来るようになりたら、⦿の仕組わかりかけるぞ。何事も喜んで致してくれと申してあろがな。臣民の頭では見当取れん無茶な世になる時来たのざぞ。それを闇の世と申すのぞ。神は、、臣民は○、外国は○、神の国は、と申してあろが、神国から見れば、まわりみな外国、外国から見れば神国真ん中。人の真ん中には神あろうがな。

悪神の仕組はこの方にはわかりているから、一度に潰すことは易いなれど、それでは天の大神様にすまんなり、悪殺してしまうのではなく、悪改心さして、五六七《みろく》の嬉し嬉しの世にするのが⦿の願いざから、ここの道理忘れるでないぞ。今の臣民、いくら立派な口きいても、文字ならべても、誠がないから力ないぞ。黙っていても力ある人いよいよ世に出る時近づいたぞ。力は⦿から流れ来るのぞ。磨けた人から⦿がうつって今度の二度とない世界の、世直しの手柄立てさすぞ。身魂磨きが何より大切ぞ。

（昭和十九年十月の二十七日、ひつ九のか三）

**【解説】**

冒頭の「**学も神力ぞ。神ざぞ。学が人間の智恵と思うていると、とんでもないことになるぞ**」との示しは、⦿の視点で見た時に言えるものである。

日月神示は、「善の御用」、「悪の御用」と（便宜上）両者を分けて説くこともあるが、実際は表裏一体の「善悪の御用」であって分けられるものではない。

世の元の⦿から出た「はたらき」を、表から見るか裏から見るかの違いに過ぎない。

この視点に立てば、「学も神力ぞ、神ざぞ」とは、至極当然のことであると理解されるだろう。どのレベル（＝⦿、神、臣民）から見るかを、適切に判断しなければならないのである。

次に、「**肝腎の真ん中、動いてはならんのざぞ**」とあり、「真ん中」が具体的に何であるかを説いているのは極めて注目に値する。

「**神はゝ、臣民は〇、外国は〇、神の国はゝと申してあろが、神国から見れば、まわりみな外国、外国から見れば神国真ん中。人の真ん中には神あろうがな**」がその部分であるが、ここを整理すれば次のようになる。

**◉真ん中（ゝ）→　神、　神国**

**◉外　側（〇）→　臣民、　外国**

右は、左右を「対《つい》（＝横並び）」で見なければならないので、注意していただきたい。

これに倣《なら》えば、真ん中と外側の関係は「人間」についても成り立つことがわかる。

人間の「真ん中（ゝ）」は「魂」であり、外側（〇）は「肉体」である。

それどころか、「神」についても同じことが言える。

神の「真ん中」には、「元の⦿（＝世の元の大神様、根元神）」がおられ、その「外側」に、「元の⦿が生み出した諸々の神々」が存在すると考えることができるからである。

さらにこれを拡大して捉えれば、原子の「原子核」とその周りを回っている「電子」、細胞の「核」と「細胞質」、太陽系の「太陽」と「惑星」、銀河系など渦巻き星雲の「渦の中心」と「それを中心に公転する恒星」、大宇宙の「中心」と「銀河団、銀河群」など、ミクロからマクロまで、全てが「真ん中」と「外側」によって成り立つことが明らかであろう。

ここにハッキリと、「世の元の大神様（＝天の大神様、根元神）」が創造した三千世界とは、重層的な「フラクタル構造」を基本としており、それは「中心」と「外側」から成り立っていることが理解されるのである。

では、「中心」と「外側」を一つの「文字」で表せばどんな文字になるであろうか？

もうおわかりだろう。それが「⦿」である。「⦿」に他ならない。

「⦿」こそは、三千世界、大宇宙創造の秘密である「フラクタル構造」を象徴的に表した「神文《かみも》字《じ》」なのである。

このように、世界の成り立ち・構造はたった一文字の「⦿」によって説明できる。

よって、「**肝腎の真ん中、動いてはならんのざぞ**」とあるのは理の当然なのであるが、「体主霊従」の悪神と人民だけは、「肝腎の真ん中（ゝ）」を決して認めようとしないのである。

何故なら、彼らが「真ん中（ゝ）」を認めれば、その段階で自らの存在意義を失うからである。

第二段落に移って、「**悪神の仕組はこの方にはわかりているから、一度に潰すことは易いなれど、それでは天の大神様にすまんなり**」とある部分には、「**この方**」と「**天の大神様**」という二柱の神が登場している。

その関係は、右で解説した「真ん中」と「外側」の関係になっていて、真ん中が「天の大神様」であり、外側が「この方（＝国常立大神）」ということになる。

これを「神格の違い」と考えてもよいが、要は神格の高い存在が常に「真ん中」にいなければ、その世界は成立しないことを意味する。

これが、「ミロクの世」で「てんし様」が必ず中心におられなければならない根本理由である。

「**悪殺してしまうのではなく、悪改心さして、五六七《みろく》の嬉し嬉しの世にするのが⊙の願い**」とあるのは、ここまで「善悪の御用」に関する解説を読んで来られた読者には何も難しくはないだろう。

ただ、「**悪改心さして**」とある部分を、「他人事《ひとごと》」のように捉えるのは厳に戒《いまし》めていただきたい。「悪の御用」とは神にも誰にもあるのであって、自分以外の悪神や悪人を「改心」させることではないのだ。

全て「自分事」として捉えなければならない。

また、「**悪改心さして**」の真義は、単純に「悪」を「善」に戻そうとすることではなく、「御用の悪を実在する悪と見て、その悪だけを排除しようとする心のはたらきを改める」という意味に解すべきである。

日月神示がいう「善も悪も共に抱き参らせる」とはこのことである。

人間は誰でも、「善を抱く」ことには何の抵抗も反対もないだろうが、「悪も共に抱く」となった途端に大きな抵抗感と反発心を持つはずだ。

しかし、その抵抗感・反発心を「改心」させることが、何よりも「五六七《みろく》の世」に至る要諦《ようてい》だと神は仰《おっしゃ》っているのである。

（注：「悪の御用」の詳細については、拙著『ときあかし版』ミロクの章　を参照されたい）

本帖の残りの部分は、書いてあるとおりに理解して差し支えないと思われるので、解説は省略するが、「**今の臣民、いくら立派な口きいても、文字ならべても、誠がないから力ないぞ**」だけは肝に銘じていただきたい。

「**誠、マコト**」とは、先に述べた「**真ん中**」であり「ヽ」であることをお忘れなきよう。

## 第十二帖（一八五）

三ハシラ、五ハシラ、七ハシラ、コトアマツカミ、ツギ、ウヒジニ、ツギ、イモスヒジニ、ツギ、ツヌグヒ、ツギ、イモイクグヒ、ツギ、オホトノジ、ツギ、イモオホトノベ、ツギ、オモタル、ツギ、イモアヤカシコネ、ミコトト、アレナリ、イキイキテ、イキタマヒキ、ツギ、イザナギノカミ、イザナミノカミ、アレイデマシマシキ（三柱、五柱、七柱、別天津神、次、宇比地邇、次、妹須比智邇、次、角杙、次、妹活杙、次、意富斗能地、次、妹大斗乃辧、次、於母陀流、次、妹阿夜訶志古泥、命と現れ成り、いきいきて、いき給いき。次、伊邪那岐神、伊邪那美神、現れ出で坐しき）。

足もとに気つけよ。悪は善の仮面かぶりて来るぞ。入れん所へ悪が化けて入って⦿の国をワヤにしているのであるぞ、己の心も同様ぞ。百人千人万人の人が善いと申しても悪いことあるぞ。一人の人言っても⦿の心に添うことあるぞ。てんし様拝めよ。てんし様拝めば御光出るぞ、何もかもそこから生まれるのざぞ。お土拝めよ。お土から何もかも生まれるのぞ。人拝めよ、上に立つ人拝めよ、草木も神と申してあろがな。

江戸に攻め寄せると申してあろがな。富士目指して攻め来ると知らしてあること近づいたぞ。今までのことは皆、型でありたぞ、江戸の仕組もお山も、甲斐の仕組も皆型ぞ、鳴門と⦿海《うづうみ》の仕組も型出してくれよ。尾張の仕組も型早う出してくれよ。型済んだらいよいよ末代続くまことの世直しの御用にかからすぞ。雨降るぞ。

（昭和十九年十月二十八日、ひつ九のか三）

【解説】

最初に、「三ハシラ、五ハシラ、七ハシラ、コトアマツカミ（三柱、五柱、七柱、別天津神）」とある部分を説明すると、これは「三」＋「五」＋「七」＝「十五（柱）の別天津神《ことあまつかみ》」という意味ではない。

「三」→「五」→「七」と増えていって、最後に「七（柱）」になったという意味であるから、まずこの点をしっかり押さえておいていただきたい。

これとよく似た示し方に、神を礼拝する際の「一拝」、「二拝」、「三拝」というものがある。これも、「一」＋「二」＋「三」＝「六（拝）」のことではなく、「一回目」、「二回目」、「三回目（の拝）」という意味であり、回数としては「三回」を表している。

日月神示には、このような表現上の特徴があることを覚えておかれるとよいだろう。

そこで「七柱《はしら》」の「別天津神《ことあまつかみ》」に戻ると、これは第六帖、七帖、八帖、十帖に登場した神々を一括して呼ぶ時に用いているものである。一度整理しておこう。

【別天津神《ことあまつかみ》】……七柱、何《いず》れも独り神

◉アメミナカヌシノミコト　天御中主命

◉タカミムスビ　高御産巣日

◉カミムスビノミコト　神産巣日命

◉ウマシアシカビヒコヂノカミ　宇摩志阿斯訶備比古遅神
◉アメノトコタチノミコト　天之常立命
◉クニノトコタチノミコト　国之常立命
◉トヨクモヌノミコト　豊雲野命

右の神々は、全て「独り神」であるが、本帖で新たに登場した神々は「夫婦神」であり、整理すれば次のようになる。

◉ウヒジニ、イモスヒジニ　宇比地邇、妹須比智邇
◉ツヌグヒ、イモイクグヒ　角杙、妹活杙
◉オホトノジ、イモオホトノベ　意富斗能地、妹大斗乃辨
◉オモタル、イモアヤカシコネ　於母陀流、妹阿夜訶志古泥
◉イザナギノカミ、イザナミノカミ　伊邪那岐神、伊邪那美神

※御神名中の「妹《いも》」とは「妻」のことであって、姉妹の「妹《いもうと》」ではない。

右の神々が「天津神」の本源的な神々であって、国生みで有名な「イザナギ、イザナミ」両神もここで登場していることに注目していただきたい。

またここまでは、「古事記」の内容（＝御神名、化生の順序）と一致している。

この辺は、日本神話に馴染《なじ》みのない読者にはあまり面白くない部分であろうが、ここは辛抱して読み進めていただきたい。

第二段落に移って、「**悪は善の仮面かぶりて来るぞ。入れん所へ悪が化けて入って㋹の国をワヤにしているのであるぞ**」とある部分は、神国日本の現状（当時も今も）を述べている重要部分である。

「**悪は善の仮面かぶりて来るぞ**」とは当然のことである。「悪」が悪の顔のまま来たのでは、誰も騙《だま》されず話にも何にもならないからだ。

表面《うわべ》だけは、さも善人のように近づいて、人間の「我れ善し」の心をくすぐって持ち上げるから、「体主霊従」の者ほどすぐにコロリと騙されてしまうのである。

今流行《いまはや》りの言葉で言えば、これを「**マインドコントロール**」と呼んでもいいだろう。表現としては極めて的を射ていると思う。

騙す方も騙される方も、共に「我れ善し、体主霊従」には違いないが、騙す方が一枚も二枚も上手《うわて》であるということだ。

そしてここは、巷《ちまた》に溢《あふ》れる「陰謀論」と結びつきやすい箇所であるから、よくよく気をつけなければならないのである。

日月神示には「**イシヤの仕組**」という言葉があり、これが「陰謀論」と結びつき、「イシヤ」とは「フリーメーソン」だとか「イルミナティ」だとか実に喧《かまびす》しい状況にあるが、そのように見ること自体、既に「マインドコントロール」にかかっていると考えなければならない。

世界征服を企む巨大な「超国家的陰謀組織」が、アメリカ大統領さえも蔭で操っているなどという話は確かに面白いが、そこには「悪」＝「陰謀組織」という「すり替え」があり、これに関心を持つ人々は、「すり替え」によって、誰も自分の「心の悪」を見ようとはしなくなる危険性がある。

このことに気づかなければならないのである。

つまり、無意識のうちに、「自分は善の側にいる」という「取り違い」を犯し、更には「自分は悪の仕組や組織を知っている」という「慢心」に陥ってしまうのであるが、この段階で完全にマインドコントロールにかかり、「身魂磨き」も「メグリ取り」もどこ吹く風になってしまう。

そこには、「お前をマインドコントロールしてやる」などという、ハッキリした外部からの働き掛けは何もない。

ただ、「イシヤ」、「陰謀論」という種を蒔《ま》いただけであるが、これに多くの人が引っ掛かってしまうのだ。

しかも完全に無自覚に、である。だから恐ろしいのだ。

これが、「**悪は善の仮面かぶりて来る**」ということの本質的な意味である。

おわかりのように、何も「イシヤの仕組」を「陰謀論」と結びつける必要などさらさら無く、それどころかかえって有害なのである。

「悪は善の仮面をかぶりて来る」ということを別の言葉で述べれば、シンプルに「**悪神の仕組**」と言えば事足《ことた》りる。わざわざ「陰謀論、陰謀組織」などに転化する必要はない。

大事なところなので繰り返すが、「悪神の仕組」の真髄とは、「そなたは善人である、善側の人間である」と無自覚に人々に信じ込ませることである。

こうすることで、「我れ善し、体主霊従」が善であり正しいことになるからである。

（注：私がここで強調しているのは、「悪は善の仮面をかぶりて来る」ことの仕組や意味についてであって、陰謀論や超国家的陰謀組織は存在しないと言っているのではない。それはまた別のテーマであるから、この点、誤解のないようにお願いしたい）

「**入れん所へ悪が化けて入って⦿の国をワヤにしているのであるぞ**」とは、神国日本が過去五度にわたる「岩戸閉め」に遭い、神の光が完全にシャットアウトされてしまったことが淵源であり、特に「てんし様」が排除されて「人皇《じんのう》（＝神武《じんむ》天皇）」が立ってからのことを指している。

神武勢力は、本来神の国には入ることが許されない「外国」の勢力であったが、日本の岩戸が閉められたために易々《やすやす》と入って来て、「**⦿の国をワヤに**」したのである。

ここが理解できれば、今度の「岩戸開き」において「てんし様」が復活・復権しなければならない必然性が胸落ちするはずである。

その「てんし様」であるが、神示には「**てんし様拝めよ。てんし様拝めば御光出るぞ、何もかもそこから生まれるのざぞ**」とある。

「てんし様」とは「神」であり、「スメラミコト」であり、「真正天皇」のことであって、「ミロクの世」の王になられる御方である。「ミロクの世」では最も神格の高い御存在であるから、当然ながら「真ん中（〻）」に位置される。

この「**てんし様を拝め**」とは、文章だけ見れば半強制的のようで不愉快に感じる読者もおられるかもしれないが、その実、「ミロクの世」では「身魂」が磨けた臣民ばかりであるから、誰もが「自然に拝む」ようになるのである。

自分より遥かに神格の高い存在に対しては、自然に畏敬の念が生まれ、頭が下がり手を合わせて跪《ひざまず》かずにはいられないのが心霊的な法則であるからだ。

日月神示を学ぶ者なら、是非この辺まで読み解いていただきたいと思う。

「**上に立つ人拝めよ**」とあるのも、「てんし様」の場合と同様に、「神格、霊格」の高い人を拝めという意味である。「上に立つ人」のことを、「権力者」や「金持ち」など、この世的な価値観で見ることのないように御注意あれ。

第三段落の冒頭、「**江戸に攻め寄せると申してあろがな。富士目指して攻め来ると知らしてある**

**こと近づいたぞ**」とは、大東亜戦争における「本土大空襲」の預言であると考えられる。

江戸（＝東京）に対する本格的な空襲は、昭和十九年十一月二十四日を皮切りに、大小合わせて百回以上も行われているが、特に昭和二十年三月十日未明の大空襲では、焼夷《しょうい》弾《だん》投下によって、一度に十万人以上の一般市民が焼き殺されている。

ここで「預言」と言ったのは、本帖降下が十月二十八日であり、実際の東京大空襲開始はその一カ月後（十一月二十四日）に起こっているからである。

時系列的に、見事に符合している。

「**富士目指して攻め来る**」も同様で、「富士」は日本の象徴であるから、結局日本全土に対する大空襲の預言と捉えることができる。

本土大空襲は終戦まで続き、全国二百もの市町村が焼夷弾・爆弾の雨を落とされ、或いは銃撃された。死傷者の合計は七十六万人に達するという残酷なものであった。

ちなみに、この「無差別大空襲」は、非戦闘員の殺傷を禁じた「戦時国際法」に完全に違反するものである（二発の原爆も同様である）。

一点補足すると、私は自分が自衛隊のパイロットだった経験から言うのだが、「**富士を目指して**」とは、関東や東海地方を爆撃に来る当時の米軍のパイロットにとっては、「富士」が最も遠くから確認できる格好の「（航法上の）目標」でもあったはずである。

高さ日本一の「富士」は、それ自体が完全な「独立峰」でもあるから、上空から見れば誰でもすぐにわかる。しかも一番遠くから確認出来るから、B―29のパイロットが日本に近づいた時、最初に目にするのは、間違いなく「富士」であったに違いないのだ（悪天候や夜間爆撃の場合を除く）。

つまり、実際に「富士」を目指して飛来していたわけであり、これが、「富士目指して攻め来る」に隠されたもう一つの解釈であろう。

**「今までのことは皆、型でありたぞ、江戸の仕組もお山も、甲斐の仕組も皆型ぞ、鳴門と⦿海《うづうみ》の仕組も型出してくれよ。尾張の仕組も型早う出してくれよ。型済んだらいよいよ末代続くまことの世直しの御用にかからすぞ」**

とあるのは、岡本天明と彼の同志たちが懸命に取り組んだ「神業」が、「**型**」であることを明示したものである。

ここには「**江戸の仕組**」、「**お山（＝榛名山《はるなさん》神業）**」、「**甲斐の仕組**」、「**鳴門と⦿海《うづうみ》の仕組**」、それに「**尾張《おわり》の仕組**」が登場するが、「奥山」における神祀りを除けば、これが「基本十二巻」で天明たちが神に命じられた神業の全てである。

このうち、本帖が降りた時点で終わっていたのは、「江戸の仕組」と「お山（＝榛名山神業）」、それに「甲斐の仕組の一部（＝一カ所）」であって、まだ半分以上が残されていた。

ここで重要なことは、天明たちの神業が皆「**型**」であって、「型」が終わらなければ「**まことの世直しの御用**」にはかかれないという点である。

それらが「大東亜戦争」の真っ最中、それも昭和二十年に入ってからは、米軍による「本土大空襲」をかいくぐって行われたことを考えれば、彼らの苦労がどれほど大変なものだったか、少しは想像がつくのではないだろうか。

最後の「**雨降るぞ**」は決め手がないが、これまでにも神業に対する「状況証拠」が示されたことがあるから、おそらくは今後天明たちが奉仕する神業のどこかで、「雨を降らして証《あかし》とする」と教えたものではないだろうか。

或いは、右の大空襲によって「爆弾の雨が降る」ことを預言したのかもしれない。

## 第十三帖（一八六）

人心《ひとごころ》で急ぐでないぞ。我《わ》が出てくるとしくじるから、我とわからん我あるから、今度はしくじること出来んから、ここという時には◉が力つけるから、急ぐでないぞ。身魂磨き第一ぞ。蔭の御用と表の御用とあるなれど、いずれも結構な御用ざぞ。身魂相当が一番よいのざぞ。今にわかりて来るから慌てるでないぞ。今までの神示よく読んでくれたらわかるのざぞ。それで肚で読め読めとくどう申しているのぞ。食い物気つけよ。

（昭和十九年十月二十八日、ひつ九のか三）

**【解説】**

最初に述べるべきは、本帖の「我《わ》」であるが、これは明らかに誤植で正しくは「我《が》」であるということである（神示原文では「かゝてて九る」→「我《が》が出てくる」とある）。

よって、以下の解説では「我《が》」に統一するので、この点承知されたい。

まず、「**人心《ひとごころ》で急ぐでないぞ。我《が》が出てくるとしくじる**」とある部分だが、ここからは「人心《ひとごころ》」と「我」が密接不可分であることが窺《うかが》われる。

人間の「人心《ひとごころ》」とは、大なり小なり「我れ善し」を反映しているから、「人心」で急げば「我《が》」の活動が活発になって、益々「我れ善し」になる悪循環に陥ってしまう。

神はこれを「**しくじる**」と仰《おつしや》っているようである。

一方で、「**我とわからん我あるから、今度はしくじること出来んから**」とあるように、右の「**我**」とは違う「**もう一つの我**」があり、しかも「今度はしくじることが出来ない」のだと言う。

端的に言えば、「しくじらない我」とでも言えようか。

そのためには、「**ここという時には⦿が力つけるから、急ぐでないぞ**」とあるように、「もう一つの我」が発動するには、「⦿が力をつける」→「人間が神と繋がる」ことが条件になるようである。

以上から、「我」には二種類あることがわかり、それをまとめれば次のようになる。

◉**我**　→　**人心《ひとごころ》に反応する我**　→　**しくじる我**
◉**もう一つの我**　→　**神と繋がった時に発動する我**　→　**しくじらない我**

本帖の最初、たった二行の文章には、これだけ深い神理が秘められている。
神示の広さ深さには驚く他《ほか》ない。

ところで読者は、この二つの「我」をよく見れば、第十一帖で出てきた「**真ん中**」と「**外側**」の関係が成り立つことにお気づきではないだろうか？

神が真ん中（丶）であり、人が外側（〇）であったように、神と繋がった時に発動する「もうひとつの我」は当然「真ん中」に位置し、人心に反応する「我」は「外側」に位置すると考えればよい。

このように、「我」には「**真ん中の我**」と「**外側の我**」があるとも言えるのだ。

拙著『秘義編』をお読みの方にはおわかりであろうが、私は前者を「**真我**《しんが》」、後者を「**自我**《じが》」と呼んで区別している。

そして、「真我」が「善の御用」を、「自我」が「悪の御用」をそれぞれ担っているのであるが、これこそ「世の元の大神様（＝根元神）」が仕組んだ根本の「神仕組」なのである。

従って、「我《が》」を理解することは、最奥《さいおう》の神仕組を理解することに等しいのであるが、これを徹底的に解説するには優に一冊の本になってしまう。
そのために書いたのが、拙著『秘義編』であるが、読者の中でまだお読みになっていない方は是非目を通していただきたい。数ある日月神示解説本の中で、ここまで詳細に「我」と「神仕組」の関係を解説したものは他にないと自負している。

次に、「**身魂磨き第一ぞ。蔭の御用と表の御用とあるなれど、いずれも結構な御用ざぞ。身魂相当が一番よいのざぞ**」とあるように、「身魂」が磨けて「神の御用」を果たすようになった臣民には、「**蔭の御用**」と「**表の御用**」の二つの役割があり、それは「**身魂相当が一番よい**」と示されている。

これを深読みすれば、臣民の御用とは臣民の希望や好みによって決まるものではなく、「身魂の性来」によって決まっている（＝神が決める）と解釈できる。

これを「身魂の因縁」と言ってもよいだろう。

岡本天明自身は「神示書かす御役」であって、それは「蔭の御用」だと神示に示されている。

我々も「身魂」が十分に磨けたならば、「御用」に使っていただけるのは当然であろうが、それが「表」か「蔭」かは神にお任せするしかない。

それでよいのである。

最後の「**食い物気つけよ**」とは、第十帖の「**猫に気つけよ、犬来るぞ**」のように、天明たちに対する「一時的な注意や警告」であると思われる。

当時は戦争中で、食糧難（＝統制や配給）の時代であったから、今なら「賞味期限（または消費期限）切れ」で口にしないような物や、或いは半分腐りかけているような物でも捨てずに食べていた可能性がある。

具体的なことは不明だが、おそらくこのような事情が背景にあったのであろう。

こうして見ると、神とはいえ、まるで人間の親が子に注意を与えているような、細やかな気遣いが感じられるではないか。

## 第十四帖（一八七）

世の元からの仕組であるから、臣民に手柄立てさして、上下《うえした》揃った光の世にするのざから、臣民見当取れんから、早う掃除してくれと申してあるのぞ。国中《くにじゅう》いたる所花火仕掛けてあるのぞ。人間の心の中にも花火が仕掛けてあるぞ。いつその花火が破裂するか、わからんであろがな。掃除すれば何もかも見通しざぞ。花火破裂する時近づいて来たぞ。動くこと出来んようになるのぞ。蠟燭《ろうそく》の火、明るいと思うているが、五六七《みろく》の世の明るさはわからんであろが。

（昭和十九年十月の三十一日。ひつ九か三）

**【解説】**

本帖の全体的な意味は、「**世の元からの仕組であるから、臣民に手柄立てさして、上下《うえした》揃った光の世にするのざから、臣民見当取れんから、早う掃除してくれ**」に代表されるが、特に難しい意味合いの文言《もんごん》はなく、理解は比較的容易であろう。

同様の神示も、これまで何度も出て来ている。

ただ、国にも人間の心にも「**花火が仕掛けてある**」という部分は今回が初出であり、それ故何か重要な意味があるはずである。

日月神示は、何を称して「花火」と述べているのだろうか？

ひとつ言えるのは、本帖は「**世の元からの仕組**」→「**光の世**」→「**掃除**（＝身魂磨き）」→「**花火**」という流れがあるから、「身魂」が磨けて来て「霊主体従」への霊的な深化が進んだ時に起こる「何か」を「花火」と称していると思われる。

それを何故「花火」と表現したかを考えて見ると、おそらくそれは、「霊的な深化」がある臨界点に達した時、「花火」のように突然「**破裂**」して花開くことに似ているからではないだろうか。

これを別の例でたとえれば、「身魂磨き」の進み具合とは、水を一滴《いってき》ずつコップの中に落とすようなもので、遅々《ちち》として進まない（＝水が増えない）ように見えるが、やがて最後の一滴が落ちればコップから水が溢《あふ》れ出る瞬間が必ず来ることに似ている。

「水が溢れる」のは突然やって来るから、「花火」が瞬間的に破裂することと重なる。

人間にとっての「霊的深化」とは、このように「突然」起こるように感じられるが、その背景には絶え間ない「身魂磨き（＝一滴の水）」があってのことなのである。

花火も全ての準備が整って点火され、一挙に花が開くではないか。

きっと読者の中にも、この「花火」や「溢れる水」のような経験をされた方がおられるのではないだろうか？

その心境を言葉にするのは難しいが、今までわかったような、わからないような、何とももどかしかった神示の内容が、ある時突然ストンと胸落ちするような状況、「わかった！　そういうことだったのか」という瞬間のことである。

「何でこんなことに気がつかなかったんだろう？」という心的状況にも似ている。ともかくそんな感じである。

これが「身魂磨き（＝一滴の水）」がもたらす「花火」が花開く瞬間である。

「頭の中」の理解が「肚」に入ったと言ってもよいであろう。

ただ、これが「**国の花火**」となれば、個人とは大きく事情が異なる。

国のメグリを取るのも、つまるところ代表選手としての「因縁の身魂」たちの役割に他ならないが、そこには「個人」と異なり、多くの日本人がほとんど「同時」に「集団」で関わらなければならない事情があるからである。

私はその最もよい見本が、あの「3・11東日本大震災」における多くの日本人の行動に見て取れると考えている。

それを検証するために、拙著『ときあかし版』から関連部分を引いてみよう。


（引用開始）

だが、この国にめぐりが襲い掛かってきた時は、事情が異なるようだ。

この日本に、最悪のめぐりが襲ってきた直後、一瞬にして身魂がひらき、あっという間に全開状態になった例がある。我々日本人は経験した。日本国としての、日本人としての巨大なめぐりが襲ったあの日、平成二十三年三月十一日の「東日本大震災」がそれだ。

これこそ、戦後の日本国、日本人の最大級のめぐりが顕在化したものであり、日本国の身魂をひらき、神国・日本を立て直すための最大級の試練であり仕組であった。私は、心霊的な解釈として、このように考えている。

大震災による死者・行方不明者は合計一万九〇〇〇人以上、建物の全半壊三十八万戸以上、ピーク時の避難者四十万人以上、停電世帯数八〇〇万戸以上、沿岸部の漁港被害三〇〇以上、漁船被害二万二〇〇〇隻以上、海水により冠水した農地二万三六〇〇ヘクタール、瓦礫総量二二〇〇万トン以上、被害総額は実に一六〜二五兆円といわれる。

一方の、福島第一原発事故では、六基の原子炉のうち四基が壊滅、うち三基はメルトダウンを引き起こした。他に、水素爆発、ベント、冷却水漏れなどにより、大気中、土壌、海水及び地下水へ大量の放射性物質が放出され、史上最悪の原発事故となった。放射性物質の飛散により、原発周辺の人々はもとより、関東や東北地方、遠くは静岡県まで汚染され、農作物、魚介類、川魚の飲食が規制された。

このように、巨大地震、大津波、原発事故のトリプル・パンチによる被害と損害は、文字どおり、未曾有《みぞう》の国難となった。まさしく、日本国の、日本人のめぐりが一挙に襲来したのである。

この事態に、日本人はどのように対処したであろうか。

国難に立ち上がった自衛隊、警察、海上保安庁、消防などの隊員は皆、危険を顧みず身を挺《てい》して、捜索、救難、救助などの諸活動に獅子奮迅の活躍をした。全国の自治体は、救援物資を惜しみなく提供し、地方行政に必要な応援の人員を派遣した。大小様々な企業も、自分たちの特技を発揮して被災地を支援した。多くの国民が募金に応じ、また支援物資、義援金を供出した。そして、何といっても、自発・自立の意志で被災現場に急行した無数のボランティアの献身的な活動、被曝の危険をものともせず、核燃料に放水した勇者たち、全てが、あまりにも劇的だった。彼らの活動は、世界中を驚嘆させた。

そればかりではない。被災者たちの秩序ある行動も、自分よりもっと大変な人がいるから先にその人を助けてと、他人を案ずる気持ちも、破壊され無人となった商店やスーパーに物取りや泥棒すら入らなかったことも、何もかも、世界中にニュースとなって流された。大災害を被った人たちでさえ、否、そのような人たちだったからこそ、高い精神性を発揮したのだ。

世界中の人々は、最初は日本に同情し、やがて感動し称賛した。（引用終了）

（拙著『ときあかし版［完訳］日月神示』284～285P）

右のように、人間の目には絶対の不幸にしか見えない「大災害」が、神国日本の「霊的覚醒」を一挙にもたらしたのである。

しかし、その時覚醒した多くの日本人の霊性も、喉元《のどもと》過ぎれば何とかで、また眠りについたように見えるのは皮肉のようにも感じられる。

まるでその瞬間だけ輝き、あっと言う間に消えてしまう「花火」そのものではないか。

実にそうなのだ。ここにも大きな神仕組が秘められているようである。

何故なら、「花火」は何度も何度も打ち上げられなければならないからである。それこそメグリの数だけあると言ってもよいのではないか。

一回の「花火」はひとつのメグリを越えた証であって、「霊主体従」のスイッチひとつを「ON」にしたことに該当する。

しかし、スイッチはメグリの数だけあるから、ひとつのスイッチが「ON」になっても、それ以上は何も起こらないのである。再び寝てしまったようにも見えるだろう。

とは言っても、いずれ全てのスイッチが「ON」になる時が必ず来るから、その時は遂に「花火」ではなく、永久に消えることのない「**五六七《みろく》の世の明るさ**」が輝くことになる。

## 第十五帖（一八八）

目覚めたらその日の生命《いのち》お預かりしたことを⊙に感謝し、その生命を⊙の御心のままに弥栄に仕えまつることに祈れよ。⊙はその日その時に何すべきかにつきて教えるぞ。明日のことに心使うなよ。心は配れよ。取り越し苦労するなよ。心配りはせなならんぞ。

何もかも⊙に任せよ。⊙の生命、⊙の肉体となりきれよ。何もかも捨てきらねばならんぞ。天地皆⊙のものぞ、天地皆己のものぞ。取り違い致してくれるなよ。いくら戦していても天国ぞ、天国とは⊙国ぞ。⊙国の民となれば戦も有り難いぞ。イキの生命いつも光り輝いているぞ。⊙にまつろうてくれと申してあろうが。天地《あめつち》皆にまつろうてくれと申してあろうがな。ここの道理よくわかりたであろうが。何も言うことないぞ。⊙讃える言《こと》が九十《こと》ぞ。天地讃える言が九十ぞ。草木の心になれと申してあろうがな。⊙風《かみかぜ》もあるぞ。地獄の風もあるぞ。迷うでないぞ、神の申す言は九十であるぞ。コトに生きてくれよ。コトにまつろえよ。

（昭和十九年十一月の一日、ひつ九か三）

【解説】

本帖は、臣民が「身魂磨き」に精進する際の「心の持ち方、心構え」を説いている。

ここまでじっくりと本書を読み進めてこられた読者ならば、全体の意味はおわかりになると思うが、ひとつひとつの言葉や表現に拘《こだわ》り過ぎて、それらに厳密な「定義付け」をするような愚《ぐ》は避けていただきたい。

神意を人間の言葉一つで表現し切れるわけなどなく、それ故《ゆえ》神は、様々な言葉や言い回しを用いて全体として理解させようとしているのである。

よって我々は、神示の言葉や表現の奥に秘められた神意を汲み取るように読まなければならないのであり、その結果として「全体としてわかった」という感想が湧いてくれば、まずは神意の入り口の門をくぐったと言ってもよいと思う。

このことを前置きして、以下私なりに右の帖の神意を考察してみたい。

まず第一段落の、「**㋹はその日その時に何すべきかにつきて教えるぞ**」とは、動物霊や低級霊が耳元で囁《ささや》いて教えてくれるようなものでは絶対にないから、くれぐれも注意していただきたい。

神界の神が教えるとは、教えられていたことさえも気づかず、後になって「ああ、このことだったのか」と自ら気づくような仕組なのである。

先に知るものではないから、私はこれを「後智恵《あとちえ》」と呼んでいる。

それを具体的に述べたのが、「**明日のことに心使うなよ。心は配れよ。取り越し苦労するなよ。心配りはせなならんぞ**」との示しである。

ここに、「**（明日のことに）心使うなよ。心は配れよ**」とあるが、これは逆説であり、それ故に重要な密意がある。

一体、「心は使わず、心は配れ」にはどのような意味があるのだろうか。

私はこれを、「**計画やプランはしっかり練《ね》って作れ（＝心を配れ）**」、しかし、「**結果を心配するな（＝心を使うな、取り越し苦労するな）**」という意味に理解している。

神に感謝し、神と共に生きるように努めている臣民ならば、自分が最善の努力をして「**心を配った**」ことは、そのまま「神が教えた」ことに等しいのであって、これが「惟神《かんながら》の道《みち》」の極意である。

このような臣民なら、「失敗したらどうしよう」などと「**心を使う（＝取り越し苦労）**」ことはないのである。

右が得心できれば、第二段落もすんなり理解できると思うが、言葉として引っ掛かり易いのは、「**草木の心になれ**」ではないだろうか。

これはどう理解すればよいのだろうか？

草木は根付いた場所から少しも動けず、生存の全てを大自然に依存する。繁《しげ》るも実《みの》るも熟《じゅく》すも枯《か》れるも、全て大自然という「神」に委《ゆだ》ねている。

一見「自由」が無く、何もかも「あなた（神）任せ」の草木から何を学べというのだろうか？

私はここに、**「生まれ赤子」**の生き方を見る。

拙著『秘義編』をお読みになった方にはピンと来ると思うが、「生まれ赤子」は自力では何もできないから全てを母親に依存する。これは「部分依存」などではなく「完全依存、全托」である。

言葉を換えれば、完全な「他力本願」と言ってもよい。

赤子は、こうでなければ絶対に生きていくことができない。

では、完全な「他力本願」であるその赤子に必要なものは何か？　ということになるが、それは母親を「完全信頼」することだけである。

「完全信頼」とは、どうしようかと考えた末の信頼ではなく、最初から疑うことも考えることもない一途《いちず》そのものの、信頼だけの信頼である。

即ち、「完全依存」するには「完全信頼」することが前提であり、両者は切り離すことができない。これこそが赤子の真骨頂であり、そこには疑念や邪念は微塵《みじん》もない。

これ故に、「生まれ赤子」は「霊主体従」なのであり、「小さな神」と呼べるのである。

この「生まれ赤子」と「草木」は、共に完全な「他力本願」であることは容易におわかりだろう。

一方は「母親」に、もう一方は「大自然」に「全托、全信頼」した「他力本願」である。

ここで、「母親」と「大自然」を「神」と置き換えれば、神示が**「草木の心になれ」**と述べている意味が歴然としてくる。

即ち、「草木の心」→「生まれ赤子の心」→「神への全托、全信頼」となる。

ここで私は「他力」という言葉を使ったが、一方で人間には「自由意思」が与えられているから、当然「自力」を発揮することができる。

大人は誰もが、「自由意思」に基づく「自力」で生きていると思っているが、しかしその一方で、「神」という大いなる存在に生かされていることは、どこかに忘れ去ってほとんど意識していない。「生きる」という「自力」は明瞭に自覚しているのに、「生かされている」という「他力」は忘却しているのだ。

これが、「我れ善し、体主霊従」の陥穽《かんせい》なのである。

神は、「**草木の心になれ**」という一言《ひとこと》で、「生かされていることを思い出せ」、「そなたを生かしている他力（＝神）を思い出せ」、「神という他力の中で自分という自力を発揮せよ」と説いているのである。

そして、このことと全く同じことを述べている神示があるので次に引いておこう。


他力の中に自力あるのぞ。自力ばかりでは成就せんぞ。足ふみばかり。

（第二十六巻「黒鉄の巻」第九帖、傍点筆者）

ごく自然に「他力」に意識が向けられ、かつ感謝できるようになれば、それは「身魂」が磨けて

きた証と言ってよいだろう、

最後に、「**◉讃える言《こと》が九十《こと》ぞ**」、「**コトにまつろえよ**」と、読みは同じだが意味が異なりそうな「**言《こと》、九十《こと》、コト**」が三つも出て来ている。

おそらく読者は、この部分の解釈に最も頭を痛めるのではないだろうか。このような抽象概念をどのように定義付け、理解すればよいかと悩まれることと思う。

私もかつてはそうであった。

だが、本帖解説の最初に述べたように、それはほとんど無意味であるから止めた方がよいと申し上げたい。

厳密な定義付けなどできないし、無理やりやったとしても、別の巻や帖で再び「コト」が出て来た時に、最初の定義が通用しなくなって却って迷うのがオチである。

そして結局「？　、　？」となるのである。

大事なことは、神が「**言《こと》、九十《こと》、コト**」と述べたその奥にある「共通する神意・密意」を押さえておくことである。私はそれでよいと考えている。

「**言《こと》、九十《こと》、コト**」の奥にある神意とは「**マコト、誠**」であり、世の元の大神の「**キ**（気）」、「**イキ**（息）」、「**歓喜**（弥栄）」に繋がるものである。

「誠から出た言葉（＝言《こと》）」、「誠から出た行い（＝事《こと》）」は皆、「**コト（＝マコト）に生きてくれよ。**

**コト（＝マコト）にまつろえよ**」に通じるものである。
なお、「**イキの生命いつも光り輝いているぞ**」の「イキ」も同様で、これは大神の「キ（気）、イキ（息）」と解釈すればよいだろう。

## 第十六帖（一八九）

慌てて動くでないぞ。時節が何もかも返報《へんぽう》返しするぞ。時の⦿様有り難いと申してあろがな。⦿は臣民から何求めているか。いつも与えるばかりでないか。⦿の政治、⦿国の政治は与える政治とくどう申してあろがな。今のやり方ではいよいよ苦しくなるばかりぞ。早う気つかぬと気の毒出来て来るぞ。金いらぬと申してあろが。やり方教えてやりたいなれど、それでは臣民に手柄ないから、この神示よく読みてくれと言うてあるのぞ。

善きことも現れると帳消しとなること知らしてあろが、人に知れぬように善きことはするのざぞ。このことよく深く考えて行えよ。昔からのメグリであるから、ちょっとやそっとのメグリでないから、どこへ逃げてもどうしてもするだけのことせならんのざぞ。どこにいても救う臣民は救うてやるぞ。真ん中動くでないぞ。知らぬ顔しておることも起こるぞ。

（昭和十九年十一月三日、一二⦿）

**【解説】**

本帖の最初に、「**時節が何もかも返報《へんぽう》返しするぞ**」とあるが、実はこれとそっくりな言い回しが「大本神諭《おおもとしんゆ》」にもあって、それには「**今に艮の金神が返報返しを致すぞよ**」と書かれている。

「**返報**」とは、辞書によれば「恨みに対して仕返しをすること」という意味と、「人がしてくれたことに対して報いること、返礼」という二つの意味がある。

早い話が、「仕返し」と「お礼」の二つの相反する意味があるのだが、共通しているのは「**受けたこと**」に「**返すこと**」で、これを「作用」に対する「反作用」と言ってもよいだろう。

日月神示では、「身魂磨き、メグリ取り」の同義語として「**借銭済まし**」という言葉があるが、この「借銭済まし」とは「借りた金を返す」ことだから、「返報返し」のニュアンスに最も近い。

つまり、「返報返し」とは「身魂磨き」や「メグリ取り」と同じ意味であることがわかる。

大本神諭では「艮《うしとら》の金神《こんじん》」が、日月神示では「**時節（＝時の⦿様）**」がそれぞれ「返報返し」をすると書いているが、これは自ら作ったメグリが自分に返ってくる「神仕組」が発動するだけのことであって、神が恣意的《しいてき》に人間に復讐《ふくしゅう》することでない。このことは容易におわかりになるだろう。

そして、「返報返し」には「個人」の場合もあれば「家、国」の場合もある。

第十四帖で解説した「3・11東日本大震災」などは、まさに「国の返報返し」であった。

返報返しの「時節」は、「艮《うしとら》の金神《こんじん》（＝国常立大神）」が、日本や世界の全般状況を見極めた上で最終決定すると解釈すればよいだろう。

次に、「**⦿の政治、⦿国の政治は与える政治とくどう申してあろがな。……金いらぬと申してあろが**」の部分であるが、「ミロクの世」の政治経済は「与えること」が原則であるから、「**金いらぬ**」というのは、頭では理解できる。

臣民にとって、これほど有り難いものはないと誰もが思うだろう。

しかし、「**やり方教えてやりたいなれど、それでは臣民に手柄ないから、この神示よく読みてくれと言うてあるのぞ**」ともあり、肝心な点が伏《ふ》せられている。

今の政治経済で、国民が国（政府）から何もかも「与えられるだけ」だとしたら、一体どういうことになるだろうか？

イメージしやすいように、政府が無制限に「お金（お札《さつ》）」を刷りまくって、いくらでも国民に配ったらどういう事態になるかを考えてみればよい。

そう、間違いなく「ハイパー・インフレ」になって、国民経済はメチャクチャになる。

物は有限だから、お金がいくらあっても欲しい物が手に入る保証はなく、物価は際限もなく上昇する。お金で物が買えなければ、結局暴力的な奪い合いが始まってもおかしくない。

こうして、お上《かみ》から貰《もら》った大量の「お金」は価値がどんどん下がるだけで、行き着く先は、何も買えないただの「紙切れ」になってしまうのである。

こんなことは中学生でもわかることだ。

右の何が間違っているかを考えれば、伏せられている「やり方」がわかるはずだ。

それは何か？　もうおわかりだろう。臣民は「お金を無制限に与えられるだけ」という前提で考えたからである。

では、真の「やり方」とは？　そう、臣民も「与えなければならない」のである。「惜しまず与え、惜しまず与えられる」、こうなった時に始めて循環の法則が働いて、モノが上下左右融通《ゆうずう》自在《じざい》に動く。

実は、神示が述べる「やり方」は、既に解説した巻（帖）にちゃんと書いてある。

それを振り返ってみよう。

> 何もかもてんし様のものではないか、それなのにこれは自分の家ぞ、これは自分の土地ぞと申して自分勝手にしているのが☉の気に入らんぞ、一度は天地に引き上げと知らしてありたこと忘れてはならんぞ、一本の草でも☉のものぞ。野から生れたもの、山から採れたもの、海の幸も、みな☉に供えてから臣民戴けと申してあるわけも、それでわかるであろうがな。
>
> （第三巻「富士の巻」第十三帖）

> すべてをてんし様に捧げよと申すこと、日本の臣民ばかりでないぞ、世界の臣民みなてんし様に捧げならんのざぞ。
>
> （同右第二十五帖）

右のように、何もかも「ミロクの世」の王である「てんし様」に捧げること、これが「与える政治経済」が成立するための必須要件である。

即ち、これが究極の「やり方」である。

では、「やり方」がわかったところで読者にお聞きしたい。


**あなたは、喜んで全てを「てんし様」に捧げ切ることができますか？**


非常に大事な所なので、よく自問自答していただきたい。

法律で決められ、全てを捧げれば何もかも与えられるという保証があればできるだろうか？

そういう条件なら「やる」と仰《おっしゃ》るだろうか？

しかしこれは、かつての「共産主義（者）」が見た「夢」であり「幻」に過ぎなかったではないか。どこの国のどんな共産主義体制も成功せず、結局、腐敗・堕落《だらく》しただけではなかったか。

そう、法律やルールを決めただけでは絶対に無理なのである。内部から腐るのがオチだ。

ではどうすればよい？

実は、右の「やり方」が成立するには絶対的な条件が必要であって、神はそれをくどいほど言い続けていることに気づいていただきたい。勿論、本帖にも書いてある。

それは何か？　もうおわかりだろう。

「**返報返し**」である。

「**身魂磨き**」である。

「**メグリ取り**」である。

「**借銭済まし**」である。

「身魂」が磨けた結果、「我れ善し、体主霊従」から「霊主体従」に戻ることができれば、はじめて先の「やり方」が完全なものになる。

何故なら、全ての臣民が歓喜のうちに、何もかも「てんし様」に捧げるようになるからだ。

神が教える「やり方」とは、「ミロクの世」のやり方であるが、その「ミロクの世」に行ける有資格者になるには「身魂磨き」以外にはあり得ないのである。

神が臣民に対して、ウンザリするほど「**身魂を磨け**」と仰《おつしや》る理由がここにある。

読者諸氏におかれては、先の「問い」に、今は全幅の自信で「イエス」と答えられなくとも、向かうべき方向はハッキリしているので、どうか一歩一歩着実に歩んでいただきたい。

第二段落は、「メグリ」について述べているが、神が言わんとしているのは、「**昔からのメグリで**

**あるから、ちょっとやそっとのメグリでないから、どこへ逃げてもどうしてもするだけのことせならんのざぞ**」ということである。

よく読めば、これは最初の段落の「**返報返し**」と全く同じ意味であることがおわかりだろう。

「メグリ」を取るためには原則があって、その一つが「**善きことも現れると帳消しとなる**」ということである。

例えて言えば、一生懸命働いて稼いだお金が借金の返済に充《あ》てられるということと同じで、返した分だけ「**帳消し**」になるわけであるから、これは極めてわかりやすい。

もう一つは、「**人に知れぬように善きことはするのざぞ**」ということである。

いわゆる「隠れた善行、陰徳を積め」ということだが、何故「隠れた善行」なのだろうか？

それは、「人が見ている（＝人に見せる）善行」は見栄《みえ》や虚栄心《きょえいしん》から発することが多く、高慢に陥って別の「メグリ」を積むのがオチであるからであろう。

これに対する警告であろうと思われる。

「隠れた善行、陰徳」は人間は見ていないが、誰よりも「神」がご覧になっているのである。

本帖で、臣民にとって最も有り難いのは、「**どこにいても救う臣民は救うてやるぞ**」という一節があることだろう。

「救う臣民」とは、何も「身魂が完全に磨けた臣民」だけではない。今現在、必死に「身魂磨き」

に精進努力されている現在進行形の「あなた」にも、十分その資格はあるのだ。

何よりも、「身魂磨き」の判定は神がするのであるから、臣民のやるべきことは、前を向いて「身魂磨き」に励むことだけである。

最後の「**真ん中動くでないぞ。知らぬ顔しておることも起こるぞ**」は、唐突に出て来ているばかりか、主語が隠されているため極めてわかりにくい一節である。

ただこれを、不特定多数に宛てた「一般論」と考えたのでは焦点がぼやけてしまうから、これは神が岡本天明たちに宛てたものではないだろうか？

具体的な内容まではわからないが、神が何らかの理由で「**知らぬ顔しておることも起こる**」が、その時はうろたえずに「神を信じて待て」ということであって、これを「**真ん中動くでないぞ**」と諭されたのだと考えられる。

**第十七帖**（**一九〇**）

ココニアマツカミ、モロモロノミコトモチテ、イザナギノミコト、イザナミノミコトニ、コレノタダヨヘルクニ、ツクリカタメナセト、ノリゴチテ、アメノヌホコヲタマヒテ、コトヨサシタマイキ（ここに天津神、諸々の命もちて、伊邪那岐命、伊邪那美命に、是の漂える地、修理固成なせと詔て、天の沼矛を賜いて、言依さし賜ひき)。
⦿の国にも善と悪とあると申してあろがな。この神示見せてよい人と悪い人とあるのぞ。神示見せてくれるなよ。まことの⦿の臣民とわかりたら、この神示写してやりてくれよ。神示は出ませぬと申せよ。時節よく見るのざぞ。型してくれたのざからもう一《はじめ》の仕組よいぞ。この神示、表に出すでないぞ。天明は蔭の御用と申してあろが。神示しまっておいてくれよ、一二三《ひふみ》として聞かしてやってくれよ。この方の仕組、日に日に変わるのざから、臣民わからなくなると申してあろが。日に日に烈しく変わりて来るのざぞ。⦿の子には神示伝えてくれよ。⦿急けるのざぞ。⦿海《うづうみ》の御用結構。

(昭和十九年十一月四日、一二⦿)

【解説】

本帖では再び神話が登場している。

今度の場面は、「**漂える地《くに》の修理固成《つくりかため》**」であって、ここは天津神から命じられた「**イザナギノミコト(伊邪那岐命)**」と「**イザナミノミコト(伊邪那美命)**」が登場する読者もお馴染《なじみ》の場面である。

「イザナギ」と「イザナミ」は「夫婦神」であるから、それぞれ「陽(=男性原理、プラス)」と「陰(=女性原理、マイナス)」を象徴している。

大地の修理固成《つくりかため》には、両者の和合が不可欠であったことは言うまでもない。

このため、天津神がイザナギ・イザナミ両神に与えた道具が「**アメノヌホコ(天の沼矛)**」であると神示は示している。

「**天の沼矛**」とは、その形状から当然「男性器」の象徴であり、「男性原理」を表している。日月神示のこの件《くだり》も「古事記」と同じであって、ここまでに登場した神々とその順序、及び内容には相違がない。

これはつまり、「古事記」の創世神話もここまでは（霊的に）正しいという意味であろう。

一点補足説明すると、最後の「**コトヨサシタマイキ（言依さし賜ひき）**」とは、天津神がイザナギ・イザナミ両神に「地の修理固成《つくりかため》」を「**委任する**」というほどの意味であって、両神がなにもかも好き勝手にやってよいという意味ではないことに注意されたい。

天津神の「神意」に沿って行わなければならないのである。

これを神道の祝詞では、一般に「（〇〇の）命《みこと》もちて……言依《ことよ》さし賜《たま》ひき」と言うが、本帖でも「**諸々《もろもろ》の命《みこと》もちて……言依さし賜ひき**」とあって、神道の形式に準じている。

第二段落に移って、「**㋹の国にも善と悪とある**」とは「㋹の国にも善人と悪人がいる」と言う意味ではなく、「㋹の国にも善と悪の御用がある」と解釈すべきである。

神武《じんむ》天皇が「人皇《じんのう》」として即位したのが「岩戸閉め（のひとつ）」であったから、その後、大東亜戦争終戦直前に「てんし様」が復活・降臨されるまでの長い間、日本には神の光が一切射し込まない「悪神の世（＝悪の御用）」が続いて来たのである。

よってこの期間は、神国日本が「悪の御用」を担って来たと見ることもできる。

次に、「**神示見せてよい人と悪い人**」という重要な一節が出て来るが、ここでいう「神示」とは岡本天明が直接降ろした（＝自動書記した）「**神示原本**」のことと考えなければ意味が通らない。

これを見せてもよく、なおかつ「**写し**」を与えてもよいのは「**まことの⦿の臣民**」に対してだけであるとされている。

それ以外の者には、「**神示見せてくれるなよ**」、「**神示は出ませぬと申せよ**」、「**この神示、表に出すでないぞ**」、「**神示しまっておいてくれよ**」などとあるように、「原本」は一般人には見せることすら許されていなかった。

神示の取り扱いが、極めて厳密に指示されていることがわかる。

これは、大東亜戦争当時の社会情勢、特に「特高（＝特別高等警察）」の存在を考えれば当然のことであって、（既に述べたように）天明の周りには「特高」のスパイ（＝犬）が会員（＝猫）として紛れ込んでいたのである。

「**時節よく見るのざぞ**」とは、このような当時の状況（＝時節）を指しているのであろう。

神示を外に出す場合は、「**一二三《ひふみ》として聞かしてやってくれ**」とあるとおり、天明たちが神示を「翻訳」したものだけに限定されていた。

「一二三《ひふみ》」とは、神示原本を人間の言葉に翻訳したものを言う。

これならば、特高が翻訳文を読んでも、天皇制批判や共産主義思想のことなどは何も書いていないから安全だったのであろう。

それどころか、最も重要な「てんし様」という言葉は、当時の常識では「天皇（＝昭和天皇）」を指していたから、「てんし様が世界の王になる」とか「何もかもてんし様のもの」、或いは「てんし様を拝め」などという文言は、天皇絶対、天皇礼賛とも読めるので、見掛け上は皇国史観に一致する部分もあったのである。

「**天明は蔭の御用と申してあろが**」とは、神が天明自身の役割を再度明示したもので、これも重要な一節である。

具体的に天明の御用とは、「**神示書かす役**（＝自動書記によって神示を降ろす役）」であって、これを「**蔭の御用**」というのだから、これに対する「**表の御用**」とは「**神示を説いて聞かす役**（＝サニワの役）」と考えてよいであろう。

次に、「**型してくれたのざからもう一《はじめ》の仕組よいぞ**」では、「**一《はじめ》の仕組**」が何を指しているかが重要である。

本帖降下は、昭和十九年十一月四日であるから、それまでに終わっていた仕組を調べてみると、たったひとつ「**江戸の仕組**」だけである。

**「甲斐の仕組」**は一カ所しか終わっておらず、まだ二カ所残っていた。

また、**「鳴門の仕組」**に至っては全く手付かずであった。

よって、ここでいう**「一《はじめ》の仕組」**とは「江戸の仕組」を指していると考えられ、全体としては「江戸の仕組は、型を出してくれたからもうよいぞ」という意味になる。

これは、天明たちに課せられた「江戸の仕組」が成就したということであるから、天明たちにとっても喜ばしいことであっただろう。


**「この方の仕組、日に日に変わる」**とはどういうことだろうか。

これには二つの要素が考えられる。

まずひとつは、文字どおり「神の仕組」が臣民の理解を超える速さで進むということで、これは**「神急《せ》けるぞ」**という神示が頻繁に降ろされていることからも裏付けられる。

もうひとつは、臣民の「身魂磨き」の進展状況を見て、神が仕組をその都度変更するということである。

当時は、大東亜戦争の真《ま》っ最中《さいちゅう》であり、この戦争そのものが日本の「岩戸開きのはじめの幕開け」に繋《つな》がるものであったし、また戦争の推移は日本と連合国の戦略や作戦で常に変わるから、「日に日に変わる」とは、両方の要素が複合的に絡まっていたと考えた方が実態に合う。

最後の「**⦿海《うづうみ》の御用結構**」であるが、これも唐突に出てきている。

このような「御用」に関する神示は、岡本天明たちならともかく、後世の我々には非常にわかりにくい（というより、ほとんど理解不能と言える）もので、『岡本天明伝』のような優れたガイド・参考書がなければ読み解くことはできないものである。

それはともかく、「**⦿海《うづうみ》の御用**」とは「**鳴門の仕組**」と同じことであるから、本帖降下の時までには、まだ神は天明たちに何の神業奉仕も命じていない。

「鳴門の仕組」の最初の神業は、昭和十九年十二月二十八日、「印旛沼《いんばぬま》の御用（＝マアカタの御用とも言う、印旛沼は千葉県）」であったから、本帖降下の後、二カ月近く経ってからのことになる。

ここでは、「**⦿海《うづうみ》の御用結構**」と示すことで、「江戸の仕組」に続く「鳴門の仕組も結構な御用である」ことを強調し、天明たちの心構えを新たにさせたと考えればよいであろう。

## 第十八帖（一九一）

ツギニイザナミノミコト、イザナミノミコトニ、アマノヌホトヲタマヒテ、トモニ、タタヨエルコトクニツクリカタメナセトコトヨサシタマヒキ（次に伊邪那美命、伊邪那美命に、天の沼陰を賜いて、共に漂えること地修理固成なせと言依さし賜いき）。

日に日に烈しくなると申してあろがな。水、頂《いただき》に上げなならんぞ。お土掘らねばならんぞ。

言葉とくに磨きてくれよ。言に気つけてくれとくどう申してあろが。してはならず、せねばならず、⦿事《ごと》に生きて下されよ。

（昭和十九年十一月六日、ひつ九のか三しらすぞ）

**【解説】**

本帖に登場する神話は、「古事記」には記述されていない内容である。

ここで遂に、「日月神示」と「古事記」の違いが出てきたわけだが、当然のことながらここには極めて重要な神意・密意が含まれている。

ただ、内容を見ていく前に、ひとつ指摘しておきたい箇所がある。

それは、冒頭に「**イザナミノミコト、イザナミノミコト**」とイザナミ神だけが二度登場している部分だが、ここは「イザナギノミコト、イザナミノミコト」の二神とするのが正しいように思われる。

直前の第十七帖を見てもそのようになっているし、何よりも「イザナミノミコト」だけが二度続けて出て来るのでは全体の意味が通らない（ただし、神示原文ではイザナミが二回繰り返して書かれている）。

これについては、『［完訳］⦿日月神示』を校訂された中矢伸一氏も同様の疑問を持たれたようで、同書149頁で、「第十八帖には伊邪那美命の神名が二回続けて出されているが、これについて筆者は最初の方が『伊邪那岐命』の誤りではないかと思うのだが、原典を見てもそう記されている

（〝一三七三〟が二回）ので、取りあえずこのまま記しておく」と注釈を入れておられる。

私も中矢氏の見解に同意する。

さて、右の神話で最も重要な点は、天津神がイザナギ神とイザナミ神に「**アマノヌホト**（**天の沼陰**）」を与えて、漂える地を修理固成《つくりかため》せよと命じたことで、この部分が「古事記」には書かれていないのである。

「**天の沼陰**《ぬほと》」とは「女性器」の象徴であるから、当然「女性原理」を表している。すると、直前の第十七帖では「**天の沼矛**《ぬほこ》」が与えられ、続く本帖では「**天の沼陰**《ぬほと》」が与えられたことになるから、天津神は「**男性原理、陽**」と「**女性原理、陰**」をイザナギ神、イザナミ神に託して、これによって陽と陰が融合調和した地（＝世界）を創れと命じたことになる。

つまり、日月神示の創世神話では、「**天の沼矛**」と「**天の沼陰**」が最初から揃っていたのである。

これは極めて重要な発見である。

ここが「古事記」にはない部分であるから、古事記では「天の沼矛（＝男性原理）」のみによる男性優位の一方的な世界になってしまうのであるが、日月神示の世界観はその逆で、「天の沼矛（＝男性原理）」と「天の沼陰（＝女性原理）」の両方が揃って、調和した理想世界が創造されたことがわかるのである。

もうひとつ重要な点は、最初に「天の沼矛」、次に「天の沼陰」が与えられたその「**順序**」である。

「ヌホコ」と「ヌホト」のどちらがより重要かという比較の問題ではなく、最初が「ホコ」で次が「ホト」という順序こそが神仕組なのである。

「ヌホコ」と「ヌホト」は「コト」に通じるから、ここには世の元の大神様（＝根源神）の「マコト」が具現化したという重要な暗示が隠されているのである。

本帖の神話部分に「タタヨエルコトクニツクリカタメナセ（漂えること地修理固成なせ）」とあるが、「コトクニ（こと地）」という不思議な表現は、「ヌホコとヌホトが組み組みて造られた地《くに》」から来ていると思われる。

生まれたばかりの地は漂える状態であったから、それを「ツクリカタメナセ（修理固成なせ）」と天津神がナギ、ナミ両神に命じたのである。

ここは、極めて大切なポイントであるから、読者はきちんと押さえておいていただきたい。

本帖の神話部分は右のように解釈されるが、実は同じ日月神示の中に、これと正反対の内容が書いてある箇所がある。

「基本十二巻」の中にはないものだが、重要なので引用しておこう。

国土をつくり固める為に、根本大神が何故にヌホコのみを与えたまいしか？　を知らねば、岩

**戸開きの秘密は解けんぞ。**

（五十黙示録「五葉之巻」補巻　紫金之巻　第十帖）

右のように、補巻「紫金《しきん》之巻」では、根本大神が「**ヌホコのみ**」を与えたと明記しているが、これは前帖と本帖の「**ヌホコとヌホトの両方を与えた**」と書いていることと完全に矛盾している。

今までのような「逆説的表現」と言うよりは、むしろ完全な「対立」であるから、私も最初は、これは岡本天明の「誤記」か「ミス」ではないかとも思った。

しかし、「**何故にヌホコのみを与えたまいしか？**」には、わざわざ「**ヌホコのみ**」と書かれているだけでなく、最後に「**？**」が付いていることなどから、どう考えても誤記やミスではないように思われる（ちなみに、日月神示全巻で「？」が付されているのは右の帖だけである）。

これはどのように解釈すればよいであろうか？

私は、天津神が「ヌホコ」と「ヌホト」の両方を与えたのは、「男性原理と女性原理の融合」という神仕組から言っても絶対に間違いないと確信しているので、「紫金之巻」第十帖のほうに何らかの事情（細工？）があると見ている。

そこで、「紫金之巻」で「ヌホコのみ」与えたと書いているのは、日月神示ではなく「別の書」を指しているのではないかと考えてはどうだろうか？

つまり、神示特有の「隠された一節」があると考えるのである。

この前提で考えた場合、それは「古事記」と「日本書紀」、いわゆる「記紀神話」が該当することになる。

「記紀神話」では明らかに「ヌホコ」しか与えていないからである。

そうすると、右の帖は括弧書きをつけて書き足せば次のようになるであろう。

> **国土をつくり固める為に、（古事記と日本書紀において）根本大神が何故にヌホコのみを与えたまいしか？　を知らねば、岩戸開きの秘密は解けんぞ。**

右のように解釈すれば、矛盾は解消するばかりか、その後の解釈も極めて円滑になる。

「記紀神話」において、根本大神が「ヌホコ（＝男性原理）」のみを与えているのは、悪神の都合のよいように「**岩戸閉めを正当化**」するためであると考えられる。

「ヌホコ（＝男性原理）」だけでは不完全で、一方的な世界が出来上がるのは当たり前であるが、記紀神話はそれが根本大神の意志であるようにすり替えているのだ。

つまり、「男性原理」優先の世界が正しいということを人民に刷り込み、正当化しようとしているのである。

一方の日月神示は、「ヌホコ」と「ヌホト」が最初から揃っているから、ここには「岩戸閉め」の原因は何もない。これが当然の道理であって、日月神示が完全に正しい。

ここが「記紀神話」と決定的に異なる点だ。

では何故、日月神示の中で「岩戸閉め」が起こったのかと言うと、それは根本大神が新たな世界(=ミロクの世)を構築するため、意図的に「ヌホコ」と「ヌホト」を分離させたからである。

ここには、根本大神の御神策が根底にあるが、これを神話の形にしたのがイザナギとイザナミの黄泉比良坂《よもつひらさか》における「離別」であり「最初の岩戸閉め」なのである。

ここは「神話」の形式をとっているから、ついつい軽く読んでしまいがちになるところだが、その実、このようにとんでもない秘密が隠されていたのである。

ここが理解できなければ、「**岩戸開きの秘密は解けん**」とあるのも当然である。

「**日に日に烈しくなると申してあろがな。水、頂《いただき》に上げなならんぞ。お土掘らねばならんぞ**」とは、おそらく「大峠」に至る様相の一端であると思われる。

「**水、頂《いただき》に上げなならんぞ**」とは、何も水を汲《く》んで山の頂上に持って行くことではなく、「上下グレンと引っくり返る」とか「日本はお土が上がる、外国はお土が下がる」とあったように、地球自体の大変動、私の仮説では「ポールシフト(=極移動)による南北逆転」が引き起こす大地殻変動を指しているのではないだろうか。

「**お土掘らねばならんぞ**」も「大峠」における状況であって、何もかも失い、逃げ惑い、挙句の果ては草木を食べ、土を掘って最小限の住処《すみか》と安全を確保しなければならないような、極めて厳しい状況になるということであろう。

なお、この部分については、第四巻「天つ巻」第二十五帖にも、「**⦿は烈しくなるのざぞ、目あけてはおれんことになるのざぞ。四ツン這《ば》いになりて這いまわらなならんことになるのざぞ、ノタウチまわらなならんのざぞ、土にもぐらなならんのざぞ、水くぐらなならんのざぞ**」と、基本的に同じことを述べている（その帖の解説を参照されたい）。

「**言葉とくに磨きてくれよ。言に気つけてくれとくどう申してあろうが**」とは、「言葉、言霊《ことたま》」の重要性を述べたものであるが、「**くどう申してあろうが**」とは「これまでもくどく申して来たであろうが」のニュアンスがあるから、その相手は岡本天明と彼の同志たちではないかと思われる。

勿論、不特定多数に対して示した諭しであると考えることもできるが、これまでに様々な帖の最後に天明たちに対する注意や諭しがあった点を考えれば、この部分も第一義的には天明たちに宛てたものと言ってよいように思う。

もしかすると、この頃の天明たちの「言葉」は少々荒《あ》れていたのかもしれない。

「**してはならず、せねばならず、⦿事《ごと》に生きて下されよ**」も同様で、悪い言葉は「してはならず」、善い言葉を「せねばならない」、それが「**⦿事《ごと》に生きること**」だと諭しているのであろう。

## 第十九帖（一九二）

今のやり方、考え方が間違っているからぞ。洗濯せよ掃除せよと申すのは、これまでのやり方考え方をスクリと改めることぞ。一度死《まか》りたと思え。掃除して何もかも綺麗にすれば、⦿の光スクリと光り輝くぞ。ゴモク捨てよと申してあろがな。人の心ほど怖いものないのざぞ。奥山に紅葉《もみじ》あるうちにと申すこと忘れるなよ。北に気つけよ。⦿の世の仕組よく肚に入れておいて下されよ。今度の新《さら》つの世の元となるのざぞ。

（昭和十九年十一月七日、ひつくのか三）

**【解説】**

冒頭の「**今のやり方、考え方が間違っているからぞ**」には、その「前提となる事実」が隠されて（省略されて）いることにまず気づいていただきたい。

「前提となる事実」とは、「この世がこれほど乱れていること」であって、正確には「**（この世がこれほど乱れているのは）今のやり方、考え方が間違っているからぞ**」と理解すべきである。

日月神示はこのように、意図的に大事な箇所を省略し、臣民に考えさせる構文が結構多いので、解釈には細心の注意が必要である。

本帖は、全体として「身魂磨き」、「メグリ取り」の重要性について述べているが、「**一度死《まか》りた**

**と思え**」は、これまでにない極めて強い表現であるのが大きな特徴である。

これは言葉を換えれば、「死んだ気になってやり直せ」、或いは「死ぬ覚悟で取り組め」とも言えるだろうが、ともかく真の「身魂磨き」にはこれほど強い信念と覚悟が必要であるということを意味している。

「**ゴモク捨てよ**」の「ゴモク」とは「チリ、芥《あくた》、ゴミ」のことで、要は人間心の「我れ善し、体主霊従」を捨てて「霊主体従」に戻れとの促しである。

「**人の心ほど怖いものないのざぞ**」という部分は、極めて真剣に受け止めなければならない。

私なりに理解するところでは、人の心が怖い最大の理由は、「我れ善しが正しいと信じて疑わない」からである。

つまり、「体主霊従」が絶対の善だと信じ切っていることである。

一例を挙げれば、世の誰も「民主主義」が最良の「統治システム」であると思っているだろうが、日月神示の神はこれを完全否定し、「民主主義」とは「世界が狂い悪になって行く負の連鎖システム」だと断言しているのだ。

それが次の神示である。

> 多数決が悪多数決となるわけが何故にわからんのぢゃ。投票で代表を出すとほとんどが悪人か狂人であるぞ。世界が狂い、悪となり、人民と同様となっているから、その人民の多くが選べば

**選ぶほど、ますます混乱してくるのであるぞ。**　（補巻「月光の巻」第七帖）

「多数決」と「投票（＝選挙）」は、共に民主主義の根幹をなすものであるが、神はこの「民主主義」を「**悪人か狂人であるぞ。世界が狂い、悪となる**」とバッサリと切り捨てている。

即ち、「民主主義」さえも「**ゴモク**」なのであり、神はそれを「**捨てろ**」と促しているのである。

このように、人間の常識には「ゴモク」がいくらでもあり、それを正しいと信じ切っているから「**人の心ほど怖いものない**」のである。

（注：右の「民主主義」の完全否定については、拙著『秘義編』第二章　真我と自我　に詳述しているので是非ご覧いただきたい）

「**奥山に紅葉《もみじ》あるうちにと申すこと忘れるなよ**」とあるのは、「**奥山の紅葉**」が何であるかわからなければ意味が採《と》れない。

これについては、第四巻「天つ巻」第八帖に、「**奥山に紅葉《もみじ》あるうちにと思えど、いつまでも紅葉ないぞ**」とあることと同義と考えてよい。詳しくは同帖の解説を参照していただきたいが、意味としては「（神仕組の）時節をよく見て、遅れないようにせよ」ということになる。

「**北に気つけよ**」とは、これまでにも数回出て来ているが、最も近いところでは、昭和二十年八月の「ソ連（当時）の対日宣戦布告」とこれに伴う「満州などへの侵攻」を指していると考えられる。

これは、「原爆」と共に日本に大東亜戦争の「降伏、敗戦」を決断させた最大の要因であったが、神示が「**気をつけよ**」と述べているのは大東亜戦争の「負け方」であって、それは絶対に「（ソ連に）日本本土を占領されてはならない」ということであった。

もしも、ソ連が北海道や東北地方を占領していたならば、大東亜戦争に仕組まれた「日本の岩戸開き」は失敗し、神仕組が振り出しに戻ってしまう恐れがあったからである。

## 第二十帖（一九三）

⦿の用意は何もかも済んでいると申してあろうが。臣民の洗濯早う致してくれよ。新つの世の用意早うしてくれよ。今度の世には四十九の御役、御仕事あるのざぞ。四十九の御魂と申してあろがな。早うこの神示肚に入れてくれよ。早う知らせてくれよ、今までの神示、役員の肚に入るまではしばらくこの神示出ぬぞ。大切の時には知らすなれど、そのつもりでおりてくれよ、野《ヌ》の種大切にして下されよ。毒吐き出せよ。

（昭和十九年十一月の八日、ひつくのか三）

**【解説】**

本帖は、内容全体としてはそれほど難しくはないだろう。

新しく登場しているのは、「**今度の世には四十九の御役、御仕事ある**」と、「**四十九の御魂**」というものであるが、これは「**今度の世**」即ち「ミロクの世」における「**御役**」、「**御仕事**」であって、当然ながら「**四十九の御魂**」がそれらを担うことになる。

では、「ミロクの世」の御役や仕事を、何故この時期に降ろして臣民に知らせているのだろうか？

実はこれもまた、「型」を出す必要があったからだと思われる。

「基本十二巻」より後に降ろされた巻の中に、このことを示す重要な神示があるのでご覧いただきたい。

　集団《まどい》のアは神示《ふで》ぢゃ、ヤとワとは左《ひだり》と右《みぎり》ぢゃ、教左《きょうさ》と教右《きょうう》ぢゃ、㋳と㋻はその補《たすけ》ぢゃ、教左補《きょうさほ》、教右補《きょううほ》ぢゃ、ヤの補は㋻ぢゃ、ワの補は㋳ぢゃ、ア、ヤ、ワ、㋳、㋻が元ぢゃ、その下に七人と七人ぢゃ、正と副ぢゃ、その下に四十九人ぢゃ、わかりたか、集団弥栄々々。イシイ、ショウダ、カサイ、タケウチ、ご苦労ぞ。イシカミ、イシモト、イトウ、カジワラ、カンベ、ミエダ、ツヅキ、ご苦労。オダ、カドタ、カワムラ、タカタ、サトウ、カツ、カトク、ササキ、ご苦労。アラキ、オオツマ、イソベ、マスナガ、ニカ、ハヤシ、アサカワ、スドウ、カキザキ、キムラ、コマツバラ、アイダ、カイ、ナカジマ、イノ、カネシゲ、カザマ、カワダ、サイトウ、サイ、タカギ、ヤノ、ニシザワ、オガワ、カシマ、ハギワラ、イシイ奥、ショウダ奥、オダ奥、天明奥、かねて併せて四十九、九の柱ぞ。残る神示、天明よきにせよ。皆御苦労ながら、次の御用手引き合って、天晴れやりて下されよ、集団つくってよいぞ。強く踏み出せよ、くどいようなれど元はそのままぢゃぞ。今度の御用は一つの分かれの御用ぢゃぞ、神示よく読むのぢゃぞ、身魂の性《しょう》来《らい》だんだんわかりて来るぞ、万民御霊《みたま》祀りの御用からかかりてくれよ、顕《うつ》し世のそれの御用、結構ひらけ輝くぞ。

（第十九巻「まつりの巻」十七帖）

右は少し長い帖であるが、ここに「**その下に四十九人ぢゃ**」とか、「**かねて併せて四十九、九の柱ぞ**」と明確に示されているだけではなく、「**イシイ**」からはじまって「**天明奥**《てんめいおく》」まで「四十九の身魂」の名前が全員述べられている。

（注：「天明奥《てんめいおく》」とは岡本天明の奥方《おくがた》、つまり当時の天明の妻、佳代子《かよこ》のことである。同様に、文中のイシイ奥、ショウダ奥、オダ奥もそれぞれの妻を指す）

これが、「ミロクの世」の「型」の一つでなくて何であろう。

右の神示は、昭和二十一年八月の降下であるから、本帖降下より二年近く後のものであるが、神は将来（＝戦後）の大事な仕組を前もって神示に降ろし、天明たちに知らしめていたことがわかる。

しかし、本帖の最も大きな特徴は、何といっても神が「**急《せ》いて**」おられることである。

「**臣民の洗濯早う致しくれよ**」、「**新つの世の用意早うしてくれよ**」、「**早うこの神示肚に入れてくれ**

**よ**」、「**早う知らせてくれよ**」のように、短い神示の中に四回も「**早う**」が出ている。

これほど神が急《せ》いておられるのは、「**今までの神示、役員の肚に入るまではしばらくこの神示出ぬぞ**」とあることから、当時の「役員」、即ち天明と彼の同志たちの肚に、まだ「日月神示」がしっかりと入っていないと神の目に映っていたからであろう。

「今までの神示」が肚に入らないうちに、新しい神示だけ先行して降ろしても意味がないのは当然である。否、むしろ「神仕組」進展のためには有害であっただろう。

「**しばらくこの神示出ぬ**」とあるのも当然のことで、神としても、「因縁の身魂」たちの「身魂磨き」の進展状況を見ながら、それに合わせて神示を降ろしていく必要があったのである。

何故、神がそれほど「急《せ》いて」おられたのかを考えてみると、この時期は神仕組全体の中で、「**一二三《ひふみ》の仕組**」の真っ最中であり、その要諦《ようてい》は「大東亜戦争終了（＝日本の敗戦）までに『一二三の仕組』を成就させなければならない事情があった」からではないか。

「一二三《ひふみ》の仕組」とは、「ミロクの世」に至る基礎を固める仕組であり、具体的には「**岩戸開きに必要な神々を降ろすこと**」、「**神国日本の国土（＝世界の雛型）を確定すること**（＝敗戦による不要な国土の整理）」、そして最重要なものが「**ミロクの世の王になられるてんし様降臨の型を出すこと**」であった。

この大きな仕組を進めるために、地上界では岡本天明たちが「神業」を行って「型」を出す必要があったのであるが、肝心の天明たちの「心の進み具合（＝神示を肚に入れる）」がまだ十分でなかったのであろう。

本帖の降下は昭和十九年十一月であり、終戦は昭和二十年八月だから、「一二三の仕組」を完成させるまでには、残りたった九カ月しかないことになる。

戦況は、日に日に日本に不利になり、昭和十九年秋以降は米軍機の日本本土に対する「大空襲」が本格化してくる。

それに対して、天明たちが行わなければならない「神業」は、「**甲斐の仕組**」が二カ所、「**鳴門の仕組**」が全部（三カ所）、そして「**尾張の仕組**（一カ所）」がまだ未着手であったばかりか、これ以外にも、「奥山」に祀るべき神々が多数（天照大神《あまてらすおおかみ》、月読尊《つきよみのみこと》、素盞鳴尊《すさなるのみこと》、十柱《とはしら》の大神、守護神、祖霊、天津日嗣皇尊《あまつひつぎすめらみこと》、豊受大神《とようけのおおかみ》、国常立大神《くにとこたちおおかみ》、豊雲野尊《とよくもぬのみこと》）残されていたのである。

「一二三《ひふみ》の仕組」を成就させるには、これら全てを終戦までに完結させなければならなかったが、天明たちの「身魂磨き」が思うように進展していなかったため、神が「急《せ》いて」おられたと考えられるのである。

「**野《ヌ》の種大切にして下されよ**」は第六帖の「**次の世の種だけは地に埋めておかねばならんのざぞ**」と、また「**毒吐き出せよ**」は第十九帖の「**ゴモク捨てよ**」とそれぞれ同じ意味であると考えられる（その帖の解説を参照されたい）。

※補足

本帖では「**四十九の身魂**」について述べられているが、第一巻「上つ巻」第十三帖には、「**元の人三人、その下に七人、その下に七七・四十九人、合わして五十九の身魂あれば、この仕組は成就するのざ**」とあり、こちらは合計「**五十九の身魂**」であるから、単純比較では数が合わない。

しかし、右の「上つ巻」第十三帖は、「**その下に七七・四十九人**」とあるから、本帖に登場する「四十九の身魂」とは明らかに「五十九の身魂」の「内数」として含まれるものである。

## 第二十一帖（一九四）

人まず和し、人拝《おろが》めよ、拍手打ちて人とまつろえよ。神示読んで聞かしてくれよ。声出して天地に響くよう宣《の》れよ。火と水、一二三《ひふみ》となるのざぞ。火近づいたぞ、水近づいたぞ、否でも応でも走らなならんぞ。引っくり返るぞ。世が唸るぞ。神示読めば縁ある人集まって来て、⦿の御用するもの出来て来ることわからんか。仕組通りに進めるぞ。⦿待たれんぞ。

（昭和十九年十一月十日、ひつ九か三）

**【解説】**

冒頭に、「**人まず和し、人拝《おろが》めよ、拍手打ちて人とまつろえよ**」とあるのは、人と人の「横の和」

を説いているが、「**拍手打ちて人を拝《おろが》め**」という表現は本帖が初出である。

「拍手を打つ」とは、右手と左手の打ち合わせ（＝合一）を意味するから、これは間違いなく「陽と陰の統合」を暗示している。

つまり、人を拝むとは、「陽と陰が調和した心の状態」でなければならないと解釈できる。

この「人同士が拝み合う」というのは、実は「ミロクの世の型」であって、この二年後に「**世界の民の会**」という集団《まどい》をつくれとの神示が降ろされている。

> 皆の者御苦労ぞ。「世界の民の会」つくれよ、人民拝み合うのざぞ。皆にまつろえと申してあろうがな。集団《まどい》つくれつくれ。皆拝《おろが》み合うのざぞ、集団のしるしは⦿ぞ、拝み合うだけの集団でよいぞ。理屈悪ざぞ、こんなこと言わんでもわかっておろうが、神示読めよ。
>
> （第二十巻「梅の巻」第三帖　昭和二十一年十月八日）

日付を見ていただければおわかりのように、右の帖は本帖降下のほぼ二年後に降ろされている。

この神命に従って、天明たちは「世界の民の会」を創設しているが、ご覧のとおり、この会は「人民が拝み合う会」であって、本帖の趣旨がそのまま反映されている。

このように神は、二年後に出す「型」を本帖で予告していたわけである。

ここで注意しなければならないのは、本帖で示されている人と人との「横の和」は勿論大切であるが、最も大切なのは「てんし様」と臣民との「縦の和」だということである。

何故ならば、「中心」に「てんし様」がおられなければ、臣民同士の「横の和」は成立せず、すぐに歪《いびつ》になって崩《くず》れてしまうからである。中心のない和など有り得ないのである。

神示に、「**てんし様よくならんうちは、誰によらん、よくなりはせんぞ**」(第十四巻「風の巻」第九帖)とあるのも、同じ理由からである。

次の「**神示読んで聞かしてくれよ。声出して天地に響くよう宣《の》れよ**」は、本巻第三帖の「**この神《ふ》示《で》、声立てて読みて下されと申してあろがな……**」、或いは、第五巻「地つ巻」第二十三帖の「**声出して読みてくれよ**」と同じ意味である(その帖の解説参照)。

問題は、「**火と水、一二三《ひふみ》となるのざぞ。火近づいたぞ、水近づいたぞ、否でも応でも走らなならんぞ。引っくり返るぞ。世が唸るぞ**」とある部分である。

これは一見して、「大峠」の様相を述べていることは間違いないが、私は「大東亜戦争」をも含む「両義預言」ではないかと考えている。

と言うのは、「**火と水、一二三《ひふみ》となるのざぞ**」という一節があるからで、「一二三《ひふみ》」を「**一二三《ひふみ》の仕組**」と考えれば、それは「大東亜戦争」の終戦をもって完成(=成就)させなければならなかったからである。

「一二三の仕組」とは、「岩戸開き」の基礎を固める仕組であるが、それが「火と水」によって成就するという意味になる。

しかし、大東亜戦争の終戦に向けて、自然災害としての「火と水」の力が働いた形跡は特にないから、ここでは戦争という「人工災害（被害）」のことを指しているはずである。

すると、「火（の災害、被害）」とは、米軍による日本への無差別「大空襲」と「原爆」投下が直ちにイメージされる。これは、そのとおりであろう。

一方の「水（の被害、災害）」について筆頭に来るのは、やはり「大日本帝国海軍連合艦隊の壊滅」であると考えられる。

ミッドウエー、マリアナ、レイテなどの各海戦において、連合艦隊は虎の子の空母艦隊を始め多くの戦闘艦艇を失い、日本を護る水の力は潰《つい》えてしまった。

最後に残った連合艦隊旗艦《きかん》・戦艦「大和《やまと》」が、昭和二十年四月、沖縄に向け「特攻出撃」を敢行した時には、上空を守る護衛戦闘機すら一機もない有様だった。

その大和も、米軍機の猛攻によって沈められ、ここに「連合艦隊」は壊滅したのである。

「水（の災害）」でもう一つ指摘しておきたいのは、多くの「輸送船」が沈められたことである。

南太平洋にまで広く展開した日本軍に対する人員や物資の補給、あるいは南方の資源地域から石油などの資源を本土に送るには、輸送船による大量輸送が不可欠であったが、連合艦隊の損耗と共に、輸送船団を護衛する戦力も不十分となり、命の綱である輸送船も次々に沈められていった。

また大戦末期には、疎開する学童を乗せた民間の「對馬丸《つしままる》」が、米潜水艦の雷撃によって沈められるなど、民間人にまで「水の災害」は及んだのである。

こうして、日本本土は「火の被害」、日本の周りの海は「水の被害」によって、日本は遂に降伏したのであるが、これを「大東亜戦争」に重ねて「**一二三となる**」仕組を指すと考えるのは自然な発想であろう。

このように右は、大東亜戦争とも見事に吻合《ふんごう》するが、ただ「**引っくり返るぞ。世が唸るぞ**」については該当するとは言えず、こちらは「大峠」における「超天変地異」を指すものと思われる。

次に、「**神示読めば縁ある人集まって来て、⦿の御用するもの出来て来ることわからんか**」との示しは、重要な内容を含んでいる。

岡本天明たちが神示を読めば、「**縁ある人**」が集まってくると神は仰《おっしゃ》っているのだ。

勿論、ここでいう「**読む**」とは「肚に入れる」ことであるが、ともかくこのように天明たちの心の状態がある程度進めば、それに応じて「**⦿の御用するもの（＝因縁の身魂）**」が出現するのだと言う。

ここには、神が仕組んだ「因縁の身魂の糸」というか「ネットワーク」のようなものがあって、その糸に引かれた「因縁の身魂」たちが、順次集まって来る仕組が読み取れて極めて興味深い。

つまり、「因縁の身魂」が集結するには、神が定めた順序があるということだ。

ここからわかるのは、ある人物の心的状態（＝身魂磨き）が不十分なままでは、その後に続く「因縁の身魂」たちは集まろうにも集まれないということである。

これでは神仕組が滞《とどこお》ってしまうことも有り得る。

「**仕組通りに進めるぞ。☉待たれんぞ**」とあるのは、このような状況を反映してのことであろう。

## 第二十二帖（一九五）

お宮も壊されるぞ。臣民も無くなるぞ。上の人臭い飯食う時来るぞ。味方同士が殺し合う時来ると申してあろがな。これからがいよいよざから、その覚悟していて下されよ。一二三が正念場ぞ。臣民の思うているようなことでないぞ。この神示よく肚におけと申すのぞ。チリヂリバラバラになるのざぞ。一人一人で何でも出来るようにしておけよ。

（昭和十九年十一月十一日、ひつ九か三）

**【解説】**

本帖は、「大東亜戦争」が終わった後の、ＧＨＱ（＝連合国軍総司令部）による日本占領政策について述べたものだが、見方を変えれば、日本が大東亜戦争に負ける「預言」でもある。

「**お宮も壊されるぞ。臣民も無くなるぞ。上の人臭い飯食う時来るぞ**」とあるが、これは第一巻

「上つ巻」第三十七帖で、「**人の上の人、皆臭い飯食うこと出来るから、今から知らしておくから気つけてくれよ。お宮も一時は無くなるようになる**」と同じことである（その帖の解説参照）。

戦犯として逮捕された「A級、BC級戦犯」が「**臭い飯**」を食うこと、また「神道指令」によって国家神道が廃止され、日本人から「敬神の念がなくなる（＝**お宮も壊される**）」ことを「預言」したものである。

「**味方同士が殺し合う時来る**」というのは、実際の殺し合いのことではなく、それまで「一億総玉砕」の覚悟で戦ってきた日本国民の心がバラバラに引き裂かれるという意味であろうし、更に言えば、「東京裁判（＝極東国際軍事裁判）」の判決を押し付けられ、日本がこれを受け入れてしまったために、大東亜戦争では「日本だけが悪者、戦争犯罪国家」というレッテルを貼られ、国民の多くが「自虐史《じぎゃくし》観《かん》」に陥ってしまったことを指しているとも考えられる。

これにより、未だに日本国民の多くには「祖国愛」、「愛国心」が芽生えず育っていない。

つまり、日本人同士が思想的な殺し合いをしているのだ。

「**一二三が正念場ぞ。臣民の思うているようなことでないぞ**」とは、「一二三《ひふみ》の仕組」の成熟が大東亜戦争の正念場ではあったが、その結末は日本が原爆を投下され、ソ連の参戦によって敗戦に追い込まれるという悲惨なものであって、いわば地獄に叩き落とされたことを指している。

国民の多くは、「日本は神国であるから最後には（神のご加護があって）必ず勝つはずだ」との期待を持っていたが、その思いは完全に裏目に出てしまった。

神示はこのことを、「**臣民の思うているようなことでない**」と述べている。

実に全く、そのとおりであった。

このように日本は、（この世の価値観に照らせば）「自己犠牲」を捧げることによって、自国と世界のメグリを取り、全体を「ミロクの世」へと牽引《けんいん》する使命を負っているのである。

ここに、神国日本の役割の何たるかが如実に示されていることに注意していただきたい。

最後の「**一人一人で何でも出来るようにしておけよ**」とは、戦後の混乱期、物不足、食糧不足の時代を生き抜くために、神が天明たちにその心積りを促したものであろう。

事実、敗戦直後を生き抜くためには、好き嫌いに関係なく何でもしなければならなかった。

## 第二十三帖（一九六）

一升桝《しょうます》には一升しか入らぬと臣民思うているが、豆一升入れて粟《あわ》入れること出来るのざぞ。その上に水ならばまだ入るのざぞ。⦿なればその上にまだいくらでも入るのざぞ。⦿がうつりたら人が思わぬこと出来るのざぞ。今度は千人力与えると申してあろうが。

江戸の仕組、世の終わりぞ。天拝《おろが》めよ。地《つち》拝めよ。まつわれよ。秋の空グレンと申してあろがな。冬も春も夏も気つけてくれよ。

（昭和十九年十一月十三日、ひつ九か三）

**【解説】**

　本帖最初の段落は、臣民が「**千人力与えられる**」ことの「原理」を説いている。

「**一升桝《ます》**」を引き合いに出し、「**豆**」を一升入れても「**粟《あわ》**」ならまだ入るし、「**水**」ならもっと入ると述べているのは、粒が大きいもの（＝豆）はその間《あいだ》に隙間《すきま》ができるから、そこにはより細かいもの（＝粟《あわ》）が入るし、液体（＝水）ならばもっと入ると述べているのは、常識的にも理解できる。

　しかし、水を入れてしまえば物理的にはもう限界であって、他には何も入らない（入れれば必ず溢《あふ》れる）はずだが、神示は「**⦿なれば、その上にまだいくらでも入る**」と述べている。

　これはどういうことかと言えば、神は「物質」を超越した「（波動性の）霊体」であるからだと説明できるであろう。

　神界や霊界の性質は「波動」であると、スピリチュアリズムでは説いているが、「波」は相互にぶつかっても、粒子のように反発することがないという重要な性質がある。

「**⦿なれば、その上にまだいくらでも入る**」とは、⦿が波動的性質を持っているからに他ならない。

　これ故に、人間にも憑《か》かることができるのであるが、神が憑かったとしてもそれは霊体であるから、別に人間の体重が増えるわけではないし、憑かられた自覚すらもないのが普通である（自覚があるのは、低級霊や動物霊の場合のみである。このような霊は波動が低く粗《あら》いからである）。

神が「因縁の身魂」に憑《か》かれば、「**⦿がうつりたら人が思わぬこと出来るのざぞ。今度は千人力与える**」とあるが、ここで言う「**千人力**」とはどんな意味があるのだろうか？

物理的に力が増幅して、スーパーマンのようになれるというSFじみた話でないことは明らかであるから、これは「霊的」な意味で解くべきものであると考えられる。

そのヒントは、第二十一帖の「**神示読めば縁ある人集まって来て、⦿の御用するもの出来て来ることわからんか**」にあるのではないか。

右の解釈の原点は、第二十一帖で、神が仕組んだ「因縁の身魂の糸」か「ネットワーク」のようなものがあって、ある「因縁の身魂」が神示を肚に入れれば、その糸に引かれた次の「因縁の身魂」たちが、神の御用を果たすために順次集まって来る仕組のことではないかと説明したが、「**千人**」とは、この「糸（＝ネットワーク）」に繋がっている多くの身魂たちを暗示していると考えられるのだ。

勿論、ピッタリ「千人」という意味ではなく、「非常に多くの人々」という程度に理解しておけばよいだろう。

要するに、「因縁の身魂」とは地上界では一見バラバラであるが、心霊的には霊的な糸（＝ネットワーク）で無数の身魂と繋がっていると考えられるのだ。

一人の身魂が覚醒すれば、その後に控える多くの身魂（＝千人）が順次覚醒する仕組が組まれているから、これを「**千人力与える**」と比喩的に表現したと思われる。

第二段落に移って、「**江戸の仕組、世の終わりぞ**」とあるのは、岡本天明たちが神命によって奉仕した「江戸の仕組」が成就すれば、それが「岩戸開き」に繋がり、最終的に「大峠」が到来して「物質世界の終焉（＝世の終わり）を迎える」と解することもできるが、正直なところ、この解釈では少々飛び過ぎている感じを受ける。

と言うのも、日月神示には「江戸の仕組」以外にも「甲斐《かい》の仕組」、「鳴門《なると》の仕組」、「尾張《おわり》の仕組」、「一二三《ひふみ》の仕組」、「三四五《みよいづ》の仕組」、「五六七《みろく》の仕組」など数多くの仕組みが登場するからであって、たった一つの「江戸の仕組」だけを取り上げて「世の終わり」と結びつけて断定するのは、いくら何でも飛躍し過ぎていると思うからだ。

私自身も、長い間ここが引っ掛かっていたのだが、最近になってこれは「大本神諭《おおもとしんゆ》」を受けて降ろされた神示ではないかと気がついたのである。

まず、その「大本神諭」を見てみよう。

**東京で仕組を駿河《するが》美濃《みの》尾張《おわり》大和《やまと》玉芝《たましば》国々に、神の柱を配《くば》り岡山《おかやま》**

（大本神諭　明治二十五年旧正月）

右の神諭自体も謎めいているが、一般には地名が多く出てきているから、これらは「**神の柱**（＝神業者）が出現した場所」を表しているのではないかという解釈が主流のようである。

「**東京**」を含めて、「**駿河**《するが》」「**美濃**《みの》」「**尾張**《おわり》」「**大和**《やまと》」「**岡山**《おかやま》」と、主な地名が六カ所も出てくるから、これらが神経綸の場所であると考えたくなるのは頷《うなず》ける。

具体的には、大本《おおもと》に霊的《れいてき》な因縁のある人物（＝神の柱）が出た場所とされ、駿河の長澤雄盾《ながさわかつたて》（霊学者）、美濃の山本秀道《しゅうどう》（修験者、神官）、尾張の大石凝真素美《おおいしごりますみ》（言霊学者）、大和の中山みき（天理教開祖）、岡山の黒住宗忠《くろずみむねただ》（黒住教開祖）や川手文治郎《かわてぶんじろう》（金光教《こんこうきょう》開祖）らが該当する。

よって、この解釈は無理なく成り立つと考えてよく、説得力もある。

ただ、「**玉芝**《たましば》」も地名と思われるが、何処を指しているかよくわからないとされているようだ。

私は、右の解き方自体はそれなりに正しいと思っているが、「**美濃尾張**《みのおわり》」は「**身の終わり**」のカムフラージュのように思えてずっと気になっていたし、「**玉芝**」という無名の地名（？）があるのも腑に落ちなかったのである。

ここには、更なる密意があるのではないだろうか？

もしそうであれば、「身の終わり」とは当然「**世の終わり**」に繋《つな》がるから、「東京での神仕組」が発動すれば、それによって「世の終わり」が来ると解釈できるはずである。

ただし、ここでいう「東京での神仕組」とは、先に述べたたった一つの「江戸の仕組」ではなく、広く「東京を中心とする神仕組全体」を指していると解釈しなければならない。

それらが全て発動した結果、「世の終わり（＝大峠）」が来ると解けるわけである。

この観点から、岡本天明たちが奉仕した神業全体を見れば、活動の中心は間違いなく「東京」であったし、「基本十二巻」で示された神業の全ては東京を拠点にして行われている。

「甲斐の仕組」や「鳴門の仕組」のように、東京以外の場所に出かけて奉仕した神業であっても、東京から出発して東京に戻って来ているから、東京が「拠点、中心」であることに変わりはない。

それどころか、「日月神示」の降下も「奥山」の御神前であったから、これも当然「東京での神仕組」に入るのである（千葉県「麻賀多《まがた》神社」における神示初発を除く）。

私はここに思い至った時、本帖の「**江戸の仕組、世の終わりぞ**」とは、右の大本神諭を受け継いでいるに違いないと直感した。

つまり、「江戸の仕組」＝「（大本神諭の）東京での神仕組」という構図である。

すると、前述の「地名」と思われたものは、「東京」以外はカムフラージュであって、何かの密意を暗示している可能性がある。

いわゆる一種の「アナグラム」のようなものだが、私はこれを次のように解釈した。

**東京で仕組を駿河《するが》美濃《みの》尾張《おわり》大和《やまと》玉芝《たましば》国々に、神の柱を配《くば》り岡山《おかやま》** ←

東京で仕組をするが身の終わり、大和魂国々に、神の柱を配り置くなり（「置かん」も可）

如何であろう。右のように、地名を別の言葉に替えて文章化しても、完全に意味が通じるではないか。

先の「美濃尾張《みのおわり》」が「**身の終わり**」に変わったように、「大和玉芝国々に《やまとたましば》」は「**大和魂《やまとだましい》国々に**」となり、「配《くば》り岡山」は「**配《くば》り置くなり**」（または「置かん」）」と意訳できる。

私が個人的に最も気に入ったのは、「**大和玉芝《やまとたましば》**」→「**大和魂**」と解けたことである。

「大和」は今の奈良県に該当するが、「玉芝」には該当する著名な地名がないことから、全く別の意味があるのではないかと考えた結果、「大和魂」に行き着いたのである。

「大和魂」とは、日月神示第八巻「磐戸の巻」第二十一帖、第十一巻「松の巻」第八帖などに登場し、その意味は「**スメラの民、真《まこと》の日本人（またはその魂）**」を指すから、「**身の終わり（＝世の終わり）**」が来る前に、このような「**大和魂**」を持つ「**神の柱（＝因縁の身魂）**」を国々に「**配り置く**」という意味になる。

この解き方は、日月神示の全体的な神仕組とも完全に一致するから、私自身は神意に適っていると確信している。

更にはこれが、「日月神示」が何故「東（＝東日本）」で降ろされたか、その謎解きにも繋がるのである。

黒住、天理、金光、大本など日月神示に繋がる霊脈の全てが「西（＝西日本）」で発祥しているにもかかわらず、「世の終わり」を告げる日月神示の発祥が「東」であるというのは、「**江戸の仕組、世の終わりぞ**」を成就させるための御神策が秘められているからに違いないのだ。

おそらく「富士」を中心に、「西」の黒住、天理、金光、大本の霊脈が「東」に移って、日月神示に結実することが大枠の神仕組であるのだろう。

ここに「東と西の結び」の暗示が見られるが、無論これは「陽と陰の統合」に対応するものでもある。

「**秋の空グレンと申してあろがな**」とは、一つの解釈例として、「大峠」のクライマックスにおいて、地球がグレンと引っ繰り返る時期が「**秋**」であるという暗示と考えられる（＝ポールシフト仮説）。

「大峠」に関係する神示と思われるものに、「**旧九月八日、とどめぞ**」（第十巻「水の巻」第九帖）というものがあるが、これも時期的にはまさしく「秋」であるから、これによっても補強される。

（注：「ポールシフト仮説」については、拙著『ときあかし版』大峠の章　で詳述している）

## 第二十四帖（一九七）

ココニイザナギノミコト、イザナミノミコトハ、ヌホコ、ヌホト、クミクミテ、クニウミセナトノリタマヒキ、イザナギノミコト、イザナミノミコト、イキアハシタマヒテ、アウ、あうトノラセマタマヒテ、クニ、ウミタマヒキ（ここに伊邪那岐命、伊邪那美命は、沼矛、沼陰、組み組みて、国生みせなと詔りたまいき。伊邪那岐命、伊邪那美命、息合わしたまいて、アウ、あうと、詔らせ給いて、国、生み給いき）。

九十《コト》の始め気つけてくれよ。夜明けたら生命《いのち》⦿に頂いたと申してあろがな。⦿《ヒ》あるうちはことごとに⦿《ヒ》の御用せよ。月あるうちはことごとに月の神の御用せよ。それがまことの臣民ぞ。生活心配するでないぞ。こと分けて申せば今の人民すぐは出来ぬであろが。始めは六分国のため、四分自分のため、次は七分国のため、三分自分のため、次は八分国のため、二分自分のため、というようにしてくれよ。これはまだ自分あるのざぞ。⦿人一つになるのざぞ。

（昭和十九年十一月二十日、ひつ九⦿）

**【解説】**

本帖の神話部分は、いわゆる「国生み」に関するものであるが、ここは「古事記」と決定的に異なる部分であり、それ故重大な密意が含まれている。

「古事記」では、五柱の別天《ことあま》つ神《かみ》が、イザナギ神とイザナミ神に「矛《ほこ》（＝天の沼矛）」のみを与えて国生みの任を託したことになっているが、日月神示では右の通り「**ヌホコ（沼矛）**」と共に「**ヌホト（沼陰）**」が登場している。

両者の違いが示す意味の重大さは、容易に理解できるはずだ。

「古事記」によれば、国生みは最初から「矛《ほこ》（＝男性原理）」のみによる一方的な行為になっているのに対し、日月神示は「**ヌホコ、ヌホト、クミクミテ（沼矛、沼陰、組み組みて）……息合わしたまいて**」とあるように、「男性原理」と「女性原理」が融合した国生みとなっている。

即ち、日月神示によれば、この世界のはじめは「陽と陰」が完全に調和した世界だったということになる。

「古事記」と「日月神示」、どちらが真実かは言うまでもないだろう。

なお、「**アウ、あうと、詔らせ給いて、国、生み給いき**」とある部分は、間違いなく「言霊」のはたらきを述べている。

即ち「国生み」とは、「アエオイウ（aeoiu）」の五大「母音」を駆使して、これを九つの「父音（kstnhmyrw）」と組み合わせ、「四十五の子音（kakikukekoからwawiwuwewoまで）」を生み出したことを象徴していると考えられるのだ（「アエオイウ」については第二十六帖参照）。

第五巻「地つ巻」第三十四帖に、「**◉は言葉ぞ、言葉とはまことぞ、息吹ぞ、道ぞ**」と示されているが、神が創造の意志を持たれた時は、その「キ」が「言葉」となって発せられるのであるから、それを我々臣民は「言霊の力、はたらき」として捉えているわけである。

(注：現代では、父音＝子音とされているが、大宮宗司編纂『日本辞林』(明治二十六年刊)では、母音と父音を組み合わせて子音ができたと説明されている。こちらの方が神示に合致する)

第二段落の最初に、「**九十《コト》の始め気つけてくれよ**」とあるが、ここでいう「**九十《コト》の始め**」とは、右の神話部分(＝**沼矛、沼陰を組み組みて国々を生んだ**)を指すと考えるべきである。

「国生みの始め」は、「沼矛、沼陰」の両方が揃っていたのであるから、この初めの出来事(＝**コト**)を忘れないように「**気つけてくれよ**」と述べておられるのだ。

この箇所は、古事記には記述されていない最重要部分の一つであるから尚更《なおさら》である。

「**夜明けたら生命《いのち》◉に頂いたと申してあろがな……**」以降は、臣民の生き方に対する諭《さと》しと言ってよい。

「**生命を◉に頂く**」というのは、「神によって生かされている」ことでもあるが、更に深読みすれば「神によって生かされている他力の中で、精一杯の自力を生きる」と考えなければならない。

「**◉《ヒ》あるうちはことごとに◉《ヒ》の御用せよ。月あるうちはことごとに月の神の御用せよ。それがまこ**

**との臣民ぞ**」とあるのも右と同じ意味であろう。

「御用」とは、神によって示される「他力」の部分と、それを受けて臣民の自由意思に基づく「自力」の部分が存在するからである。

　とは言っても、自由意思に基づく「自力」が、完全に神意と一致するようになるのは、そうそう容易《たやす》いことではない。

　何故ならそれは、「身魂磨き」の進展度合いに比例するからであり、またそれを判定するのは神御自身だからである。

　人間の「自己判断、自己判定」などは、何の役にも立たないばかりか、むしろ有害でさえある。従って、「**こと分けて申せば今の人民すぐは出来ぬであろが。始めは六分国のため、四分自分のため、……次は八分国のため、二分自分のため、というようにしてくれよ**」と示され、一足飛《いっそくと》びは叶《かな》わぬことであるから、順序良く段階的に進展を期せと仰《おっしゃ》っているのである。

　それまでの間は、「**これはまだ自分あるのざぞ**」とあるから、「我れ善し」の我《が》（＝自我）が多少残っているのは止むを得ないと思われる。

　しかし、究極の目標が「**⦿人一つになる**」ことに変わりはないので、コツコツと一歩一歩の歩みを大切にしていくべきなのである。

　なお、右で「**国のため**」とあるのは、当時の「大日本帝国」のためということではなく、「**⦿の国（＝神国としての日本）のため**」と解さなければ意味が通じないので注意されたい。

## 第二十五帖（一九八）

ハジメ⦿《ヒツキ》ノクニウミタマヒキ、⦿《ヒ》ノクニウミタマヒキ、ツキノクニウミタマヒキ、ツギニクニウミタマヒキ（初め⦿《ヒツキ》の国生み給いき、日の国生み給いき、月の国生み給いき、次に地生み給いき）。

⦿に厄介《やっかい》かけぬようにせねばならんぞ。⦿が助けるからと申して臣民懐手《ふところで》していてはならんぞ、力の限り尽くさなならんぞ。⦿と⦿とは違うのざぞ。臣民一日に二度食べるのざぞ、朝は、⦿《ヒ》の神様に供えてから頂けよ、夜は月の神様に捧げてから頂けよ、それがまことの益人《ますひと》ぞ。

（昭和十九年十一月二十一日、一二⦿）

**【解説】**

本帖最初の神話部分（＝国生み）は、日月神示オリジナルであって「古事記」にはないものである。

つまりこれは、「古事記」には極めて重要な「真実」が抜け落ちている（意図的に削除された？）ことを意味している。

では「極めて重要な真実」とは何か整理しておこう。

それは、「国生みの最初」が「**◐《ヒツキ》ノクニ〈日月の国〉**」であって、その次が「**⊙《ヒ》ノクニ（日の国）**」、「**ツキノクニ（月の国）**」、そして最後が「**クニ（地）**」という順序になっていることである。

即ち、**ヒツキ（日月）→ヒ（日）→ツキ（月）→クニ（地）**となる。

これをどのように捉えればよいだろうか？

神示には具体的な説明がないが、私はこれを「創造の三段階」ではないかと考えている。

「**ヒツキ（日月）**」とは「大元《おおもと》、中心」であり、「**ヒ（日）**」と「**ツキ（月）**」は中心から一段ずつ外側に創られていった世界であると考えるのである。

創造（＝国生み）の順序は、まずは「日の国」、次いで「月の国」ということになる。

このことは、神示第十七巻「地震の巻」第一帖に示されている「**日の霊人の世界**」と「**月の霊人の世界**」に完全に対応する。

そして最後に創られたのが、中心から最も「外側」に位置する「**クニ（地）**」ということになる。

要するに、「創造の大神（＝世の元の大神様）」という中心から外側に世界が順番に創造されていったと考えるわけである。

こう考えれば、神（日月）という中心から、「**日、月、地**」が順番に創造されたということが明らかになる。

第二段落の途中に「**◐と⊙とは違うのざぞ**」とあるのもこのことを表している。

すると、日月神示が述べる「国生み」とは、単に「地上世界」のことではなく、「神、幽、顕」

の三界全てを包括するとてつもない「国生み」だということが見えてくる。

「古事記」のような矮小《わいしょう》な世界観とはまるで異なり、まさに「三千世界」の国生みである。


さてここでひとつ、極めて重要なテーマを提起したい。

それは、右の「日、月、地」三つの「クニ（国）」を統治するそれぞれの「主宰神」は誰か？

ということである。

と言っても、日月神示にはその神々の御神名は示されていない。

しかし、「日、月、地」からイメージされるのは、言うまでもなく「**アマテラス、ツキヨミ（ツクヨミ）、スサノオ（スサナル）**」の三神であろう。これは全く自然な発想である。

「古事記」によれば、右の三神はイザナギ神が「黄泉《よみ》の国」からへ逃げ帰った後、穢《けが》れを落とすため川に入って「禊《みそぎ》」をした時、最後に生まれた貴い神（＝三貴神）とされ、父のイザナギ神からそれぞれ「日、月、地」を統治するように命じられている。

ところが、これを日月神示の視点で見れば、それはイザナギ一神が「男性原理」のみで生んだ神々であるから、ハナから女性原理が欠けた神でしかないことになる。

つまり「古事記」の場合は、三貴神は生まれた時から「不完全（＝陽と陰が統合されていない状態）」であったということになるのだ。

しかし、日月神示の「国生み」は、何度も述べているように「**天の沼《ぬ》矛《ほこ》**」と「**天の沼《ぬ》陰《ほと》**」の両方が揃っているから、始めから「陽と陰」が融合調和された国生みなのである。

すると、右の「**日、月、地**」に対応する「**アマテラス、ツキヨミ（ツクヨミ）、スサノオ（スサナル）**」もまた、陽と陰が統合調和された完全な神々であることがわかるであろう。

このように「三貴神」といっても、「日月神示」と「古事記」では出自《しゅつじ》からして根本的に異なるのである。これについては、帖が進むに従っていよいよ重大な意味が明らかになってくる。

ここで、読者に注意していただきたいことがある。

それは、「**日、月、地**」とは「中心の大神」から外側に創造されていく順番であると述べたが、この順番に従って「**アマテラス、ツキヨミ（ツクヨミ）、スサノオ（スサナル）**」三神の「神格」が低くなっていくと単純に考えないでいただきたいということである。

そのように捉えてしまうと、アマテラスが一番偉くて二番目がツキヨミ（ツクヨミ）、そして最後がスサノオ（スサナル）という「偉さの順番」になってしまう。

しかし、これでは全く本質を見失ってしまうことになる。

三神の神格そのものに本質的な差はないけれども、差があるとすれば、その世界の統治の「困難さ」と考えなければならないのだ。

何故ならば、中心に近いほど「世の元の大神様（＝創造神）」の神気に近く、波動的にも精妙であるから、「日の国」の統治は極めて容易であることは論を俟たないが、「月の国」、「地の国」と外側になるに従って中心の神気から遠くなるので、その分波動が粗《あら》くなり、統治する困難さが増大するからである。

我々の住む「地の国」が、いかに荒れて乱れた国であるかを見れば何の説明も要るまい。

その主宰神が「スサノオ（スサナル）」であるならば、「地の国」を統治するためにどれほどの苦労をされ、また艱難辛苦の道を歩まれて来たか、少しは察しがつくだろう。

それもこれも全ては、我々臣民の「身魂磨き」のためなのである。

よって、三神の違いを見るならば、それは「神格」ではなく、困難に立ち向かう「使命感、覚悟」に求めるべきである。

と言っても、それは畢竟《ひっきょう》「神のはたらき」、「神の領分」、「神の守備範囲」の違いでしかなく、アマテラスとツキヨミ（ツクヨミ）がスサノオ（スサナル）より臆病《おくびょう》だなどということではない。

第二段落に入って、「**⦿に厄介《やっかい》かけぬようにせねばならんぞ。⦿が助けるからと申して臣民懐手《ふところで》していてはならんぞ、力の限り尽くさなならんぞ**」とは、前帖の解説で述べた「神によって生かされている他力の中で、精一杯の自力を生きる」ことと全く同じ意味である。

最後のほうにある「**臣民一日に二度食べるのざぞ、朝は、⦿《ヒ》の神様に供えてから頂けよ、夜は月の神様に捧げてから頂けよ**」は、臣民の「食の在《あ》り方《かた》」を説いたものである。

ここでは、「一日に二度食べる」ことと、「神に捧げてからいただく」ことが説かれている。

「ミロクの世」になれば、全ての臣民はこのような食生活になるのであるが、かと言って地上界の我々が無理やりこれを真似しても、それによって「ミロクの世」に行ける切符を手にできる保証があるわけではない。

そこには、「我慢と苦痛」があるだけで、却って「メグリ」を積むことにもなる。

前帖で、「**始めは六分国のため、四分自分のため、次は七分国のため、三分自分のため、次は八分国のため、二分自分のため、というようにしてくれよ**」とあったが、「食」についても段階的に改善していくべきである。

なお食に関するピースは神示全巻のあちこちに散らばっているため、本帖のみではとても全部を説明し切れない。

「食」に関するまとまった解説は、拙著『奥義編』第三章　日月神示と食　を参照していただきたい。

最後の「**まことの益人**《ますひと》」とは、「ミロクの世の臣民」、「まことの臣民」と同じ意味に考えてよい。

## 第二十六帖（一九九）

㋰、㋒、㋒、ウ、う、にアエオイウざぞ。昔の世の元ぞ。㋐、㋳、㋻、ヤ、ワあるぞ、世の元ぞ。サタナハマからあるぞ。一柱《ひとはしら》、二柱、三柱、五柱、七柱、八柱、九柱、十柱、と申してあろがな。五十九の神、七十五柱、これでわかりたか。㋰は、ゝざぞ。ゝには裏表上下あるのざぞ。冬の先、春とばかりは限らんと申してあること忘れるなよ。用意せよ、冬に桜咲くぞ。

（昭和十九年十一月二十二日、ひつ九⦿）

**【解説】**

本帖には、「言霊」が含まれていて抽象度が高く、非常に難解である。

ここに秘められた神意を読み解くのは、私の能力を超えると言わざるを得ないが、不十分ながらできるだけの解説を試みることにしたい。

まず全体としては、世の元の大神様（＝創造神、根元神）が天地創造をされた際、その神力（キ）が「言霊」となって発動したことは明らかである。

ここにはその順序が示されているようである。

冒頭の「**㋰、㋒、㋒、ウ、う、にアエオイウざぞ。昔の世の元ぞ**」と、中ほどの「**㋰はゝざぞ**」

とあるのは、言霊の始めは「**㋰（＝ゝ）**」であり、それが「**㋰→㋒→ウ→う**」のように変化したと考えられる。

ムとウを○で囲っている（＝㋰、㋒）のは、直接根元（中心）から発していることを意味し、○が無くなって「ウ→う」とあるのは、中心から順番に外側へと、創造活動が拡大・発展・多様化していくプロセスを意味していると思われる。

ここで「ム」は「無」に通じ、「ウ」は「有」に通じるから、端的には「無から有が生ずる順序、プロセス」を指していると考えてよいだろう。

そしてその後、「**アエオイウ**」という言霊が発生したとあるから、ここで「母音」が創造されたことになる。「母音」の順序は「アイウエオ」ではなく「**アエオイウ**」となっていることは注目すべきである。

ここまでが「**昔の世の元ぞ**」とあるから、創造の過程で言えば、大神から発して「母音」が生成されたのは「神界（＝昔の世の元）」だと考えればよいのではないだろうか。

次に、「**㋐、㋳、㋻、ヤ、ワあるぞ、世の元ぞ。サタナハマからあるぞ**」と示されている。

ここでは「**世の元ぞ**」と示され、右の「**昔の世の元ぞ**」よりは新しい創造の段階であることがわかるから、ここは「神界」から「幽界」に移った段階と考えられる。

「幽界」での言霊は、「**㋐、㋳、㋻、ヤ、ワ**」と「**サタナハマ**」の十種であるが、これらはいずれも「ア列」である。

これに神格を与えたものが、「一柱《ひとはしら》、二柱、三柱、五柱、七柱、八柱、九柱、十柱（の神々）」と呼ばれていると考えればよいのではないだろうか。

また、「㋐、㋳、㋻」とここでも○で囲っているが、これは幽界では最も早く創造された言霊であり、神界に一番近いことを意味していると考えれば矛盾はない。

ところで、「ム」から「ウ」になり、「ア」へと続く順序を示している神示はこの他にもある。それは「基本十二巻」には含まれないが、重要なので取り上げておこう。


**始め言葉《ことば》の元があるぞ、ムムムムムウウウウウ、、、、、アと現われるぞ、神の現われであるぞ**

（五十黙示録第三巻「星座之巻」第二十帖）


右のように、神の言葉が「ム」→「ウ」→「ア」の順で現れたと示しているから、本帖と同じことを述べている。

また、神の言葉が「言霊」となって「創造」を掌《つかさど》ることは、「芸術」を例にとって次のようにも示されている。

言葉は生まれ出るものぢや。まず言葉され、歌となり、文章となり、また絵画となり、彫刻となり、建築となり、また音楽となり、舞踊となり、あらゆる芸術の元となるのであるぞ。

（同右　第二十一帖）

右のように、芸術の根元は「（神の）**言葉**」であると明示されている。我々が芸術作品に感動するのは、それらが「神（の歓喜）」に繋がっているからなのである。

次に、「**五十九の神、七十五柱、これでわかりたか**」とあるのはどういう意味であろうか。

まず確認すべきは、「柱」とは神を数える単位であるから、両者とも根本は同じであるということだ。

わかりやすいのは「七十五柱」で、これは日本語「七十五音（濁音、半濁音を含む）」に相当するから、これを神格化すれば「七十五柱の神（＝言霊）」と考えることができる。

また「七十五音」は、創造の三段階では、「神界」→「幽界」→「顕界」へと至る最後の段階であるから、この地上界は「七十五の言霊」によってあらゆるものが創造されたことになる。

「**五十九の神**」とは、第一巻「上つ巻」第十三帖に、「**元の人三人、その下に七人、その下に七七・四十九人、合わして五十九の身魂あれば、この仕組は成就するのざ**」と示された「五十九の身魂」に対応するものである（その帖の解説参照）。

よって、**「七十五の言霊」**が**「五十九の神々」**と結び組み合って、この地上界の「岩戸」を開き「ミロクの世」へと至るというのが大きな神仕組であると考えられる。

ただここで、「七十五」と「五十九」が一対一で対応していない謎については、まだよくわからない。

「神」→「幽」→「顕」と移っていく過程で、創造のプロセスが多様化するのが理由かも知れない。七十五音には「濁音、半濁音」が含まれるから、例えば「は」→「ば」→「ぱ」のように派生していったため数が増えたと考えることもできよう。

これによる言霊の変化（増加）は、「四十八音（神界）」→「五十九音（幽界）」→「七十五音（顕界）」と考えることもできるが、なお研究の余地はある。

**「㋰はヽざぞ。ヽには裏表上下あるのざぞ」**も難解であるが、これはおそらく「ヽ」のはたらきが「陽と陰」のように「反対のベクトル」を持つことを示しているのではないか。

これにピタリと適合するのが、「善と悪の御用」である。「ヽ」は我々の感覚では「善だけ」のように思ってしまうが、実は「善の蔭」として「悪の御用」も掌《つかさど》る。

そうでなければ、三千世界の進化進展がないからである。

最後の**「冬の先、春とばかりは限らんと申してあること忘れるなよ。用意せよ、冬に桜咲くぞ」**

は、明らかに「大峠」に関するものである。

特に、「**冬の先、春とばかりは限らん**」とは、第一巻「上つ巻」第二帖で「**冬の先が春とは限らんぞ**」と示されていることと全く同じである。

この意味は（仮説であるが）、「ポールシフト（＝極移動）」によって地球が南北逆転すれば、北半球と南半球も逆転する（＝入れ替わる）から、例えば南半球で「冬」である地域が突然「夏」になるような状況を想定すればよいのではないか。

こうなると、「春」を飛び越して「夏」になるから、急に「桜咲く」ことも頷ける。

以上が、本帖の一応の解説であるが、最初にも述べたとおり「言霊」に関しては極めて不完全であることは免れないので、読者におかれてもそのつもりでお読みいただき、参考程度に止《とど》めておいてほしい。

## 第二十七帖（二〇〇）

⦿の国は生きているのざぞ、国土《くにつち》拝《おろが》めよ、⦿の肉体ぞ。⦿の魂《たま》ぞ。道は真っ直ぐとばかり思うなよ、曲がって真っ直ぐであるぞ、人の道は無理に真っ直ぐにつけたがるなれど、曲がっているのが⦿の道ぞ。曲がって真っ直ぐいくのざぞ。人の道も同じであるぞ。足もとから鳥立つぞ。

いよいよが近づいたぞ。世の元と申すのは泥の海でありたぞ。その泥から⦿がいろいろのもの、一二三で、息吹て生みたのぞ。人の智ではわからぬことざぞ。眼は丸いから丸く見えるのざぞ。この道理わかりたか。一度はドロドロにこね廻さなならんのざぞ。

臣民はどない申しても近欲《ちかよく》ざから、先見えんから欲ばかり申しているが、⦿は持ち切れないほどの物与えているでないか。いくら貧乏だとて犬猫とはケタ違うがな。それで何不足申しているのか。まだまだ天地へ取り上げるぞ。日々《にちにち》取り上げていることわからんか。⦿が大難を小難にして、神々様御活動になっていること目に見せてもわからんか。天地でんぐり返るぞ。やがて富士晴れるぞ。富士は晴れたり日本晴れ。元の⦿の世にかえるぞ。

「日の巻」終わりて「月の巻」に移るぞ。いよいよ一二三が多くなるから、今までに出していた神示よく肚に入れておいてくれよ、知らせねばならず、知らしては仕組成就せず、臣民早う洗濯して鏡に映るようにしてくれよ。今の世地獄とわかっているであろがな。今のやり方悪いとわかっているであろがな。⦿まつれと申すのぞ。外国には外国の神あると申してあろが。御戦《みいくさ》進めて外国に行った時は、まずその国の神まつらねばならんぞ、まつるとはまつろうことと申してあろが。鉄砲や智では悪くするばかりぞ。神まずまつれとくどう気つけてあるのは日本ばかりではないぞ。この方の申すこと、小さく取りては見当取れんと申してあろがな。三千世界のことぞ。世界のことぞ。日本ばかりが可愛いのでないぞ、世界の臣民皆わが子ぞ。分け隔《へだ》てないのざぞ。この神示読みて聞かしてくれよ。読めば読むほど明るくなるぞ。富士晴れるのざぞ。⦿の心晴れるのざぞ。あら楽《たぬ》し世ぞ。

（昭和十九年十一月二十三日、一二⦿）

〈『日月の巻』「日の巻」了〉

**【解説】**

本帖の解説に当たり、先ず強調しておかなければならないのは、第三段落の後半に「**この方の申すこと、小さく取りては見当取れんと申してあろがな。三千世界のことぞ。世界のことぞ**」とある部分である。

臣民というものは、「**どない申しても近欲《ちかよく》ざから、先見えんから欲ばかり申している**」ため、「⦿**は持ち切れないほどの物与えている**」にもかかわらず、「少ない、足りない、もっと欲しい」と我欲を出すのが常である。

こういう「我れ善し」の感覚で神示を読んでも、神の意図がわかるわけがないのは当然である。

例えば、「**御戦《みいくさ》進めて外国に行った時は、まずその国の神まつらねばならんぞ**」とある部分は、「我れ善し」の人には正《ただ》しく解釈できないであろう。

「戦」に「御」を付けて「**御戦**《みいくさ》」という表現自体が理解不能であろうし、更に「**まずその国の神を祀れ**」とあるのだから尚更《なおさら》である。

（注：「戦《いくさ》」とは「戦争」以外に、古語では「軍隊」、「軍勢」を意味する）

昔なら「戦」を仕掛けて相手の国に侵攻した時は、先ずはその国の「神」を排除し、自分たちの信じる神（宗教）を押し付けるのが人間の歴史であった。特に欧米の白人列強が有色人の国や地域を植民地化していった歴史は、このことを如実に物語っている。

近年では、日本が大東亜戦争で負けた後、ＧＨＱが発出した「神道指令」によって強制的に国家神道が廃止されたことを思い出すまでもない。

このように、「**その国の神を祀る**」などは到底考えられないのである。

これが、「**小さく取りて見当取れん**」ことの一例である。

「戦」とは、何も武力によるものだけとは限らない。

政治、経済や思想、宗教など、相容れないもの同士が関係を持とうとすれば、そこには必ず摩擦が生ずるから、広い意味の「戦」になる。

その時、「**まずその国の神まつらねばならんぞ**」と示されているのは、何も「外国の神」を形式的に拝んで「懐柔《かいじゅう》」せよという意味ではない。

全ての外国の「神」も「分かれ」であって、「元は一つ」なのだから、「元の一つの顕れ」として祀れというのが神意である。

このように採《と》らなければ、全体の意味がおかしくなってしまうだけである。

「戦」とは、「（全体が）善くなるための悪の御用」であるから、これに「御」を付けるのはむしろ当然なのである。

このことを証明している別の神示をご紹介しておこう。

**「八岐大蛇《やまたのおろち》」を始め、悪の⦿⦿様《かみがみ》祀りくれよ、心して結構に祀り始め下されよ。このこと役員のみ心得よ、岩戸開く一つの鍵ざぞ、**

（第十九巻「まつりの巻」第二十二帖）

右は、神が岡本天明たちに「**八岐大蛇《やまたのおろち》を始め、悪の⦿⦿様《かみがみ》を祀れ**」と示した驚愕《きょうがく》すべき神示である。

「八岐大蛇《やまたのおろち》を祀れ」などという方《ほう》が、「御戦《みいくさ》」などより遥かに過激な表現であろう。

このような神示が降ろされていたことを、ご存じない読者も多いのではないだろうか。

それもそのはずで、世に出ている数多くの神示解説書は、ごく一部を除き、「悪の御用」については表面的にしか書いていないか、又は全く書いていない（書けない？）から、右のようなぶっ飛びそうな内容は避けて通るしかないのである。

善も悪も何もかも、全ては世の元の大神様（＝創造神、根元神）の大いなる「神仕組」であることが理解されていないからであろう。

よって「悪神」といえども、祀るのは当然のことなのである。

なお右の帖で、「**このこと役員のみ心得よ**」とあるのは、神示を深く理解していない一般の人たちに誤解を与えないように、「内々で祀れ」との神慮があったからだと思われる。

事実、天明たちもこの祀りだけは「秘祭」として執《と》り行っている。

さて、以上の点が理解できれば、第一段落の「**道は真っ直ぐとばかり思うなよ、曲がって真っ直ぐであるぞ**」という謎めいた「逆説」も腑に落ちるはずである。

そもそも「**御戦**《みいくさ》」などと、戦に「御」を付すこと自体が（狂信的な原理主義者が言う「聖戦」を除き）人間にとっては逆説であるが、その理由は既に述べたから、「**道**」についても同じように考えればよい。

「神の道」にも「善の御用の道」と「悪の御用の道」があり、それによって善側に振れたり悪側に振れたりしながら、全体として大いなる神の経綸《けいりん》が進展する仕組なのである。

よって、振れをひっくるめて神の目には全体としては「真っ直ぐ」なのであるが、人間の目で善か悪に振れている局部を見れば当然「曲がって」いると見えてしまう。

「**臣民はどない申しても近欲**《ちかよく》**ざから**」近視眼的《きんしがんてき》になってしまい、「神が存在するならどうしてこの世に悪が蔓延《はびこ》るのだ」と憤慨《ふんがい》し、「**人の道は無理に真っ直ぐにつけたがる**」のであるが、神の道とは「**曲がって真っ直ぐ**」なのである。

視点を大きく持たないと（＝神の視点でないと）、理解できない部分である。

次に、本帖には「一二三」という重要な表現が二度登場している。

「**一二三で、息吹て生みたのぞ**」と、「**いよいよ一二三が多くなる**」の二カ所であるが、ここでいう「一二三」とは、既述の「一二三《ひふみ》の仕組」とは異なるようである。

では、ここでいう「一二三」とは何であろうか？

おそらくこれは、「**一二三で、息吹いて生みた**」とあることから、神の「創造行為」を意味し、具体的には「言葉」→「言霊」を指していると考えられる。

神の息吹とは「言霊」に他ならないからである。

すると、「**いよいよ一二三が多くなる**」とは「言霊が多くなる」ことだから、つまりは「岩戸開き」に向けて神の御活動が益々盛んになり、それが地上界にも顕現するという意味になるであろう。

もっとも、これだけでは具体性がないが、本帖と密接な関係を有するものに、第七巻「日の出の巻」第十六帖があり、次のように示されている。


悪の衣《ころも》着せられて、節分に押し込められた⦿⦿《かみがみ》様御出ましぞ。この節分からはいよいよ⦿の規則通りになるのざから気つけておくぞ、容赦は無いのざぞ。

右の、「**この節分からはいよいよ⦿の規則通りになるのざから気つけておくぞ、容赦は無いのざぞ**」とある部分は、昭和二十年の節分から、神の活動が烈しくなって「**⦿の規則通り**」になるという意味であるが、このことと本帖の「**いよいよ一二三が多くなる**」は完全に対応していると考えてよい。

それが具体的に何を意味するのかは、第七巻「日の出の巻」第十六帖の解説で述べる。

ただし、神の活動が烈しくなって地上界に顕現すると言っても、神仕組を進展させるためには神が憑《か》かって「神人一体」となるための「身魂の磨けた臣民」が必要であるから、**「臣民早う洗濯して鏡に映るようにしてくれよ」**と促されているのである。

**「今までに出していた神示よく肚に入れておいてくれよ、知らせねばならず、知らしては仕組成就せず」**とある部分も逆説的であるが、ここには「神の辛《つら》い胸のうち（？）」が吐露《とろ》されているようで興味深い。

これから起こる全ての「神仕組」は、ある程度臣民（特に因縁の身魂）に知らせなければならないのは当然であるが、何もかも知らせることはできないのである。

何故なら、「神仕組」の進展のためには、臣民の「身魂磨き」が必要不可欠であるが、「身魂磨き」とは臣民が主体的に「自力」で取り組まなければならないからである。

神が知らせるという「他力」の部分と、臣民が自ら身魂を磨く「自力」のバランスが重要なのであって、ここが神にとっても神経綸を進める上で一番の勘所《かんどころ》なのである。

順不同で恐縮だが、最後に**「世の元と申すのは泥の海でありたぞ」**を解説しておきたい。

**「泥の海」**を人間の感覚で言う文字どおりの（土砂と水が混じり合って）濁《にご》った「泥の海」と解し

たのでは、全く意味が通じないことは自明である。「世の元」に「泥の海」があったはずがないから、これは「泥の海のようなもの」との比喩で表現していると解釈するしかない。

勿論、これは「地上界」ではなく、三千世界の「世の元」と考えなければならない。

少し科学的（？）に言うなら、「泥の海」とは、「霊」や「物質」が創造される素《もと》となる「神の意識（キ）がエネルギー化したもの」と表現できるだろうか。

造語が許されるなら、元素《げんそ》ならぬ「神素《しんそ》」とでも言えるだろうが、神素が奔流となって渦巻く様を「泥の海」と表現したと考えればよいだろう。

この「神素（＝**泥の海**）」に、神の「**一二三（＝言霊）**」が息吹いて、霊も物質も万物が順番に創造されていったと考えられる。

以上、ここまでが「日の巻」である。

## 〈月の巻〉

## 第二十八帖（二〇一）

岩戸あけたり日本晴れ、富士光るぞ、この巻役員読むものぞ。世の元と申すものは火であるぞ、水であるぞ。くも出てクニとなったぞ。出雲とはこの地《くに》のことぞ。スサナルの神はこの世の大神ぞ。初めは◎《ウヅ》であるなり、◎《うご》いて月となり地となりたのざぞ。

アは◎《ヒツキクニ》の神様なり、㋻《ヨ》は月の神様ぞ、クニの神様はスサナルの神様ぞ。このこと始めに心に入れれば掃除他愛《たわい》ないぞ、グレンとは上下《うえした》かえることと申してあろうがな、言うてはならぬことぞ。言わねばならぬことぞ。アメの⊙つ九の⊙

【解説】

本帖から第四十帖までが「月の巻」を構成している。

第六巻「日月の巻」の「概説」で述べたとおり、「二つの巻」が「一つの巻」に統合（合体）されるという形はこの第六巻だけである。

前段の「日の巻」は、「陽、男性原理」を象徴すると共に、「霊的な伊勢系」を暗示していた。またここから始まる「月の巻」は「陰、女性原理」を象徴し、同時に「霊的な出雲系」を暗示している。

「二つの巻」が統合されて「一つの巻」になるということは、「陽と陰の統合」であり、「男性原理と女性原理の融合」であって、つまるところ「伊勢と出雲の統合（融合）」のことでもある。

即ち、この第六巻の構成は、「ミロクの世」に至るための「統合原理」を内包していることが最大の特色である。

まずは、この点をしっかりと認識していただきたい。


次に、最後に出て来る「**アメの⦿つ九の⦿**」について説明しておきたい。

この神の御神名が、「アメノヒツクノカミ、天《あめ》のひつくの神」であることは論を俟たない。

読者には、第五巻「地つ巻」第二十七帖で、「**旧九月になればこの神示に代わりて天のひつくの神の御神示《おんふで》出すぞ、……遅し早しはあるなれど……**」とあったこと、また同巻第三十六帖に、「**いずれは天のひつくの大神様、御憑《おんか》かりになるぞ、遅し早しはあるぞ、この神様の御神示は烈しきぞ**」とあったことを想起していただきたいのだが、そこで示されていた「天のひつくの神」がここで登場している。

本帖は、右のような「予告」或いは「前置き」があってから降ろされているから、その内容は特別重要なものであるに違いないという予感を与えるものである（実際にそのとおりである）。

早速、中身を見て行こう。

まず「**この巻役員読むものぞ**」とあるが、この意味は岡本天明と彼の同志たち（＝役員）以外に読ませては（知らせては）ならないという意味であるから、ここにはその当時、部外に出してはならない何か「特別な内容」が含まれていることが窺《うかが》われる。

何を称して「特別な内容」というのかについては、この後明らかになる。

なおここで、「役員」と述べているのは、具体的には「天之日津久神《あめのひつくのかみ》奉賛会」のメンバーを指していると思われる。

「**世の元と申すものは火であるぞ、水であるぞ**」とは、「世の元」即ち世界を構成する根元要素が「火と水」であるという意味だから、これまで述べてきた「陽と陰」、「男性原理と女性原理」、「プラスとマイナス」と同義である。

次の「**くも出てクニとなったぞ。出雲とはこの地《くに》のことぞ**」では、「**出雲《いずも》**」が「**この地《くに》**」であるという部分が特に重要である。

「**地《くに》**」とある以上、この「地上界全部（狭くみても神国日本）」を指していると考えるべきで、現在の島根県の一地方のことではない。

「**スサナルの神はこの世の大神ぞ**」とあるが、ここで初めて「**スサナル**」という御神名が登場している。

「スサナル」とは「この世の大神」とあるので、結局「スサナル」＝「出雲の大神」ということになる。

我々は、「出雲の大神」と言えば、真っ先に「大国主命《おおくにぬしのみこと》」を連想するが、日月神示によれば「スサナル」が本源ということになる。

これについては、始祖が「スサナル」で、「大国主命」はその直系の霊統と考えればよいだろう。

私は、「日の巻」第二十五帖の「**初め⦿《ヒツキ》の国生み給いき、日の国生み給いき、月の国生み給いき、次に地生み給いき**」と示された部分を解釈した際、「日の神」→「アマテラス」、「月の神」→「ツキヨミ（ツクヨミ）」、「地の神」→「スサノオ（スサナル）」という神格を当てたが、その理由は本帖の「**スサナルの神はこの世の大神ぞ**」にある。

「スサナル」が「この世（地）の大神」なら、「アマテラス」は「日の神」であり、「ツキヨミ（ツクヨミ）」が「月の神」であるというのは全く自然な発想であるからだ。

ただ、ここで少しややこしいのは、神示には「**スサノオ**」と「**スサナル**」の二通りの表現が登場することで、その違いが必ずしも明確にされていないことである（謎解きのスタイルになっていて、よく読めばわかるようになっている）。

結論から言うと、「スサナル」と「スサノオ」ではその出自が全く異なると考えてよい（しかし、同一神と捉えられるようにも記述されているからややこしくなっている）。根本的には、本帖で「**スサナルの神はこの世の大神ぞ**」とあるから、「スサナル」の方が本源であり、正統だということになる。

それなら何故、日月神示において「スサナル」に一本化しないのかと言えば、それはおそらく「古事記」との関係を無視してはならないからであろう。

古事記の「スサノオ」と日月神示の「スサナル」では、古事記の方が明らかに神格が「矮小化《わいしょうか》」されているのであるが、そうかと言って、全く別々の神ではないというややこしさが残っている。日月神示には、その辺の事情がハッキリと書かれておらず、前述のように「謎解き」のスタイルになっているためややこしいのであり、これは読む者が解くしかないのである。

これまで、神示を「**よく読め、裏の裏までよく読め**」と何度も何度も示されている所以《ゆえん》である。

では、その謎解きの一端として、前述の「出自」から考えてみたい。

「古事記」に登場する「スサノオ」は、独り神となった「イザナギ」が男性原理のみによって生んだ神であるのに対し、日月神示の「スサナル（スサノオ）」は、「日の巻」第二十五帖で解説したように、「イザナギ」と「イザナミ」二神から生まれた完全な神であると解釈できるから、両者の出自には決定的な相違があるのだ。

つまり、スサナル（スサノオ）には「陽と陰」が揃った完全神と、「陽」だけの不完全神の二種類が存在するのである。間違いなくこのように読み取れる。

更にここから類推すれば、「アマテラス」と「ツキヨミ（ツクヨミ）」もまたスサナルと同様、完全神と不完全神の二種類が存在すると考えなければ、全体として整合性が取れない。

どうも、これら「三貴神」の出自には、（古事記では書いてならなかった）大きな秘密が隠されているようである。

今の段階で推論できるのは、完全神としての「スサナル（及びアマテラス、ツキヨミ）」は、イザナギ・イザナミの両神から生まれているから、これは間違いなく「岩戸」が閉められる前のことであり、一方の不完全神は、イザナギ神が独り神となってから生んでいるので、明らかに「岩戸」が閉められた後のことだということである。

つまり、「岩戸閉め」を間に挟んで、その前が完全神、その後が不完全神となるのであるが、「スサナル」と「スサノオ」の使い分けには、この出自の違いが暗示されていると考えれば「ややこしさ」の謎が氷解するだろう。

次に、**「初めは◎《ウヅ》であるなり、◎《うご》いて月となり地となりた」**と、**「アは◎《ヒツキクニ》の神様なり、㋻《ヨ》は月の神様ぞ、クニの神様はスサナルの神様ぞ」**とある部分は、明らかに「国生みの順序」とそれに対応する「主宰神」を述べたものである。

ところで「国生み」と言えば、第二十五帖でも**「初め☉《ヒツキ》の国生み給いき、日の国生み給いき、月**

**の国生み給いき、次に地生み給いき**」とあった。

両者は、基本的に同じことを述べていると思われるが、よく見ると欠落部分があることがわかる。

ここは極めて大事な所なので、それぞれの「国」と「主宰神」を整理しておきたい。

**第二十五帖**

**「☉《ヒツキ》の国」 ↓ 「日の国」 ↓ 「月の国」 ↓ 「地の国」**

**「世の元、中心の神」 ↓ 「アマテラス」 ↓ 「ツキ（ク）ヨミ」 ↓ 「スサナル（ノオ）」**

**第二十八帖**

**「◎《ウヅ》」 ↓ ？ ↓ 「月」 ↓ 「地」**

**「ア、◎《ヒツキクニ》の神」 ↓ ？ ↓ 「㋻㋳《ヨ》、月の神」 ↓ 「クニの神（スサナル）」**

それぞれの対応関係は、右のように整理できるが、まず注意していただきたいのは、第二十五帖の「主宰神」は私が推定したもので、神示には直接的には何も書かれていないということだ。

何も書かれてはいないが、日、月、地の主宰神とくれば「アマテラス」「ツキ（ク）ヨミ」そして「スサナル（ノオ）」以外には考えられないから、これは極めて妥当な推論と言える。

一方の第二十八帖を見ると、主宰神として記述されているのは、「月」の主宰神である「㋻㋳《ヨ》、月の神」と「地」の主宰神「スサナル」だけである。

つまりここには、「アマテラス」の名が出て来ておらず、「ツキ（ク）ヨミ」は「(ワヤ)《ヨ》、月の神」という不自然な御神名で登場し、「スサナル」だけがハッキリとした御神名で登場しているのだ。

このように第二十八帖には、主宰神としては「スサナル」だけが出ていて、「アマテラス」と「ツキ（ク）ヨミ」の名が伏せられているという不思議な状況が見られる。

何故、「アマテラス」と「ツキ（ク）ヨミ」の名前が出て来ないのだろうか？

何かがおかしい、何かあると感じるのは私だけではないだろう。

どうもここには、「アマテラス」と「ツキ（ク）ヨミ」の御神名を出してはならなかった重大な秘密があるように思われる。

私はここに思い至った時、日月神示が「真正天皇（＝スメラミコト）」のことを「てんし様」と表現していることを思い出した。

日月神示が降ろされた時代は、戦時中の日本で、天皇が絶対的な君主であったから、天皇と異なる意味で「スメラミコト」とか「真正天皇」などとは絶対に書けなかった（＝降ろせなかった）事情がある。

そんなことをすれば、岡本天明は間違いなく「不敬罪」で逮捕され、日月神示原典は没収、翻訳された物も発禁処分となる。

「てんし様」という表現が精一杯だったのである。

このように、「てんし様」という表現は、神示を降ろした神の深遠な配慮によるものと思われるが、先の「アマテラス」と「ツキ（ク）ヨミ」の御神名が伏せられたのも同じ理由からだと考えられるのだ。

このことを明らかにするには、「アマテラス」と「ツキ（ク）ヨミ」の名をはっきり書き込んだら（＝降ろしたら）どういうことになるかを考えてみればよい。

結論から先に言うと、この場合も天明は逮捕され、日月神示は没収、発禁処分となる。

何故か？

それは、**「アマテラスの神勅によって地上世界を治めている天皇が否定される」**からである。

「古事記」や「日本書紀」によれば、高天原《たかまがはら》で大暴れした「スサノオ」は天津神によって追放されて「出雲」へ降《くだ》る。

その後、「大国主命」の国造りによって「出雲の国」となるが、それが「国譲り」によってアマテラスの手に渡り、勅命によって孫の「ニニギノミコト」が地上に降臨して統治したのである。

いわゆる「天孫降臨《てんそんこうりん》」である。

その直系の子孫（人間）が、初代「神武天皇」から続く皇統であり、今日まで連綿として継承されていると言われているのはご存じのとおりである。

よって、天皇が地上を統治する正統性は、「アマテラス」が「地上を治めよ」と発したその神勅《しんちょく》（＝神の命令）に帰結するのは明らかである。

ところが本帖では、**「スサナルの神はこの世の大神ぞ」**と断言しているから、これは「アマテラスの神勅」と「天皇（皇統）の正統性」を全否定することに他ならない。

　これは誰でもわかる道理だ。

　しかも、元々《もともと》アマテラスは「日の国」の主宰神であり、「地の国」を統治する権限などないから、「国譲り」というのも体《てい》のいいキレイ事《ごと》（＝方便《ほうべん》）に過ぎなかったことがわかる。

　どうやらここには、巨大な「神の仕組」、それも「悪の御用」が働いているようである。


　このように、「**スサナルの神はこの世の大神ぞ**」を深読みすれば、「アマテラスの神勅」とこれに基づく「天皇統治の正統性」を否定してしまうのである。

　これが、前述の「天明逮捕、日月神示没収・発禁処分」になると述べたことの理由である。

　だからこそ、日月神示であっても、本帖に「アマテラス」の名は絶対に出せなかったのだ。

「ツキ（ク）ヨミ」は、「アマテラス」の神勅とは直接関係はないが、ツキ（ク）ヨミの名を出せば逆にアマテラスの名だけを隠すのが却って不自然になるばかりか、連想的にアマテラスのことがわかってしまうから、やはり伏せるしかなかったと思われる。

　本帖の最初に、「**この巻役員読むものぞ**」と部内限定にされた理由もここにあるはずである。


　では、このことから何が見えるだろうか？

　それは「ミロクの世」に至る前に、必ず「地の国」を正統な主宰神に返さなければならないということである。

正統な主宰神は「**スサナル**」であり、その直系が「大国主命《おおくにぬしのみこと》」であった。だからこそ、この「月の巻」は「霊的な出雲系」なのであり、「出雲の神々」の復活を宣言しているのである。

これなくして「ミロクの世」は到来しないからである。

ところで「出雲」の復活といえば、第五巻「地つ巻」第六帖に、次のように示されている。

**出雲の⦿様大切に、有り難くお祀りせよ、尊い御⦿様ぞ。**

この神示に基づいて、天明たちが奥山に「大国主命」を祀ったのは昭和十九年九月二十八日(?)であったから、「出雲神系復活の型」は既に出されていることがわかる。

右には、「(出雲の⦿様は)**尊い御⦿様ぞ**」と示されているが、何故尊いのかその理由が「**スサナルの神はこの世の大神ぞ**」と示されたことでやっと明らかになったわけである。

さてここまで来れば、もう一つの大きな秘密が見えてくることがおわかりだろう。

それは「スサナル」が地上界の大神であることから、「てんし様(=スメラミコト)」もまた「スサナルの霊統」を継ぐ者であって、「アマテラスの系統」ではないということだ。
換言すれば、「(本来の) 皇祖神」＝「スサナルの霊統」ということになる。
「スメラミコト」とは「血統」の継承者ではなく、「霊統」を継ぐ者だからである。

このように、本帖をひも解いていくと、「アマテラスの神勅」とこれに基づく「皇統」が否定されるという、とんでもない秘密に行き着いてしまうことがおわかりになるだろう。

この秘密は、アマテラスを皇祖神とし、その直系（＝血統）である天皇が統治する当時の社会では、日月神示といえども絶対に公表できるものでなかった。

これは、誰が考えても明らかである。

それ故に、「アマテラス」と「ツキ（ク）ヨミ」の名を伏せたのであるし、「月の巻」を「**この巻役員読むものぞ**」と限定扱いにしたのである。

「**このこと始めに心に入れれば掃除他愛《たわい》ないぞ**」とあるのは、右に述べた「秘密」に気がつけば「身魂磨き」も容易になるという意味であろうが、如何《いかん》せん気がつくこと自体が容易ではない。

終わりのほうに、「**グレンとは上下《うえした》かえることと申してあろうがな**」とあるのは、ここでは「アマテラス系統」から「スサナル系統」にグレンと引っくり返る（＝元返り）と見るのが最もしっくりする。

要するに、「伊勢系」によって支配抑圧されてきた「出雲系」が復活し、やがて両者が融合するということである。

（注：地上界における「伊勢」と「出雲」融合の実動は、皇族「高円宮家」典子《のりこ》女王殿下と、出雲大社神職の「千家国麿《せんげくにまろ》」氏の結婚によって、現実のものとなった）

**「言うてはならぬことぞ。言わねばならぬことぞ」**とは、第二十七帖で示されている、**「知らせねばならず、知らしては仕組成就せず」**と同じ意味である（その帖の解説参照）。

なお、「天《あめ》のひつくの神」の御神名で神示が降ろされているのは、第六巻「日月の巻」ではこの第二十八帖だけである。

**「この神様の御神示は烈しきぞ」**とあるとおり、本帖では途方もない秘密の内容が降ろされている。

## 第二十九帖（二〇二）

一日一日《ひとひ》ミコトの世となるぞ。⦿のこと言うよりミコトないぞ。もの言うなよ。ミコト言うのざぞ。ミコト⦿ぞ。道ぞ。アぞ。世、変わるのぞ。何も烈《はげ》しく引き上げぞ。戦《いくさ》も引き上げぞ。役に不足申すでないぞ。光食えよ、息ざぞ。素盞嗚尊《すさなるのみこと》祀りくれよ。急ぐぞ。海原《うなばら》とはこのクニぞ。

（昭和十九年十一月二十五日、一二⊙）

【解説】

本帖も抽象的で難解である。

先ず、わかり易いものから説明すると、最後のほうに「**素《す》盞鳴《さなるの》尊《みこと》祀りくれよ。急ぐぞ**」とあるのは、神が岡本天明たちに神業として命じたものである。

実際には、この十三日後にあたる昭和十九年十二月八日、「奥山」にて奉斎《ほうさい》されている。

（注：この時は、「スサナル（素《す》盞鳴《さなるの》尊《みこと》）」以外にも、「アマテラス（天照大神）」、「ツキヨミ（月読尊）」も同時に祀られているから、私が主張しているように、「日」、「月」、「地」それぞれの主宰神を全て祀ったことになる。またこの三神は、イザナギ、イザナミ両神が生んだ完全神と考えなければ、辻褄《つじつま》が合わないことに注意されたい）

これに続く「**海原《うなばら》とはこのクニぞ**」とは、「スサナル」が統治するクニのことであるが、「古事記」でも「海原を治《しら》す」となっているから、「海原」とは「海」だけではなく、広く「クニ（＝地上世界）」を意味することがわかる。

残りの大部分は、「**ミコト**」がテーマであるが、これも抽象概念であるから中々手強《てごわ》い。

本帖では、「**ミコトの世**」とか「**⊙のこと言うよりミコトないぞ**」、また「**もの言うなよ。ミコト**

**言うのざぞ」、「ミコト⊙ぞ。道ぞ。アぞ」**とあるから、どうも本帖の「ミコト」とは、「マコト」、「言霊」、「神の道」のような意味で使われているように思われる。

日月神示で、最初に「ミコト」が登場するのは、神示の初発、第一巻「上つ巻」第一帖であり、**「口と心と行《おこない》と、三つ揃うたまことを命《みこと》というぞ。神の臣民みな命になる身魂**」と明示されている。

これらから総合して「**ミコト**」とは、「⊙」から臣民に流れ入る「マコト」が「口《く》、心《しん》、行《ぎょう》」の三つを通して顕現することだと考えて間違いないだろう。

ここで大切なのは、「口、心、行」の三つが神の「マコト」で一貫していなければならないことで、邪心を抱きつつ言葉（口）や態度（行）だけを取り繕《つくろ》うのは勿論「ミコト」ではない。

後半に出てくる「**光食えよ、息ざぞ**」とあるのも、「ミコトになれ」を別の表現で述べたものと考えればよいだろう。

「**何も烈《はげ》しく引き上げぞ。戦《いくさ》も引き上げぞ**」とは、「大峠」の際に「**何もかもいったんは天地へお引き上げぞ**」（第一巻「上つ巻」第三十六帖）と示されていることに対応するものであろう。「戦」さえも引き上げというのだから、人間のやること成すことなど、神力発動の前には実にちっぽけな出来事に過ぎないことになる。

来たるべき「大峠」では、一切合切《いっさいがっさい》全てがチャラ（＝引き上げ）にされるのであるが、この時役に立つのは「身魂磨き」の成果だけであることをどうかお忘れなきように願いたい。

# 第三十帖（二〇三）

おのころの国成り、この国に降《お》りまして天《あめ》どの御柱《みはしら》見立て給《たま》いき。ここに伊邪那岐命《いざなぎのみこと》（伊邪《いざ》那美命《なみのみこと》）島生み給いき。初めに水蛭子《ひるこ》、淡島《あわしま》生み給いき。この御子《みこ》国のうちに隠れ給いければ、次にのりごちて後《のち》生み給える御子、淡道之穂之三別島《あわじのほのさわけしま》、伊予《いよ》の二名島《ふたなしま》、この島愛媛《えひめ》、飯依比古《いいよりひこ》、大宣都比売《おおげつひめ》、建依別《たてよりわけ》という。次、隠岐《おき》の三子島《みつごのしま》、天之忍許呂別《あまのおしころわけ》。次、筑紫島《つくししま》、この島白日別《しらひわけ》、豊《とよ》日別《ひわけ》、建日向日豊久土比泥別《たけひむかひとよくづひぬわけ》、建日別《たてひわけ》。次、伊伎島《いきのしま》、天比登都柱《あめひとつはしら》。次、津島《つしま》、天狭手依比売《あめのさでよりひめ》。次、佐渡島《さどのしま》。次、大倭秋津島《おおやまとあきつしま》、天津御空豊秋津根別《あまつみそらとよあきつねわけ》。次、吉備之児島《きびのこじま》、建日方別《たてひかたわけ》。次、小豆島《あづきしま》、大《おお》野手比売《ぬでひめ》。次、大島《おおしま》、大多麻流別《おおたまるわけ》。次、女島《ひめしま》、天一根《あめひとつね》。次、知訶島《ちかのしま》、天忍男《あめのおしを》。次、両兒島《ふたごしま》、天《あめ》両屋《ふたや》、二島《にしま》、八島《やしま》、六島《むしま》、合わせて十六島生み給いき。

次にまたのり給いて、大島《おおしま》、小島《こしま》、生み給いき。淡路島《あわじしま》、二名島《ふたな》、隠岐島《おきの》、筑紫島《つくしの》、壱岐島《いきの》、津島、佐渡島《さどの》、大倭島《おおやまと》、児島《こじま》、小豆島《あづき》、大島、女島《ひめ》、なかの島、二子島の十四島、島生みましき。

次に、息吹《いぶき》息吹《いぶ》きて、御子神《みこかみ》生み給いき。大事忍男神《おおことおしをのかみ》、大事忍男神《オオコトオシヲノカミ》、石土毘古《いしつちひこの》神、石土毘古《イシツチヒコノ》神、石巣比売《いしすひめの》神、石巣比売《イシスヒメノ》神、大戸日別《ひわけの》神、大戸《オオト》日別《ヒワケノ》神、天之吹男《あまのふきをの》神、天之吹男《アマノフキヲノ》神、大屋毘古《おおやひこの》神、大《オオ》屋毘古《ヤヒコノ》神、風木津別之忍男《かさけつわけのおしをの》神、風木津別之忍男《カサケツワケノオシヲノ》神、海神《わたのかみ》、海神《ワタノカミ》、大綿津見《オオワタツミノ》神、水戸《みとの》神、水戸《ミトノ》神、速秋津比《はやあきつひの》神、速秋津比売《はやあきつひめの》神、速秋津比売《ハヤアキツヒメノ》神、風神《かぜのかみ》、風神《カゼノカミ》、志那都比古《しなつひこの》神、木神《きのかみ》、木神《キノカミ》、久久能《くくの》

智神《ちの》、山神《やまのかみ》、山神《ヤマノカミ》、大山津見神《おおやまつみの》、野神《ぬのかみ》、野神《ヌノカミ》、鹿屋野比売神《かやぬひめの》、野椎神《ぬつちの》、鳥之石楠船神《とりのいわくすふねの》、天鳥《あめのとり》船神《ふねの》、大宣都比売神《おおげつひめの》、大宣都比売神《オオゲツヒメノ》、火之夜芸速男神《ひのやきはやをの》、火輝比古神《ひかがひこの》、生みましき。速秋津比古《はやあきつひこ》、速秋津比売《はやあきつひめ》二柱の神、川海に因《よ》りもちわけ、ことわけて生ませる神、沫那芸神《あわなぎの》、沫那美神《あわなみの》、頬那《つらな》芸神《ぎの》、頬那美神《つらなみの》、天之水分神《あめのみくまりの》、国之水分神《くにのみくまりの》、天之久比奢母智神《あめのくひさもちの》、国之久比奢母智神《くにのくひさもちの》、次に、大《おお》山津見神《やまつみの》、野椎神《ぬつちの》の二柱神、山野《やまぬ》に依《よ》りもちわけて、ことあげて生みませる神、天之狭土神《あめのさつちの》、国《くに》之狭土神《のさつちの》、天之狭霧神《あめのさぎりの》、国之狭霧神《くにのさぎりの》、天之闇戸神《あめのくらとの》、国之闇戸神《くにのくらとの》、大戸惑子神《おおとまどひこの》、大戸惑女神《おおとまどひめの》、大《オオ》戸惑《トマドヒ》子神《コノ》、大戸惑女神《オオトマドヒメノ》、生みましき、伊邪那美神、病《や》み臥《こや》しまして、たぐりになりませる神、金山比古神《かなやまひこの》、金山比売神《かなやまひめの》、屎《くそ》になりませる神、波仁夜須比古神《はにやすひこの》、波仁夜須比売神《はにやすひめの》、尿《ゆまり》に成りませる神、弥都波能売神《みづはのめの》、和久産巣日神《わくむすびの》、この神の御子、豊宇気比売神《とようけひめの》と申す。ここに伊邪那美神、火の神生み給いて、ひつちと成り給いて、根《ね》の⦿の、の国に神去《かみさ》り給いき。

　ここに伊邪那岐神、泣き給いければ、その涙になりませる神、泣沢女神《なきさわめの》。ここに迦具土神《かぐつちの》斬り給えば、その血《ち》、石《いわ》にこびりて石析神《いわさくの》、根析神《ねさくの》、石筒之男神《いわつつのをの》、甕速日神《みかはやひの》、樋速日神《ひはやひの》、建御雷男《たけみかづちおの》神、建布都神《たけふつの》、豊布都神《とよふつの》、御刀《みはかし》の手上《たかみ》の血、闇於加美神《くらおかみの》、闇御津羽神《くらみつはの》、ここに殺されし迦具土の御首《みかしら》に成りませる神、正鹿山津見神《まさかやまつみの》、御胸《みむね》に於藤山津見神《おとやまつみの》、腹《みはら》に奥山津見神《おくやまつみの》、陰《みほと》に闇山津見神《くらやまつみの》、左の御手《みて》に志芸山津見神《しきやまつみの》、右《みぎり》の御手に羽山津見神《はやまつみの》、左の御足《みあし》に原山津見神《はらやまつみの》、右の御足に戸山津見《とやまつみの》神、成りましき、ここに斬り給える御刀《みはかし》、天之尾羽張《あめのおはばり》、伊都之尾羽張《いづのおはばり》という。ここに妹《いも》恋しまし給いて、根の国に追い往《い》で給いき。

（昭和十九年十一月二十五日夜、一二⦿）

【解説】

本帖は、神話のみで構成された、非常に珍しい長文の帖である。

内容は、イザナギ神、イザナミ神の「国生み」と、それに続く「神生み」となっていて、ここに登場する「国々（＝島）」と「神々」の名前は「古事記」とほとんど同じである。

一部異なっている箇所は、神々が生まれる順序であって、特に「火の神」である「カグツチ（＝迦具土神《かぐつちの》＝火之夜芸速男神《ひのやきはやをの》）」が生まれるのは、日月神示の方が古事記より早いことになっている。

と言っても、それによって全体の意味が大きく変わってくるものではないようだ。

古事記も日月神示もこの件《くだり》には、実に多くの国々や神々が登場し、それぞれの現代的名称（＝比定地）や神としてのはたらき（＝役割）があるが、それらについては昔から多くの論述や論考があって、本にもなって世に出ている。

また私自身、それ以上のものを提供できる材料はない。

よってここでは、国生み、神生みの細部についてはこれ以上触れないが、実は本帖の内容と古事記の内容を霊的視点で比較対照しながらに見ていくと、重要な神仕組が浮上して来るのである。

このことについて述べておきたい。

結論から言えば、それらは次の四つのテーマに集約される。

◎「おのころの国」の霊的解釈
◎水蛭子《ひるこ》、淡島《あわしま》の存在意義
◎十四島が二度生み出されている謎
◎「イザナミ神」と「カグツチ」の預言的解釈

本帖が「神話」のみから構成されているのは、おそらく右のテーマの謎解きを促すためであろう。
以下、順番に説明する。

【「おのころの国」の霊的解釈】

日月神示では、「おのころの国成り」としか書かれていないが、「古事記」では「おのころ島」と表現され、生成過程がもう少し詳しく書かれている。

古事記によれば、イザナギ・イザナミ二神が「天の浮橋」に立って、矛《ほこ》を海水に差し入れてコオロコオロとかき回してから引き上げると、矛の先端からシオがしたたり落ち、これが積もり固まったものが「おのころ島」であるとされる。

この「おのころの国（島）」が、地上世界の何処《どこ》を指すのかについては諸説あるようだが、私はそれよりも「おのころの国」とは「天」に対する「地」であって、そのどちらにも神々がおられると認識することの方が遥かに重要であると考えている。

と言うのも、「天」に対応するのは「**高天原**《たかあまはら》」であるが、一方の「地」に対応するものとして「**おのころ**」を考えた方が合理的であるからだ。

語呂合わせではないが、「高天原」→「タカアマハラ」→「TA・KA・A・MA・HA・RA」であって、全ての語が「ア（A）」の母音を含んでいる。

これに対して「おのころの国」は、「おのころ」→「オノコロ」→「O・NO・KO・RO」となり、全ての語に「オ（O）」の母音が含まれている。

岡本天明は、言霊学的にア音の「高天原」は「天位」であり、オ音の「おのころ」は「地位」であると指摘しているが、私はこれは極めて重要なポイントであると思う。

このように「おのころの国」とは、「高天原」と対になった概念で捉えることが出来る。

つまりこれは「天と地」であり、「陽と陰」、「男性原理と女性原理」と同じ構図なのである。

次に、「高天原」と「おのころの国」の両方に神が存在することを示している神示を挙げておこう。

少し長いが次の神示をご覧いただきたい。

　高天原、おのころに神祇《かみ》つまります、すめむつカムロギ、カムロミのミコトもちて、千万《ちよろづ》の神祇《かみ》たちを神集《かむつど》へに集へ給ひ、神はかりにはかり給ひて、下津岩根《したついわね》に宮柱《みやばしらふ》二十敷建《としきた》て高天原《たかあまはら》に千《ち》木高知《ぎたかし》りて、伊都《いづ》の御宝《みたから》の大御心《おおみこころ》のまにまに千蔵《ちくら》の置蔵《おきくら》におき足《た》らはして、天地祝詞《あめつちのりと》の二十祝詞《ふとのりと》言《ごと》をのれ、かくのらば神祇《かみ》はおのもおのもの岩戸を押しひらきて伊頭《いづ》の千別《ちわ》きに千別き給ひて聞《きこ》し召さむ、かく聞し召してば、天《あめ》の国顕《うつ》し国共に罪という罪はあらじと科戸《しなど》の風の吹き放つことの如く、朝風夕風《あさかぜゆふかぜ》の吹きはらう如く、大《おほ》つ辺《べ》に居る大船《おほふね》を舳《へ》ときはなち艫《とも》とき放ちて大海原《おおうなばら》に押しはなつ事《こと》の如《ごと》く、のこる罪《つみ》も穢《けがれ》もあらじと祓《はら》へ給え清め給ふことを、よしはらへ、あしはらへ給ひて弥栄の御代とこそ幸はえ給へ幸はえ給へ。

○一二三四五六七八九十百千万歳万歳

（五十黙示録「五葉之巻」補巻「紫金《しきん》之巻」第一帖）

右は祝詞であるが、これは極めて重要な祝詞であって、私が個人的に「**ひふみ大祓詞《おおはらえことば》**」と呼んでいるものである（神道の「大祓詞《おおはらえことば》」に相当するものである）。

この祝詞の冒頭に、「**高天原、おのころに神祇《かみ》つまります**」とはっきり書かれているように、「高天原」と「おのころ」が「天」と「地」の関係で対になっていることがおわかりだろう。

しかも、この部分の意味は、「高天原とおのころの両方に神々がおられる」ということであるから、我々が「高天原（＝天）」だけに神々がいると信じて来た常識（＝思い込み）は、ハナから間違っていたことになる。

考えてみれば、日月神示は日本の国土そのものが「国常立大神の御神体《おからだ》」であると述べているのだから、「地」に神がいないなどということは有り得ない。

このように、日月神示が示す「おのころの国」とは、天（陽）に対する地（陰）としての位置付けと考えられ、当然「地の神々」がおられるのだ。

これに対して、「古事記」の「おのころ島」は、単なる「島」であり、かつ「無神島」であるから、日月神示の世界観とはまるで異なる。

なお参考までに、（地上界の）神道の「大祓詞《おおはらえことば》」は、冒頭の書き出しが、単に「高天原に神つまります……」となっていて、「おのころ」が欠落していることを指摘しておく。

つまり、「神」がいるのは「高天原」だけだと示しているのであって、ここには、故意に「地」を低く貶《おとし》めよう（＝劣位に置こう）とする悪神の意図が感じられてならない。

（注：右の「ひふみ大祓詞」に関する詳細は、拙著『秘義編』第三章　穢れと祓い　を参照されたい）

**【水蛭子《ひるこ》、淡島《あわしま》の存在意義】**

「古事記」によれば、「ヒルコ」と「アワシマ」はイザナギ・イザナミ二神が最初に生んだ御子であるが、この二人（二神？）は「出来損《できそこ》ない」或いは「失敗作」とされて「子」の数には含まれていない。

その後、ナギ・ナミ二神は、「やり方」を改めて本来の「国生み」を行い、「**淡道之穂之三別島**《あわじのほのさわけしま》

**（＝淡路島）**」から「**大倭**《おおやまと》**秋津島**《あきつしま》」までの「八島」と、「**吉備之児島**《きびのこじま》」から「**両児島**《ふたごしま》」までの「六島」を合わせて合計「十四の島」を生んでいる。

ところで、「ヒルコ」、「アワシマ」がなぜ「失敗作」なのかと言えば、ナギ・ナミ二神が国生みに際して、「天の御柱」を廻って反対側で会った時、女神のイザナミが男神のイザナギに最初に声を掛けたためとされている。

最初に声を掛けるのは、男神であるイザナギでなければならなかったのである。

「古事記」では一応このように説明されているが、これが真に意味するところは、「主」と「従」の関係が逆になっていることであろう。

つまり、男神が「主」であり、女神は「従」であるにもかかわらず、「従」である女神（＝イザナミ）が先に声を掛けたのが間違いだったということになる。

要するにこれは、「霊主体従」の原則に反しており、逆様《さかさま》の「体主霊従」になったがための「失敗作」だったのである。

このため、「ヒルコ」と「アワシマ」は「子」に数えられなかったのであるが、確かにこのように考えると、一応は筋《すじ》がとおり大きな矛盾はない。

しかし、である。

人間ならともかく、イザナギ神とイザナミ神が順番を間違えるなどというバカみたいな初歩的なミスを犯すものだろうか？　神話とは言え、あまりにもわざとらしいではないか？

私は、ずっとこう思って来た。

そしてこのような場合は、必ずと言ってよいほど、その裏には大いなる密意・神意が隠されているのが常であった。

そこで、日月神示を見てみよう。

まず気がつくのは、「**二島《にしま》、八島《やしま》、六島《むしま》、合わせて十六島生み給いき**」という部分である。

先の「古事記」では「十四島」であったが、日月神示では「十六島」と明記されている。

しかも、わざわざ神示では「**二島《にしま》、八島《やしま》、六島《むしま》**」と分けて書いてあるが、ここでいう「二島」とは「ヒルコ（＝**水蛭子《ひるこ》**）」と「アワシマ（＝**淡島《あわしま》**）」以外には考えられない。

つまり日月神示では、「ヒルコ」と「アワシマ」を「子」の数に入れていることになるのだ。

読者は「エッ」と驚かれるかもしれないが、事実、神示は「**この御子《みこ》国のうちに隠れ給いければ**」と示しているだけで、「古事記」のように「葦船で流した」ようなことは何も書いていない。

「**国のうちに隠れ給いければ**」というのは、間違いなく「表からは姿を隠し裏の御用に廻る」ことであるから、「ヒルコ」と「アワシマ」は「失敗作」でも何でもなく、最初から「**裏の御用**」のために生まれるべくして生まれた「子」だと考えられるのである。

これが日月神示において、「ヒルコ」と「アワシマ」を「子の数」に入れた理由であると考えられる。

では「裏の御用」とは何か？　ということになるが、そのヒントは先の「古事記」の中で「イザナミ」が先に声を掛けた点にある。

私はこれを、「体主霊従」であると解釈したが、日月神示の「ヒルコ」と「アワシマ」は、この「体主霊従」の御役を果たすために生まれて来たのではないかと考えられるのだ。

つまり「悪神」の祖先であって、「悪の御用」を掌《つかさど》る総大将となるためである。

日月神示は、「善も悪も共に抱き参らせる」ことが「ミロクの世」に至る要諦《ようてい》と説いているが、ここにその「悪」の淵源があったのである。

これが「ヒルコ」「アワシマ」の存在意義であって、本当のところは極めて尊い神なのである。

では、その「ヒルコ」と「アワシマ」の神格とは、どの程度のものであろうか？

「国生み」で生み出される神々の順序が「神格」の順位に対応すると考えれば、「ヒルコ」と「アワシマ」は最初に生まれているから、国生みの神々の中では最も「神格が高い」ということになる。

読者は奇妙に感じられるかも知れないが、真に「悪役（＝悪神）」の御用が務《つと》まるのは「超高級神」でなければならないのは、少し考えればわかるはずである。

人間界の映画や演劇の世界でさえ、「大物悪役」が務まるのはそれに相応《ふさわ》しい「大物俳優」と相場が決まっている。チンピラ悪役などには絶対に務まらない大役なのである。

ところで、「ヒルコ」と「アワシマ」についてはもう一つ、実に興味深いことが別の巻に書かれている。

今度の岩戸開きには蛭子《ひるこ》生むでないぞ。淡島《あわしま》生むでないぞ。

（補巻「月光の巻」第二帖）

「ヒルコ」と「アワシマ」が「悪神」の役割を果たして来たのであれば、それは「岩戸を閉めて」この世を練り上げるためにこそ必要であったわけで、「岩戸が開ければ」最早《もはや》「ヒルコ」「アワシマ」の御用は終わったことになる。

よって、この二神を新たに生む必要はどこにもないから、「**生むでないぞ**」とあるのだ。

**【十四島が二度生み出されている謎】**

第三十帖をよく見ると、国々の名前が二度出てくることに気づく。

先の「ヒルコ」「アワシマ」が生まれた後、ナギ・ナミ二神は「**淡道之穂之三別島**《あわじのほのさわけしま》（＝淡路島）」から「**両児島**《ふたごしま》」までの「十四島」を生んだと神示には明記されている。

ところが、これに続いて直ぐに、「**次にまたのり給いて、大島**《おおしま》**、小島**《こしま》**、生み給いき。淡路島**《あわじしま》**、二**《ふた》**名島**《な》**、隠岐島**《おきの》**、筑紫島**《つくしの》**、壱岐島**《いきの》**、津島、佐渡島**《さどの》**、大倭島**《おおやまと》**、児島**《こじま》**、小豆島**《あづき》**、大島、女島**《ひめ》**、なかの島、二子島の十四島、島生みましき**」とある。何と不思議なことに、同じ島々を「二度生んで」いるが、これはどういう意味であろうか？

推測するしかないが、ここは「神界、幽界、顕界」の三界構造が反映されていると考えれば解決できそうである。

同じ島を二度生むということは、「神界」に坐《ま》しますノギ・ナミ二神が、まず「幽界」に島々を生み、次にはそれが移写されて「顕界（＝地上界）」に島々が生まれたということではないだろうか。

一応はこのように考えることができると思われる。

なお、「古事記」には同じ島を「二度生む」という記述はない。

これと似たようなことが、その後の「神生み」でも起きている。

例えば「**大事忍男神**《おおことおしをのかみ》、**大事忍男神**《オオコトオシヲノカミ》、**石土毘古神**《いしつちひこの》、**石土毘古神**《イシツチビコノ》、**石巣比売神**《いしすひめの》、**石巣比売神**《イシスヒメノ》」などのように、同名の神が二神生み出されている。

しかし、二神と言っても全ての神々ではなく「**志那都比古神**《しなつひこの》、**久久能智神**《くくのちの》、**大山津見神**《おおやまつみの》」などは「一神」のみしか生み出されていない。

よって、全体としては一貫性がないようにも見えるが、この謎はどう解釈すればよいだろうか？

ここも推測するしかないが、一つはやはり先ほどと同じ様に、「神界、幽界、顕界」の三界構造が反映されたと解することである。

例えば、「**大事忍男神**《おおことおしをのかみ》」は「幽界」での神格であり、「**大事忍男神**《オオコトオシヲノカミ》」が「現界」に移写された神格と考えれば、説明としては一応成り立つ。

この場合、「一神」のみしか生まれていない神は「幽界」止まりで、「顕界」にまでその神格を現す必要がないと考えればよいだろう。

もう一つの解釈は、**「同じ名の⦿二柱《ふたはしら》あるのざぞ、善と悪ざぞ」**（第十四巻「青葉の巻」第一帖）とあるように、神の働きには「善」と「悪」の両方があるから、それを反映させて「二神」を生んだと解釈するものである。

ただこの場合も「一神」だけしか生まれてない神は、善と悪の働きには直接関与しない神と解釈するしかない。

一応は、右の二つのケースが考えられるが、どちらが正しいのか或いは正解は全く別にあるのか、これ以上の判断はつかないのが現状であり、今後の研究課題でもある。

## 【「イザナミ神」と「カグツチ」の預言的解釈】

イザナミ神が、火の神「カグツチ」を生んだ際火傷《やけど》を負い、それが元で死んでしまった話は、本書の読者なら誰でも知っているだろう。日本神話でも有名な件《くだり》である。

また、夫神《おっとがみ》のイザナギがこれを悲しんで、「カグツチ」を斬り殺したというのも有名な話である。

我々は、所詮《しょせん》神話だから何でもありとどこかで思い込んでいるが、しかし私は、イザナミが自分で生んだ子の「火」が原因で死んでしまう話や、その子を夫神のイザナギが斬り殺してしまうなどという残酷な場面は、神話とはいえあまりにも極端過ぎて、ここにも大きな密意があるのではないかと考えていた。

これを人間界にたとえるなら、難産の末何とか子は無事に生まれたものの、それが原因で母親が死んでしまい、夫が妻の死を悲しむあまり、生まれた子を憎んで殺してしまうということなるであろう。

こんな話が、どれほど常軌《じょうき》を逸《いっ》しているかは説明の要もあるまい。それ故に隠された「神意、密意」があると思われて仕方がないのだ。

では、その密意とは何だろうか？　そのヒントは次の神示にある。

**ナギ、ナミ夫婦神は八分通り国土を生み育てられたが、火の神を生み給いてナミの神は去りましたのであるぞ。物質偏重《へんちょう》の世はやがて去るべき宿命にあるぞ、心得なされよ。**

（五十黙示録第六巻「至恩之巻」第八帖）

右の帖に、「**物質偏重《へんちょう》の世はやがて去るべき宿命にあるぞ**」と明記され、しかもここには「火の神（＝カグツチ）」の誕生と「イザナミ」の死がモチーフになっているから、事《こと》は重大なのである。

「火の神」とは、要するに人間が文明を作り上げた原動力である「火力エネルギー（＝木炭、石炭、石油、原子力）」を指し、広い意味では科学技術文明全体を指すと考えてよい。

これが母である「イザナミ」に火傷を負わせ、死に至らしめたということは、人類が自ら築き上げた「火の文明」の逆襲によって自滅することと解されるし、更には母なる星「地球」までをも破壊することに繋《つな》がる。

神示には「物質偏重」と書いているが、勿論これは「我れ善し、体主霊従」の所産である。

即ち、イザナギが「火の神（＝カグツチ）」を生むということは、世界が一度「我れ善し、体主霊従」の悪神の世になることを予期したものなのである。

もっとハッキリ言えば、世の元の大神様（＝創造神、根源神）は一度創った世界を悪神の手に渡し、それによって世界を練り上げ、そこから新たな善を創造することによって、最終的に善も悪も共に抱き参らせて、次元アップした「ミロクの世」を創ろうとなさっているということだ。

さてそうすると、「カグツチ」が父であるイザナギに斬り殺されるのは、物質文明に偏り過ぎて、自分たちはおろか地球まで破滅に追いやろうとした人類に対し、物質文明破壊の「神剣（＝神権）」が発動される暗示であろうと考えることができる。

即ちこれは、「立替えの大峠」が必ず来ることを預言したものとも言い得る。

このような神仕組が「神話」に組み込まれているのは、全ては世の元の大神様の御神策（＝世界創造計画）を反映したものであるからだろうか。

さて、長くなって恐縮だが、この神話にはもうひとつ、極めて重大な暗示が秘められている。

読者にはここで、母神イザナミの「死」が最初の「岩戸閉め」に繋がることに是非気づいていただきたいのだ。

「カグツチ」の火によって死んだ「イザナミ」は、神示に「**根《ね》の☉のゝの国に神去《かみさ》り給いき**」とあるように、夫神と別れて「根の国（＝黄泉《よみ》の国）」へと落ちて行くのだが、これはそれまで統合されていた「男性原理」と「女性原理」が分離すること、即ち「陽と陰」がバラバラになったことを示している。

（注：「**根《ね》の☉（かみ）のゝ（キ）の国**」とは、黄泉《よみ》の国の一番の中心（ゝ）という意味であると考えればよいだろう）

神話の続きでは、イザナギがイザナミを根の国まで迎えに行くものの、醜《みにく》く変わり果てた妻を見て恐怖に駆《か》られて逃げ出し、最終的には黄泉比良坂《よもつひらさか》を「千引《ちび》きの岩」で塞《ふさ》いで完全に離別してしまうことになっている。

これが、最初の「**岩戸閉め**」であるが、これはイザナミが「カグツチ」を生んだこととセットになっていて、一度「カグツチ（＝体主霊従、物質文明偏重）」の世にするために、「イザナミ（＝陰、女性原理）」が死んで「イザナギ（＝陽、男性原理）」と離別しなければならないという「シナリオ」が裏にあったからなのである。

陽と陰が統合していれば「霊主体従」であるから、そのままでは「カグツチ」の「体主霊従」の世界には成り得ないため、ナギ・ナミを一旦切り離す必要があったと言ってもよい。

偶然、このようになったのでないことはおわかりだろう。

そして、裏で「シナリオ」を書いたのは勿論《もちろん》「世の元の大神様」であって、これこそ大元《おおもと》の「神仕組」ということになる。

以上、ここまで四つのテーマについて解説してきたが、おわかりのように「たかが神話」と思われていたかもしれないものが、実は「大元の神仕組」を暗示していたというとんでもない代物《しろもの》だったのである。

たかが神話、されど神話である。

長くなったついでに、興味深いエピソードをひとつ紹介して本帖の解説を終りたい。

本帖が降ろされたのは「昭和十九年十一月二十五日」であるが、『岡本天明伝』によれば、この日は丁度、天明の母（弥栄《やえ》）が死んだ日でもあると言う。

偶然の一致と言ってしまえばそれまでだが、もしかしたら神は、天明の母の死と「イザナミの死」を重ね、この日を選んで神示を降ろしたのかもしれない。どちらも「母の死」であるからだ。

私はそう信じたい。

## 第三十一帖（二〇四）

一《ヒト》二《フタ》三《ミ》四《ヨ》五《イツ》六《ム》七《ナナ》八《ヤ》九《ココノ》十《タリ》百《モモ》千《チ》卍《ヨロズ》。今度は千人万人力でないと手柄出来んと申してあろがな。世界中総がかりで攻めて来るのざから、一度はあるにあられんことになるのざぞ。大将だからとて油断出来ん。富士の山動くまでにはどんなことも耐《こら》えねばならんぞ。上辛いぞ。どんなことあっても死に急ぐでないぞ。今の大和魂と⦿の魂と違うところあるのざぞ。その時、所によりて、どんなにも変化《へんげ》るのが⦿の魂ぞ。馬鹿正直ならんと申してあろ。今日あれし生命《いのち》勇む時来たぞ。

（昭和十九年十一月二十六日、一二⦿）

【解説】

本帖の中ほどは、「大峠」について述べたもので、全体のキーは「**富士の山動くまでにはどんなことも耐《こら》えねばならんぞ**」という部分である。

「**富士の山動く**」とは、「大峠」との関連で言えば、これは間違いなく「噴火（＝爆発）」であろう。しかもそれまでは、「**どんなことも耐《こら》えねばならんぞ**」とあるから、艱難辛苦《かんなんしんく》に耐えている臣民にとっては、富士の爆発が「大峠」到来の合図、号砲《ごうほう》となるはずである。

考えてみれば、「富士の爆発」と神国日本の「神力発動」は、イメージ的にもピッタリと符合するように思われる。と言うより、これ以上最適の絵柄《えがら》はないであろう。

よってそれまでは、**「どんなことあっても死に急ぐでないぞ」**と神が戒めている意味は重大である。

我々は何としても、最後の最後まで生き抜かなければならないのだ。

冒頭に戻って、「**一《ヒト》二《フタ》三《ミ》四《ヨ》五《イツ》六《ム》七《ナナ》八《ヤ》九《ココノ》十《タリ》百《モモ》千卍《チヨロズ》**」とは「天《あめ》の数歌《かずうた》」であって、日月神示が教える「神祀り、礼拝」において宣《の》るものの一つである。

これが唐突に出て来ているのは、岡本天明たちに神祀りの励行を促したものと考えられるが、残念ながら詳細は不明である。

**「今度は千人万人力でないと手柄出来ん」**とは、第二十三帖で**「⦿がうつりたら人が思わぬこと出来るのざぞ。今度は千人力与えると申してあろが」**と同様で、要は「神人一体」になった状態のことを指しており、そうでないと**「手柄出来ん」**、即ち「神の御用が務まらない」と述べているのである。

後半の**「今の大和魂と⦿の魂と違うとこあるのざぞ。その時、所によりて、どんなにも変化《へんげ》るのが⦿の魂ぞ。馬鹿正直ならんと申してあろ」**は、**「今の大和魂」**が何を指すかがポイントである。

ここは、「**（神が）どんなにも変化る**《へんげ》」のに対して「**馬鹿正直ならん**」とあるから、両者の違いは「状況に応ずる柔軟性の有無」とでも言えるだろうか。

このように考えると、ここでいう「大和魂」とは、どうも岡本天明たちが神の命令（＝神業）を愚直一筋《ぐちょくひとすじ》、文字どおり「馬鹿正直」に遂行しようとする傾向を指しているように思われてならない。たとえ神命であっても、地上界では大東亜戦争の真っ最中だったのであるから、その時々の状況の変化に応じて柔軟に対応せよ、との戒めではないだろうか。

最後の「**今日あれし生命**《いのち》**勇む時来たぞ**」は、これも天明たちに宛てたものであって、おそらく戦時中の彼らの「神業」は、時として命懸けの覚悟が必要であることを強調するためではないだろうか？

と言うのも、この一節が不特定多数に宛てたものだと考えると、あまりにも漠然とし過ぎていて、ちょっと意味が採れないからである。

本帖降下は十一月二十六日であるが、そのたった二日前の十一月二十四日は、マリアナ諸島を飛び立った百機以上のB―29によって東京（武蔵野）が空襲されている。

これを皮切りに、昭和二十年八月の終戦まで、東京は勿論日本各地が米軍機の無差別大空襲に晒《さら》されることになるから、「**生命**《いのち》**勇む時来たぞ**」とは単なる激励ではなく、実際にその覚悟がなければ、「神業」などとても務まらないということを述べたものであると思われる。

## 第三十二帖（二〇五）

表ばかり見ていては何もわかりはせんぞ。月の神様祀りくれよ。この世の罪穢《けが》れ負いて夜となく昼となく護り下さるスサノオの神様、篤く祀りくれよ。火あって水動くぞ。水あって火燃ゆるぞ。火と水と申しておいたが、水のほかに隠れた火と水あるぞ。それを一二三《ヒフミ》と言うぞ。一二三とは一二三ということぞ、言葉ぞ、言霊《ことたま》ぞ、祓いぞ、禊《みそぎ》ぞ、◎《うづ》ぞ。スサナルの仕組ぞ。成り成る言葉ぞ、今の三位《さんみ》一体は三位三体ぞ。一《ヒ》とあらわれて二三《フミ》かくれよ。二《フ》と三《ミ》の神様の御恩忘れるでないぞ。御《おん》働き近づいたぞ。

（昭和十九年十一月二十七日、ひつ九かみ）

**【解説】**

本帖は抽象的であるばかりか、意図的に御神名を隠しているため非常にわかりにくい。

日月神示の神は、当時の社会情勢から、おそらく故意にこのような文章にしたのだと思われる。

本帖の意味を知る手掛かりは、第二十五帖と第二十八帖にあるが、特に、第二十八帖の解説においてまとめた次の図式が役に立つ。

**第二十五帖**

「☉《ヒツキ》の国」　　　　↓「日の国」　↓「月の国」　↓「地の国」

「世の元、中心の神」↓「アマテラス」↓「ツキ（ク）ヨミ」↓「スサナル（ノオ）」

**第二十八帖**

「◎《ウヅ》」　↓　？　↓「月」　↓「地」

「ア、🌀《ヒツキクニ》の神」↓　？　↓「(ワヤ)《ヨ》、月の神」↓「クニの神（スサナル）」

右の図式と本帖に登場する「月の神様、スサノオの神様、火、水」をよく見れば、次のように対応することがわかるであろう。

◉日の国↓アマテラス　　↓火
◉月の国↓ツキ（ク）ヨミ　↓水
◉地の国↓スサナル（ノオ）↓地

注意していただきたいのは、ここで言う「アマテラス」「ツキ（ク）ヨミ」「スサナル（ノオ）」の三神は、イザナギとイザナミ両神から生まれた「完全神」であるということだ。

このように整理すると、何でもないことのように思えるが、本帖では「アマテラス」、「ツキ（ク）

ヨミ」、「地」という御神名が意図的に伏せられているからわかりにくいのである。

何故わかりにくくしているのか、その理由については、第二十八帖解説で述べたとおりであって、アマテラスとツキ（ク）ヨミの名を出すと「**アマテラスの神勅によって、地上世界を治めている天皇が否定されてしまう**」からである（その帖の解説参照）。

この対応関係を頭に入れて内容を見ると、「**今の三位一体**《さんみ》**は三位三体ぞ**」とある部分がキーポイントであることに気づく。

本来、「アマテラス」、「ツキ（ク）ヨミ」、「スサナル（ノオ）」の三神は、地上世界では「**三位一体**」としてはたらくのであるが、それが人間世界でバラバラにされて「**三位三体**」になっているとの指摘である（この辺りの事情が、神話で言う「高天原におけるスサノオの乱暴狼藉《らんぼうろうぜき》と、これによる追放」の話となって伝わっているわけである）。

「三位一体」がバラバラにされた上に、一番偉いのは「アマテラス」であると人間が勝手に祀り上げているのだから、神示はこのことを「**表ばかり見ていては何もわかりはせんぞ**」と釘を刺しているのであろう。

このように大枠を押さえてしまえば、あとはそれらの説明であると受け止めることが出来る。

「**この世の罪穢**《けが》**れ負いて夜となく昼となく護り下さるスサノオの神様、篤く祀りくれよ**」とあるのは、スサノオの神の本質が、「古事記」にあるように暴れまくり壊しまくるような粗暴な神ではなく、全く逆に「**この世の罪穢《けが》れ負いて夜となく昼となく護り下さる**」神であるという意味である。

この辺《あた》りは、出口王仁三郎が口述した『霊界物語』に登場する国祖様（＝国常立大神）が、悪神によって追放された後も、蔭から世界を守護されていたことと重なって興味深い。

この二つは、霊的な視点から見ればおそらく同じ物語であろうと思われる。

なお、御神名については、厳密に言えば「スサノオ」ではなく「スサナル」の方が適切であろうが、ここでは古事記と日月神示の関連性を考慮して、敢えて「スサノオ」の御神名を用いたのであろうと思われる。


「**火あって水動くぞ。水あって火燃ゆるぞ**」とは、「陽と陰」、「男性原理と女性原理」が統合されて相互に補完し合ってこそ完全であるという意味を表している。

どちらが欠けても、不完全であるということだ。

三位一体から見れば、「火」と「水」の他に「地」が残っているが、「地」とは「火と水」の相互作用が顕現される「舞台」のような役割であると考えればよいのではないだろうか。

次の「**水のほかに隠れた火と水あるぞ。それを一二三《ヒフミ》と言うぞ。一二三とは一二三ということぞ、言葉ぞ、言霊《ことたま》ぞ、祓いぞ、禊《みそぎ》ぞ、◎《うづ》ぞ。スサナルの仕組ぞ。成り成る言葉ぞ**」は難解であるが、「**隠れた火と水**」とはおそらく「**同じ名の⦿二柱《ふたはしら》あるのざぞ、善と悪ざぞ**」（第十四巻「青葉の巻」第一帖）」と同じ意味で、表の「善の御用」に対する、裏の（＝隠れた）「悪の御用」を指していると考えられる。

このような「表と裏（＝善と悪の御用）」を、「一二三《ヒフミ》」というと神示は述べているが、深読みすれば、「一＝アマテラス」、「二＝ツキ（ク）ヨミ」、「三＝スサノオ（ナル）」に対応し、それぞれに「善と悪の御用」があると解釈される。

「**一二三とは一二三ということぞ**」とは奇妙な言い方だが、要するにこれ以外の呼び方（＝名称）はない（不適当？）という意味であって、ム（＝〇《ゼロ》、無）からウ（＝一二三《ヒフミ》、有）が生ずる根本的な神仕組（＝世の元の大神様の創造の意志の顕現）を表していると考えられる。

その「一二三」が具現化するための手段が、「**言葉、言霊《ことたま》、祓い、禊《みそぎ》、◎《うづ》**」だと示されている。「言葉、言霊《ことたま》」は、既に何度も登場しているが、「祓い、禊《みそぎ》」がセットで登場するのは初めてである。

実は、「祓い、禊《みそぎ》」には極めて深い意味があって、単に「罪や穢れを祓う、落とす、取り除く」ことではなく、「善も悪も共に抱き参らせて新しい次元（＝ミロクの世）に至る」というのが神意なのである。

「善と悪の御用」があるからこそ、「祓い、禊」が必要不可欠なのだが、ここでその詳細を述べる余裕はないので、興味のある方は拙著『秘義編』第三章　穢れと祓い　を参照していただきたい。

「◎《うづ》」はその渦巻くイメージから、神が烈しく「活動」されていることを表すと見てよいだろう。いわゆる「神力発動、神力顕現」を象徴していると考えられる。

「**言葉、言霊《ことたま》、祓い、禊《みそぎ》、◎《うづ》**」の働きを総合して「**スサナルの仕組**」と呼んでいるのは注目に値する。

これを、「アマテラスの仕組」とか「ツキ（ク）ヨミの仕組」、或いは「三位一体の仕組」などと呼ばずに「スサナルの仕組」と呼ぶのは、神仕組成就の最終的な鍵を握っているのが「地の世界」であるから、その主宰神たる「スサナル」の名を冠したのではないかと思われる。

最後の「**一《ヒ》とあらわれて二《フ》三《ミ》かくれよ。二《フ》と三《ミ》の神様の御恩忘れるでないぞ。御《おん》働き近づいたぞ**」とは、「三位一体」を代表する顔は「一《ヒ》（＝アマテラス）」であるが、それをよくわかった上で「二《フ》（＝ツキ（ク）ヨミ）」、「三《ミ》（＝スサナル）」の御恩も忘れてはならないという意味であろう。

その「**御働き**」は近いのである。

一点補足すると、「**月の神様祀りくれよ**」と「**スサノオの神様、篤く祀りくれよ**」と示されている部分は、昭和十九年十二月八日、「奥山」に奉斎されたことで成就している。

ただ本帖で「三位一体」と示されているように、「アマテラス」も同日に祀られていることを付記しておきたい（「アマテラス」奉斎が含まれている神示は、第七巻「日の出の巻」第九帖で登場する）。

## 第三十三帖（二〇六）

宝の山に攻め寄せ来ると申してくどう気つけておいたでないか。⦿の国にはどんな宝でもあるのざぞ。⦿の国、昔から宝埋《い》けておいたと申してあろがな。⦿の国にも宝埋けておいてあるのざぞ、この宝は⦿が許さな誰にも自由にはさせんのざぞ。悪が宝取ろうと思ったとて、どんなに国に渡りて来ても、どうにもならんように⦿が護っているのざぞ。いよいよとなりたら⦿がまことの神力出して、宝取り出して、世界のどんな悪神《あくがみ》も⦿の国にはかなわんと申すところまで、とことん心から降参するところまで、今度は戦するのざから、人民よほど見当取れんことに、どんな苦労もこばらなならんのざぞ。知らしてありたこと、日々《にちにち》どしどしと出て来るぞ。我《わ》れ善《よ》し捨ててくれよ。

（昭和十九年十一月二十八日、ひつ九のか三）

**【解説】**

本帖は「**宝**」がテーマであり、しかも「**いよいよの時**」にその「宝」が「神力」を発揮して悪神を降参させるとある。

全体の文意から、これは「ミロクの世」へ移行する直前のクライマックスとなる場面であるから、日月神示信奉者にとっては非常に興味を引かれる部分であろう。

当然「宝」とは何か？　が最大の関心事であろうが、私がこれまで読んで来た日月神示関連書籍には、この点について深く論考したものはなかったと記憶している。

この部分は、そう簡単に解釈できるものではないと言ってよい箇所なのである。

では、「宝」とは何だろうか？　解読に挑戦してみよう。

「神力」を発揮し、悪神を降参させるのだから、人類がこれまで手にしたことがない「スーパーウエポン（＝超兵器）」が「宝」なのだろうか？

或いは、そのような超科学技術ではなく、「超能力」、「超霊力」のような力が「宝」だろうか？

大本《おおもと》の『霊界物語』には、「真澄《ますみ》の玉」、「潮満《しおみつ》の玉」、「潮干《しおひる》の玉」、「如意宝珠《にょいほうじゅ》」など、いくつもの神宝が登場するが、このようなものが日月神示のいう「宝」なのだろうか？

想像すればするほど興味は尽きず、そこには「宇宙人（＝高度知的生命体）」の超科学技術や「高次元存在」の超能力、超霊力などが入り込む余地がありそうだから、いきおい、そちらの解釈に傾く人もいるだろう。

まるでSF小説のようでもあり、確かに未知の面白さという点では群を抜いている。

だが、そのような人たちには申し訳ないが、私は右のどの解釈にも与《くみ》しない。

そんなものではないのだ。

理由は極めて単純で、「どんな科学技術、超能力、超霊力であっても、それによって悪を無くし、ミロクの世にすることは絶対に出来ない」からである。

換言すれば、どんな科学技術、超能力、超霊力によっても、臣民の「メグリ」を取り除き、「身魂磨き」を進展させることは出来ないと言っても同じである。

そんなことが可能なら、何度も述べて来たように、神が口を酸《す》っぱくして「身魂磨きだ、メグリ取りだ、掃除、洗濯、借銭返しだ」などを連呼してまで、臣民に要求する必要など何処にもないではないか。

それと、もう一つ見逃せないのは、「**いよいよとなりたら⦿がまことの神力出して、宝取り出して**」とあるように、「宝取り出す」のは「**いよいよの時**」であるから、これは明らかに「**最後の一厘（の仕組）**」と同義ではないかと考えられるのである。

つまり「**宝**」とは、「**一厘の仕組（の発動）**」と切り離せないものということになるが、私はこれが最も神意に適う捉え方だと考えている。

右の帖には、「**宝の山に攻め寄せ来る**」、「**⦿の国、昔から宝埋《い》けておいた**」、「**この宝は⦿が許さな誰にも自由にはさせん**」、「**悪が宝取ろうと思ったとて、どんなに国に渡りて来ても、どうにもならんように⦿が護っている**」とあって、「宝」を考える手掛かりを与えてくれている。

この中で、私が最も重視するのは、四つ目の「**悪が宝取ろうと思ったとて、どんなに国に渡りて来ても、どうにもならんように⦿が護っている**」という一節である。

この部分の真意は、「悪神が宝を手に入れるのは原理的に不可能」だということであると考えられる。

つまり、悪が何もかも九分九厘まで手に入れたとしても、残った一厘だけは絶対に手に入れられない「何か」が「宝」だということになる。

そして、それが発動すれば、悪神が「**降参**」する「何か」である。

それが何かを考える場合、悪神の本性が「我れ善し、体主霊従」であることがキーポイントとなる。つまり、「我れ善し、体主霊従」の悪神が原理的に手に入れることができないモノを明らかにすればよいのである。

それは何か？

もうおわかりだろう。それは、「霊主体従」であり、「マコトの心」である。

これだけは、悪神がどんなに頑張っても手に入れることができないものである。何故なら、手に入れた途端に、悪神が悪神でなくなり「正神」に変わってしまうからだ。

その「マコト」を人間の魂に当てはめれば、「世の元の大神様」に直結する「スメラの魂」或いは「大和魂」であって、元々これを有しているのは「スメラの民（＝真の日本人）」なのである。

「**⦿の国、昔から宝埋《い》けておいた**」とあるのは、日本には昔から「スメラの民」が存在していたが、悪神の仕組によって「我れ善し、体主霊従」の性来に堕ちてしまい、あたかも「**埋《い》けておいた**」ように表に出ることができなかったから、このような表現になったのであろう。

これを表に出すのが、「身魂磨き」であり「メグリ取り」なのである。

よって「宝」とは、端的には「身魂の磨けたスメラの民」のことであって、スメラの民の「マコト」が「最後の一厘」であり、それが発動することを「一厘の仕組」というのである。

こうなった時が、「(最高度の)神人一体」となる時であって、第三十一帖に出てきた「**千人万人力**」の神力が発動されるから、「**どんな悪神《あくがみ》も⦿の国にはかなわん**」ことがわかって「**降参**」することになるのである。

以上が、私の「宝(=一厘の仕組)」の謎解きであるが、これを補足するものとして、神示第二巻「下つ巻」第二十一帖には次のように示されている。

**一厘の仕組とは○に⦿の、を入れることぞ、よく心にたたみておいてくれよ。**

日月神示には、「一厘の仕組」という表現がよく出てくるが、それが何であるかを僅かながらも具体的に説明したものは右の帖だけである。

ここから言えるのは、悪神が「降参」するとは「**○に⦿の、を入れること**」であるから、悪神を排除するとか、ましてや抹殺するようなことではない。

悪神(=○)に「、」を入れて「⦿」にすることだったのである。

これが、「善も悪も共に抱き参らせる」という真の意味である。

「大峠」の最後の最後には、必ずこの仕組が発動する。

ただ、この「宝」が発動するまでには、「**どんな苦労もこばらなならんのざぞ**」とあるように、並大抵ではない苦労が控えていることを忘れないでいただきたい。

それは、「身魂磨き」の苦労であると同時に、「一厘の仕組」が発動する時の最後の苦労のことである。

最後の苦労とは、大東亜戦争で日本が原爆を落とされ、完膚無きまで叩きのめされたあの状況に重なるもので、現象的に見れば途轍《とてつ》もない「自己犠牲」を伴うように見えるものであろう。

こんな使命を果たせるのは、「スメラの民」、「真の日本人」しかいないのである。

## 第三十四帖（二〇七）

この神示《ふで》よく読みてくれよ。早合点してはならんぞ。取り違いが一番怖いぞ。どうしたらお国のためになるのぞ。自分はどうしたらよいのぞと取次《とりつぎ》に聞く人たくさんに出て来るなれど、この神示読めばどうしたらよいかわかるのざぞ。その人相当に取れるのぞ。神示読んで読んで肚《はら》に入れてもわからぬということないのざぞ。わからねば神知らすと申してあろがな。迷うのは神示読

まぬからぞ。肚に入れておらぬからぞ。人が悪く思えたり、悪く映るのは、己が曇りているから
ぞ。

（昭和十九年十一月二十九日、ひつ九のか三）

**【解説】**

本帖は、神示を「**読む**」ことと「**肚《はら》に入れる**」ことに関して、最も基本的なことが述べられている。

この二つの言い方は、神示全巻に非常に多く出て来るが、意味は全く異なる。

「**神示読んで読んで肚《はら》に入れてもわからぬということない**」とあるように、まずは「読む」ことから始まるのは当然であるが、何度も読むことにより「**肚《はら》に入れてわからぬ**」ことがなくなると言う。

よって、最初にくるのは「読む」ことであるが、これはまず神示の内容を「頭に入れる」ことである。その次にくるのが、「肚《はら》に入る」という順序となる。

では、「読む（＝頭に入る）」ことと、「肚《はら》に入る」ことでは何が違うであろうか？

私見を述べれば、「頭に入る」とは、単に「知識や情報」として記憶することであるが、「肚《はら》に入る」とは、それが「信念」となり「行動原理」となって「実践」に繋《つな》がることだと考える。

神文字「⦿」にたとえれば、外側の「〇」が「頭に入った知識や情報」に相当するが、これだけでは単なる「智」や「学」と何も変わらない。

それらが信念となり行動原理となって、実践に結ばれて始めて真ん中に「ヽ」が入るのであり、

これが「肚《はら》に入る（＝⦿）」という意味になる。

次に、「**この神示読めばどうしたらよいかわかるのざぞ**」、「**迷うのは神示読まぬからぞ。肚に入れておらぬからぞ**」とある部分も重要である。

ここでは、自分が何をすればよいかは神示をよく読めばわかるとし、迷うのは「(神示を)読まない」、「肚《はら》に入っていない」からだと断言している。

日月神示の神が断言するのは、極めて重い意味を持つ。

要は、自分の「御役《おやく》」は神示をよく読めばわかる（＝気がつく）のであって、それは取次役員に聞くようなことではないとの戒《いまし》めであり諭《さと》しなのである。

しかも冒頭に、「**この神示《ふで》よく読みてくれよ。早合点してはならんぞ。取り違いが一番怖いぞ**」とあるように、神示の表面《うわべ》だけ読んだのでは、「**早合点、取り違い**」になると警告されている点を、肝に銘じなければならない。

「**その人相当に取れるのぞ**」とは読んで字のとおり、「その人の身魂相当に理解できる」ということであるが、誤解してならないのは、それが「一度切りの理解」ではないということだ。

極端なことを言えば、「身魂が磨けた程度」に応じて、「(同じ箇所が)何度でも理解出来る」のである。無論それは「(理解が)深化」していくという意味においてである。

最後の「**人が悪く思えたり、悪く映るのは、己が曇りているからぞ**」とあるのは、神示を読んで自分の「御役」が何かを模索する臣民に対する神からの忠告である。
神はここで臣民に対して、「自分を善側」におき「他人に悪を見る」ようでは、本当に神示を理解したことにはならず、それは「己の心がまだ曇っている（＝身魂磨きが不十分な）証拠」だから注意せよと仰《おっしゃ》っているのである。

## 第三十五帖（二〇八）

元からの神示肚に入れた人が、これから来る人によく話してやるのざぞ、この道、始めは辛いなれど楽の道ぞ。骨折らいでも素直にさえしてその日その日の仕事しておりて下されよ。心配要らん道ぞ。手柄立てようと思うなよ。勝とうと思うなよ。生きるも死ぬるも⦿の心のままざぞ。どこにいてどんなことしていても、助ける人は助けるのざぞ。神の御用ある臣民、安心して仕事致しておりて下されよ。火降《ふ》りても槍《やり》降りてもビクともせんぞ。心安心ぞ。クヨクヨするでないぞ。⦿に頼りて⦿祀りてまつわりておれよ。神救うぞ。

（昭和十九年十一月の二十九日、ひっ九か三）

【解説】

本帖は、直前の第三十四帖の続きのようなものである。

第三十四帖は、「神示をよく読めば自分がどうしたらよいかわかる」というテーマであったが、本帖はそのことをわかった臣民（＝**元からの神示肚に入れた人**）が、「**これから来る人によく話してやる**」こと、つまり先達として後輩を指導する際のポイントを示しているのである。

本帖はほとんどがその内容である。要点を箇条書き風にまとめてみよう。

**◉この道は始めは辛いが、結局は一番楽な道であること。**
**◉骨折って頑張るよりも、神に対して「素直」になって、その日その日の仕事をすること。**
**◉手柄を立てたり勝とうとは思わないこと。**
**◉この道を歩む者は、何処にいても何をしていても、助ける時は神が助けること。**
**◉火が降ろうが槍が降ろうがビクともしないこと。**

右のように、先達が後輩に指導する内容とは、「こうすれば自分の御役が見つかる」などという「マニュアル的なやり方」ではなく、「心構え、心の持ち方」そのものであることがわかるだろう。

これが最も大事なのである。

しかし、自分が「**神の御用ある臣民**」であるかどうかについては、自分ではそう願っていても判断するのは神であるから一抹の不安があるだろう（「因縁の身魂」である岡本天明たちでさえも、神の御役に立たない者は、いつでも「替え身魂」を使うと示されていた）。
神は、そのような人に対してもちゃんと答を準備している。次のように――。

**◉生きるも死ぬも⦿の御心に任せた上で、クヨクヨせずに安心して仕事をすること。**

**◉⦿を頼り、⦿を祀り、まつろうこと。**

右を要するに、⦿を祀り、⦿という大いなる「**他力**」に抱《いだ》かれ、その中で自分ができる精一杯の「**自力**」を尽くすということに尽きる。

自分が「神の御用」をしているかどうかなど気にしても仕方がないし、そんなことに心を奪われていたのでは、却って新たな「メグリ」を積むことになる。

それは、天明たちが「神業」を終えた後に、「**御苦労であったぞ**」とか「**結構でありたぞ**」と神が労《ねぎら》って下さった時に初めてわかる（＝自覚できる）ようなもので、決して最初に知るものではないのである。

私が「後智恵《あとちえ》」と呼ぶ所以《ゆえん》である。

## 第三十六帖（二〇九）

今の臣民見て褒《ほ》めるようなことは、皆奥知れているぞ。これが善である、まことのやり方ぞと思っていること、九分九厘までは皆悪のやり方ぞ。今の世のやり方見ればわかるであろうが。上の番頭殿、悪い政治すると思ってやっているのではないぞ。番頭殿を悪く申すのでないぞ。善い政治しようと思ってやっているのぞ。善いと思うことに精出しているのざが、善だと思うことが善でなく、皆悪ざから、ⓥの道がわからんから、身魂《みたま》曇りているから、臣民困るような政治になるのぞ。まつりごとせなならんぞ、わからんことも神の申す通りすれば、自分ではわからんこともよくなっていくのざぞ。悪と思っていることに善がたくさんあるのざぞ。人裁くのはⓥ裁くことざぞ。怖いから改心するようなことでは、戦がどうなるかと申すようなことではまことの民ではないぞ。世がいよいよのとことんとなったから、今に大神様まで悪く申す者出て来るぞ。産土《うぶすな》様なんぞあるものか、悪神ばかりぞと申す者たくさんに出て来るぞ。この世始まってない時ざから、我が身我が家《いえ》が可愛いようではⓥの御用つとまらんぞ。ⓥの御用すれば、道に従えば、我が身我が家は心配なくなるという道理わからんか。何もかも結構なことに楽にしてやるのざから、心配せずにわからんことも素直に言うこと聞いてくれよ。子に嘘つく親はないのざぞ。神界のこと知らぬ臣民は、いろいろと申して理屈の悪魔に囚われて申すが、今度のいよいよの仕組は臣民の知りたことではないぞ。神界の神々様にもわからん仕組ざから、とやかく申さずと、⦿の神示肚に入れて、身魂磨いて素直に聞いてくれよ。それが第一等ざぞ。

この神示は世に出ている人では解けん。苦労に苦労した落ちぶれた人で、苦労に負けぬ人で気狂いと言われ、阿呆と言われても、⦿の道素直に聞く臣民でないと解けんぞ。解いてよく嚙み砕いて、世に出ている人に知らしてやりて下されよ。苦労喜ぶ心より、楽喜ぶ心高いぞ。

（昭和十九年十一月二十九日、一二⦿）

**【解説】**

世に「マインドコントロール」という言葉があるが、本帖はいわばその「原理」を述べたものである。

マインドコントロールの究極の完成形とは、誰もが「善かれ」と信じて疑わずに実行した「善行」が、実は全く逆の「悪行」であって、それによりマインドコントロールを仕掛けた者のみが利益を得るという構図であろう。

右の神示は、「**これが善である、まことのやり方ぞと思っていること、九分九厘までは皆悪のやりかたぞ**」、「**上の番頭殿、悪い政治すると思ってやっているのではないぞ。……善い政治しようと思ってやっているのぞ。善いと思うことに精出しているのざが、善だと思うことが善でなく、皆悪ざから**」などと述べているが、これこそ臣民が「マインドコントロール」にかかった結果でなくて何であろうか。

一度マインドコントロールにかかると、「善かれ」と思ったことの結果が皆裏目に出て、世界はどんどん悪くなっていくから、最終的には「**世がいよいよのとことんとなったから、今に大神様まで悪く申す者出て来るぞ。産土様《うぶすな》なんぞあるものか、悪神ばかりぞと申す者たくさんに出て来る**」ようになってしまう。

いわゆる「神も仏もない。いるのは疫病神《やくびょうがみ》ばかりだ」という状態にまで落とされる。

この結果、人間の心は荒《すさ》び、信頼関係も協調性も何もなく、唯々《ただただ》「我れ善し」の心が増幅することになる。そうなった時、そのような国々で最も威力を発揮するのは「金、権力、軍事力」であるが、これが「我れ善し」と結びつけばどうなるかは容易に想像がつくだろう。

そう、国々は益々「体主霊従《われよし》」と「力主体霊《つよいものがち》」の傾向を強め、世界全体が狂っていく。

日本のすぐ近くには、これをそっくり体現したような国があるからイメージしやすいはずである。

さて、このようなマインドコントロールをかけて一番喜ぶ（＝得する）のは誰だろうか？

それがマインドコントロールをかけた首班《しゅはん》ということになる。

答は簡単で、それは「悪神」、特に「悪の三大将」である。

悪神の目的は、正神を追放し「体主霊従《われよし》」「力主体霊《つよいものがち》」の世界を築くことであるからだ。

人間は、悪神のマインドコントロールにコロリと引っ掛かって、その走狗《そうく》となって地上界を悪しき想念で染め上げて来たのである。

それにしても、人間はどうしてこうも簡単に悪神のマインドコントロールにかかってしまうのだろうか？

神示はそれを、「**㋹の道がわからんから、身魂《みたま》曇りているから、臣民困るような政治になるのぞ**」と教えている。

ここにハッキリと、「**身魂曇りているから**」とあるように、これが人間にとっての諸悪の根元なのだ。

そしてこれが、「身魂磨き」をしなければならない根本理由でもある。

では、マインドコントロールの呪縛から抜け出して、「身魂」を磨き本来の「霊主体従」に復帰する道とはどのようなものであろうか？

その答を神示は次のように示している。ここでも要点を箇条書き的にまとめてみよう。

◉**神を祀り、わからんことも神の申すとおりに実行する。**

◉**悪と思っていることの中に沢山の善がある。**

◉**神の道に従えば、我が身や財産は心配ない。**

◉**神界のことは臣民には知りようがないから、理屈の悪魔に囚われない。**

◉**とやかく言わず、神示を肚に入れて身魂を磨き、素直に神のいうことを聞く。**

神示には、右のように示されているが、どこにも「悪を憎み悪を排除せよ」とは書いていないことに気づいていただきたい。

このことは、善と悪の本質、特に「善の御用、悪の御用」が理解できていれば、スッと胸落ちするはずである。

若干補足すると、人間界ではマインドコントロールを仕掛けている張本人を、「フリーメーソン」とか「イルミナティ」などの「超国家的陰謀組織」とし、彼らが世界を裏で支配していて、世界中の富をかき集めているなどと、まことしやかに囁《ささや》かれているし、多くの本にもなって出版されている。

驚くことに、日月神示を熱心に学ぶ人たちにもこの手の話は結構浸透しているようであって、「イシヤの仕組」が「フリーメーソンの陰謀」を指すと信じている人も多いようである。

ハッキリ申し上げておくが、そのようなことに首を突っ込めば突っ込むほど、ますますマインドコントロールの深みに嵌《はま》るだけである。

何故なら、そのような人は無自覚のうちに自分を「善」側に置き、フリーメーソンなどを「悪」として相対化し、結局「善悪二元論」の轍《わだち》に嵌《はま》ってしまうのがオチだからである。

これこそ、人間が最も陥りやすい罠《わな》なのである。

最後の段落で、「**この神示は世に出ている人では解けん。苦労に苦労した落ちぶれた人で、苦労に負けぬ人で気狂いと言われ、阿呆と言われても、⦿の道素直に聞く臣民でないと解けんぞ**」とあるのは、神の目にはそのとおりであろうが、人間の世界では軽々《けいけい》に言えることではない。

私から見て、かつての岡本天明がその御役であったことは間違いないと思うし、更に遡《さかのぼ》れば、黒住、天理、金光、大本の教祖たちは、例外なく強烈な神秘体験をして神を観《かん》じ、何があっても神を信じ切って、苦労をものともせずその一生を捧げた大先達であった。

「**神示を解く人**」とはこのような人たちを指すのだろうと思う。

恥ずかしながら、私も日月神示の解説書を書いているから、表向きは「神示を解いている」ように見えるかも知れないが、私自身はかなりいい加減な男であって、世俗にも染まり切っている。

故に、とてもではないが、先達のような資格などどこにもないことは百も承知している。

それでも、その万分の一でも御役に立てればとの思いで、筆をとっている次第である。

最後の「**苦労喜ぶ心より、楽喜ぶ心高いぞ**」とは、「身魂磨き」が深化した者が到達する「境地」であって、あれこれ言葉で説明しても仕方がないと思う。

何よりも、私自身がとてもそんなレベルではないから、これについて、わかったような解説は書きようがない。

強いて言えば、第三十五帖で「**この道、始めは辛いなれど楽の道ぞ**」と示されていたことと共通した心境ではないだろうか。

## 第三十七帖（二一〇）

天にも天照皇大神《あまてらすすめおおかみ》様、天照大神《あまてらすおおかみ》様あるように、地にも天照皇大神様、天照大神様あるのざぞ。地にも月読《つきよみの》大神様、隠れてござるのざぞ。素盞嗚《すさなるの》大神様、罪穢れ祓いて隠れてござるのざぞ。結構な尊い神様の御働きで、何不自由なく暮らしておりながら、その神様あることさえ知らぬ臣民ばかり。これでこの世が治まると思うてか。⦿⦿《かみがみ》祀りて⦿⦿にまつわりて⦿国《ぐに》のまつりごと致してくれよ。つまらぬこと申していると、いよいよつまらぬことになりて来るぞ。

（昭和十九年十一月の三十日、ひつ九神　しらすぞ）

**【解説】**

本帖において、始めて「**アマテラス**」、「**ツキヨミ**」、「**スサナル**」の三神の御神名が揃って登場しているが、これは第三十二帖の解説で「日、月、地の主宰神」について次のように説明したことの証である。

◉日の国→アマテラス　→火
◉月の国→ツキ（ク）ヨミ　→水
◉地の国→スサナル（ノオ）→地

（注：月読大神については、ツキヨミともツクヨミとも読むことが可能であるが、本帖で「ツキヨミ」とあるので、これ以降「ツキヨミ」に統一する）

また、同じ第三十二帖解説で、右の三神は「三位一体」であると示されているが、これを代表するのは「アマテラス」であること、残りの二神の御恩も忘れてはならないことなどを説いた。

さて本帖では、「アマテラス」が「天」だけではなく「地」にもおられること、「ツキヨミ」も「地」に隠れていることが明示されている。

つまり、この「地の国」には「アマテラス」、「ツキヨミ」、「スサナル」の三神が坐《ま》しますのであり、その顕われ方は第三十二帖で「**一《ヒ》とあらわれて二《フ》三《ミ》かくれよ**」とあったように、「三位一体」を代表する顔は「一《ヒ》（＝アマテラス）」であるが、「二《フ》のツキヨミ」、「三《ミ》のスサナル」も隠れているという意味に解釈した。

このようなことは、「古事記」や「日本書紀」には全く書かれておらず、日月神示が初めて明らかにしたものである。

しかしながら、考えてみればこのことは何も驚くには値しない。三神は「三位一体」なのであるから、この「地の国」に三神の神格が顕われることはむしろ当然なのである。

とは言っても、**「結構な尊い神様の御働きで、何不自由なく暮らしておりながら、その神様あることさえ知らぬ臣民ばかり」**と指摘されているように、これまでの我々は「三位三体」とばかり思い込んでいたから、真実を何一つ知らずにいたのである。

神はここで、**「⦿⦿《かみがみ》祀りて⦿⦿にまつわりて⦿国《ぐに》のまつりごと致してくれよ」**と示していることに注目していただきたい。

ここでいう「⦿⦿」が、「アマテラス」、「ツキヨミ」、「スサナル」の三神であることは論を俟たないが、これは単に心の中に「祀れ」と仰《おっしゃ》っているのではなく、岡本天明の「奥山」にこれら三神を実際に祀れという指示だと考えられる。

と言うのは、『岡本天明伝』によれば、本帖が降りた八日後の昭和十九年十二月八日、奥山に右の三神を奉斎しているからである。

なおこれに関しては、もう一つ別の神示が降ろされているので見ておこう。

天《てん》の天照皇大神《あまてらすすめおおかみ》様はさらなり、天の大神様、地《くに》の天照《あまてらす》大神様、天照皇大神様、月の⦿様、とくに篤《あつ》く祀りくれよ。月の大神様御出でまして闇の世は月の世になるのぞ。素盞鳴の大神も篤く祀りてくれよ。この⦿様には毎夜《まいよ》毎日《まいにち》お詫びせならんのぞ、この世の罪穢《つみけがれ》負われて陰から守護されて御座《ござ》る尊い御《おん》神様ぞ、地《ち》の御神様ぞ、土《つち》の神様ぞ、祓い清めの御神様ぞ。
（第七巻「日の出の巻」第九帖　昭和十九年十二月八日）

右の帖にもはっきりと、「三神を祀れ」との指示がある。

これは、十二月八日に降ろされているから、奥山に神々を祀った当日の神示である。天明たちもかなり急《せ》かされていたことが窺《うかが》われる。

さて、ここまでは右のように説明してきたが、読者は「アマテラス」だけが何故二つの御神名（＝天照皇大神《あまてらすすめおおかみ》と天照大神《あまてらすおおかみ》）で登場するのか疑問に思われているだろう。

これについて、私は次のように考えている。

まず「天照皇大神《あまてらすすめおおかみ》」と「天照大神《あまてらすおおかみ》」はどちらも「アマテラス」が共通項であるが、両者には「皇」の字が入るか入らないかの違いがある。そして「皇」とは明らかに「天皇」または「皇統」を表している。

何故、神示に二つの異なる御神名が使われたのか、その理由はおそらく「スメラミコト、真正天皇」を「てんし様」としか表現できなかった当時の時代性にあったのではないだろうか。

本来なら「**天照大神**」という御神名だけでよかったはずだが、「天照皇大神」も使わざるを得なかったのは、それが「皇祖神」であり、日本民族の「総氏神」としての御神名とされていたからであろう。

つまり、神示に「アマテラス」の名を出す以上、当時の国家神道の下《もと》では「皇祖神、総氏神」としての「天照皇大神」の御神名を省略することはできなかったからではないか。

「天照大神」だけでは当時の時代性に合わず、官憲（特高）から目を付けられる可能性があったし、さりとて「天照皇大神」だけでは「皇」の字が余計で、正確な意味を表わし切れないから、両者併記という形にされたのだと考えられる。

我々から見れば、却ってややこしい形になったが、おそらく岡本天明にはその理由が神から直接伝えられていたであろう。

これを裏付けるように、『岡本天明伝』によれば、昭和十九年十二月八日、奥山に「三神」を祀った時の「アマテラス」の御神名は、単に「天照大神」となっている。

補足すると、そもそも「アマテラス」には複数の呼び名（漢字表記）がある。

「古事記」では「天照大御神」となっているし、日本書記では単に「天照大神」である。

問題の「天照皇大神」という名称は伊勢神宮で用いられているものだが、伊勢神宮ではこれ以外にも「皇大御神《すめおおみかみ》」という呼称も使っている。

またそれだけでなく、神職が神前で御神名を唱える時は「天照坐皇大御神《あまてらしますすめおおみかみ》」という長い名称になる。

何れ《いず》にしろ、伊勢神宮が天皇家の祖神を祀り、国家神道の総本山であった以上、そこに「皇」の字が入るのは当然であり、これ故に日月神示にも使われたと考えられるのである。

さて、本巻で初めて「日本神話」が登場し、これを「古事記」と対比しつつここまで説明して来た。

そして本帖において、初めて「アマテラス」、「ツキヨミ」、「スサナル」の三神が揃って登場したのであるが、これまでの神示の流れに照らすと、実に不思議というか、むしろ矛盾しているように思えることが一つある。

読者はお気づきだろうか？

それは日月神示の何処《どこ》にも、この三神が生まれたことが一言も書かれていないことである。

つまり、生まれていない（＝そのように書かれていない）のに、突然登場しているという不思議さである。矛盾と言ってもよい。

「古事記」でこの三神が登場するのは、イザナギ神が黄泉《よみ》の国から逃げ帰った後、その穢《けが》れを祓《はら》うため「禊《みそぎ》」をした時に最後に生まれた貴い三神（＝三貴神）であって、イザナギが独り神となってから生んだことになっている。

しかし、ここまでに登場した日月神示の神話では、イザナミが火の神「カグツチ」を生んで死んだところまでしか書かれていないから、「古事記」の記述に従えば、この段階でアマテラス以下の三神が登場するのは早過ぎる（生まれていない）ということになる。

つまり、時系列が全く合わないのである。

にもかかわらず、日月神示ではこの三神がとっくに登場しているのだから、これが成り立つためには、イザナミが死ぬ以前に生まれていなければならないことが明らかである。

では、三神が生まれたのは何時《いつ》か？　ということになるが、それを解くために、第二十五帖とその解説をもう一度読み直していただきたい。

第二十五帖では、「**初め⦿《ヒツキ》の国生み給いき、日の国生み給いき、月の国生み給いき、次に地生み給いき**」とあって、中心となる「⦿《ヒツキ》の国」がまず創造され、その後「日、月、地」の国が生みだされていた。

これが、イザナギ、イザナミ両神による最初の国生みであった。

ここには、「国の主宰神」の御神名は示されていないが、私はこれこそ「日＝アマテラス」、「月＝ツキヨミ」、「地＝スサナル」であるはずだと解釈した。

これが正しければ、アマテラス以下の三神は国生みの最初に生み出されているのだから、その後の神示では何処にでも登場することが可能になり、神示の流れと何の矛盾も生じないことが明らかになる。

即ち、本帖で唐突に三神が登場する違和感も、完全にクリアされるわけである。

このように、第二十五帖の解説ではまだ仮説であったものが、帖が進むに従って「仮」が取れ、本帖で「真説」になったことがおわかりになるだろう。
これもまた、日月神示独特の記述スタイルである。

ではここで、日月神示と「古事記」ではアマテラス以下の三神の出自が根本的に異なることが明らかになったので、次に整理しておこう。

**【アマテラス、ツキヨミ、スサナルの出自】**

◉古事記の場合

**イザナギが「独り神」となった後に生んだ神。即ち「陽、男性原理」優先の不完全神**

◉日月神示の場合

**イザナギ・イザナミ両神が息を合わせて最初に生んだ神。「陽と陰」が統合された完全神**

右のように整理出来ることはおわかりだろう。

ただ、ここで注意しなければならないのは、両者を比較して、単純に「日月神示」が正しくて「古事記」は間違いだというレッテルを貼ってしまうことである。

そうではないのだ。どちらも「正しい」と考えた方が辻褄《つじつま》が合うのである。

次の神示をご覧いただきたい。

素盞嗚の命《ミコト》にも二通りあるぞ、一神で生み給える御神と、夫婦呼吸を合わせて生み給える御神と二通りあるぞ、間違えてはならんことぞ。

（五十黙示録第二巻「碧玉之巻」第十帖　昭和三十六年五月六日）

右は、昭和三十六年五月の「五十《いせ》黙示録」に出てくる帖であるから、本帖が降ろされた昭和十九年から実に十七年近くも後に降ろされたものである。

神は、これだけの「時の長さ」を間にはさんで、「スサナル」には二通りあると明言している。それが「一神（独り神）」で生んだ「スサノオ」と夫婦神で生んだ「スサナル」であるから、先の「古事記」の記述もここに含まれるのである。

つまり、「古事記」も正しいことの一部が書いてあるということである。

「(スサ) ノオ」と「(スサ) ナル」の御神名の違いもここに由来することがわかる。

なお右の帖には、「スサナル」だけが二通りあるように記述されているが、同じ理由で「アマテラス」と「ツキヨミ」も二通りある（＝独り神と夫婦神がそれぞれ生んだ）のは間違いのないことである。

こうして見ると、同じ神話でも単純に日月神示が正しくて、古事記は間違いとは言い切れない複雑な事情が見て取れる。

古事記にも真実の断片は確かにあるのだが、それ以外の重要な真実は悪神が人身支配のため隠してしまったわけである。

解釈するに当たっては、よくよく注意しなければならない。

## 第三十八帖（二一一）

大きアジアの国々や、島々八十《やそ》の人々と、手握り合い⦿《かみ》国の、光り輝く時来《き》しと、皆喜びて三千年、⦿の御業《みわざ》の時来しと、思える時ぞ⦿国の、まこと危《あぶな》き時なるぞ、夜半《ヨハ》に嵐のどっと吹く、どうすることもなくなくに、手足縛られ縄付けて、⦿の御子等《みこら》を連れ去られ、後には老人不具者のみ、女《おみな》子供もひと時は、⦿の御子たる人々は、ことごと暗い臭い屋に、暮らさなならん時来るぞ、宮は潰され御文《みふみ》皆、火にかけられて灰となる、この世の終わり近づきぬ。この神示心に入れくれと、申してあることわかる時、いよいよ間近《まぢか》になりたぞよ。出かけた船ぞ。褌《ふんどし》締めよ。

（昭和十九年十一月三十日、ひつ九のか三）


**【解説】**

最初に、中ほどの「**不具者**」という表現は「身体障害者」のことであるが、現在では差別的表現とされている点を指摘しておく。軽々とは使うべき言葉ではない。

本帖は、日本の「艱難《かんなん》」を述べたものであるが、これを「戦前から大東亜戦争敗戦」までと見るか、或いは将来の「大峠」と見るかは意見の分かれるところではないだろうか。

日本が、日清、日露戦争に勝利し、大陸へ進出して満州帝国を建設した頃までは、日本が理想としていた「五族共和」の夢があった（五族協和とは、日本、朝鮮、漢、満州、蒙古の各民族が手を携えて、平和な理想国家を築こうとする思想）。

それが満州事変、支那事変を経て大東亜戦争へと突入し、最後はアメリカに原爆を落とされ、旧ソ連には満州、南樺太、千島列島、北方領土などを攻められて惨敗した。

これらの経緯をみれば、本帖は戦前から大東亜戦争敗戦までを指すと見ることは可能である。

本帖降下時点で、大東亜戦争の敗戦までもう一年を切っているから、「**いよいよ間近《まぢか》になりたぞよ**」とあることともピタリと吻合する。

しかし一方では、「**この世の終わり近づきぬ**」という一節があることから、こちらは当然将来の「大峠」を指しているのは間違いない。

と言っても、本帖降下から現在まで既に七十年も経っているのに、「地上界」にはまだ「大峠」は到来していないから、「**近づきぬ**」とは「神界（または幽界）」のことと考えるべきであろう。

このように本帖は、「両義預言」と捉えるのが正しいと思われる。

戦後の日本は、一時《いっとき》の経済的繁栄を迎えるが、再び世界中から攻められて、本帖に示されるような悲惨な状況に追い込まれるようである。

それが、「ミロクの世」に至るために神国日本が担うべき役割であるから、ここは「**出かけた船ぞ。褌《ふんどし》締めよ**」とあるとおり、覚悟を決めなければならない。

## 第三十九帖（二一二）

喜べば喜ぶこと出来るぞ、悔やめば悔やむこと出来るぞ。先の取り越し苦労は要らんぞ、心配りは要るぞと申してあろがな。⦿が道つけて楽にゆけるように嬉し嬉しでどんな戦も切り抜けるようにしてあるのに、臣民逃げて眼塞《ふさ》いで、懐手《ふところで》しているから苦しむのぞ。我れ善しという悪魔と学が邪魔していることにまだ気付かんか。嬉し嬉しで暮らせるのざぞ。日本の人民は何事も見えすく身魂授けてあるのざぞ、⦿の御子ざぞ。掃除すれば何事もハッキリとうつるのぞ。早うわからねば口惜《くや》しいこと出来るぞ。言葉とこの神示と心と行《おこない》と時の動きと五つ揃ったらまことの⦿の御子ぞ、⦿ぞ。

（昭和十九年十一月の三十日、ひつ九のか三ふで）

【解説】

本帖の主題は、「**日本の人民は何事も見えすく身魂授けてあるのざぞ、⦿の御子ざぞ**」という一節である。

ここにはっきりと、「**（日本の人民は）⦿の御子ざぞ**」と書かれている。

とは言っても、（何度も述べているように）「日本の人民」とは単に「日本国籍を有する者」ではないから、この点はよくよく注意していただきたい。

日月神示が述べる「日本の人民」とは、「真の日本人、スメラの民」のことであり、世の元から「てんし様」と「君《くん》―臣《しん》」の絆を有する魂のことである。

これを「大和魂」とも言う。

真の日本人は、本来「**何事も見えすく身魂授け（られ）て**」いるが、現在その能力は完全に塞《ふさ》がれているから、「**臣民逃げて眼塞《ふさ》いで、懐手《ふところで》しているから苦しむ**」状態になっているのだ

その原因は、「**我れ善しという悪魔と学が邪魔していることにまだ気付（いて）**」いないからである。

このことは何度も強調してきたが、いわゆる悪神の仕組によって「我れ善し、体主霊従」の性来に堕ちてしまったことが淵源である。

これを抜け出し「霊主体従」に戻るために、「身魂磨き」、「メグリ取り」があるのだが、気づく人民は少なく、「**早うわからねば口惜《くや》しいこと出来るぞ**」と神が注意を促している。

なお、「**言葉とこの神示と心と行《おこない》と時の動きと五つ揃ったらまことの⦿の御子ぞ、⦿ぞ**」とある

のは、臣民が「**まことの⦿の御子**」になるための五条件が明らかにされている意味で極めて重要である。

その五条件をまとめれば次のようになる、

**①日月神示が肚に入っていること。**

**②口《く》（言葉）、心《しん》、行《ぎょう》の三つが神のマコトに適《かな》っていること。**

**③時の動き（時節）に合致していること。**

「五条件」ではあるが、「口、心、行」は一体としてはたらくので、三つをまとめて②で述べていることに注意されたい。

このうち、臣民が主体的に取り組めるのは①と②の二つである。

③の「時の動き（時節）」だけは「天の時」であるから、人の及ぶところではなく、神にお任せする以外にない。

これまでに「他力の中の自力」という説明をしてきたが、ここでは③が他力であり、①と②が自力に相当する。

# 第四十帖（二一三）

ここに伊邪那美命、語らいつらく、吾汝《あれみまし》と造れる国、未《いま》だ造り終えねど、時まちて造るへに、よいよ待ちてよと宣《の》り給いき。ここに伊邪那岐命、汝造らわねば吾《あ》とくつくらめ、と宣り給いて、帰らむと申《まお》しき。

ここに伊邪那美命、是聞《こ》き給いて、御頭《みかしら》に大雷《おおいかつち》、大雷《オオイカツチ》、胸に火雷《ほのいかつち》、火雷《ホノイカツチ》、御腹には黒《くろ》雷《いかつち》、黒雷《クロイカツチ》、かくれに析雷《さくいかつち》、析雷《サクイカツチ》、左の御手に若雷《わきいかつち》、若雷《ワキイカツチ》、右《みぎり》の御手に土雷《つちいかつち》、土雷《ツチイカツチ》、左の御足に鳴雷《なるいかつち》、鳴雷《ナルイカツチ》、右の御足に伏雷《ふしいかつち》、伏雷《フシイカツチ》、成り給いき。伊邪那岐命、是見《こみ》、畏《かしこ》みてとく帰り給えば、妹《いも》伊邪那美命は、黄泉醜女《よもつしこめ》を追わしめき、ここに伊邪那岐命、黒髪鬘《くろかみかつら》取り、また湯津々間櫛《ゆつつまぐし》引きかきて、投げ棄《う》て給いき。

伊邪那美命、次の八種《やくさ》の雷神《いかつちかみ》に黄泉軍《よもついくさ》副えて追い給いき。ここに伊邪那岐命、十拳剣《とつかのつるぎ》抜きて後手《しりえで》に振《ふ》きつつさり、三度《みたび》黄泉比良坂《よもつひらさか》の坂本に到り給いき。坂本なる桃の実一二三《ひふみ》取りて待ち受け給いしかば、ことごとに逃げ給いき。

ここに伊邪那岐命、桃の実に宣り給わく、汝《みまし》、吾《あ》助けし如《ごと》、あらゆる青人草《あおひとくさ》の苦瀬《うきせ》に悩むことあらば、助けてよと宣り給いて、また葦原《あしはら》の中津国《なかつくに》にあらゆる、うつしき青人草の苦瀬に落ちて苦しまん時に助けてよと宣り給いて、おおかむつみの命、オオカムツミノ命と名付け給いき。

ここに伊邪那美命、息吹給いて千引岩《ちびきいわ》を黄泉比良坂に引き塞《そ》えて、その石中にして合い向かい立たしてつつしみ申し給いつらく、うつくしき吾が汝夫《あなせ》の命、時廻《ときめぐ》り来る時あれば、この千引《ちびき》の岩戸、共にあけなんと宣り給えり。ここに伊邪那岐命、しかよけむと宣り給いき。ここに妹《いも》伊邪那美の命、汝《みまし》の国の人草、日に千人死《ちひとまけ》と申し給いき。伊邪那岐命宣り給わく、吾は一日《ひとひ》に千五百《ちいほ》生まなぬと申し給いき。

この巻、二つ合わして「日月《ひつく》の巻」とせよ。

（昭和十九年十一月三十日、ひつ九か三）

〈『日月の巻』「月の巻」了〉

（注：傍線著者）

【解説】

最初に、この帖のみ著者の判断で「傍線」を付したことをお断りしておきたい。

と言うのも、右の帖の傍線部分は「古事記」には記述されていないばかりか、日月神示の中でも核心的に重要な「**岩戸閉め**」と「**岩戸開き**」に関する秘密が示されていて、絶対に読み飛ばしてはならない箇所だからである。

本帖は、神話のみで構成されていて、夫神であるイザナギが黄泉の国に妻神イザナミを迎えに行ったものの、朽ち果てた体に「**八種《やくさ》の雷神《いかつちかみ》**」が発生している醜い妻の姿を見て恐怖に駆《か》られ、一目散に逃げ出し、地上世界と黄泉《よみ》の国の境界である「黄泉比良坂《よもつひらさか》」を「千引岩《ちびきいわ》」で塞《ふさ》いで妻と絶縁したというお馴染みの話がテーマになっている。

日月神示は、「古事記」に比し話の展開が一部省略されて短くなっているが、全体の筋立ては傍線部分を除きほぼ同じである。

では、核心となる「傍線部分」の説明に移ろう。

ここで焦点となるのは、次の二つであることをまず押さえていただきたい。

**①千引岩を閉めたのは夫のイザナギではなく、妻のイザナミであること　→　岩戸閉め**

**②将来時が廻り来れば、千引岩を共に開けようと約束していること　→　岩戸開き**

①で、「千引岩」を閉めたのはイザナミであると書いたが、読者は「エッ、そんなバカな」と思われるに違いない。

しかし、神示原文にもはっきりと「イザナミ（＝一三七三《イザナミ》）」と書いてあるから間違いではない。とは言っても、読者の頭の中の回路がすぐには繋《つな》がらないであろう（かく言う私自身も、最初はそうだった）。

千引岩を閉めたのが、黄泉の国から逃げ帰って来たイザナギなら話はわかるし、事実「古事記」

もそのように書いている。

普通に考えれば、確かにイザナミが「千引岩」を閉める理由はないはずである。

それなのに何故、日月神示はイザナミが閉めたと書いてあるのだろうか？

これは、我々の常識にとっては理解しがたい逆説である。故に必ず大きな密意がある。

そして、これを解く手掛かりは②にある。
②では、将来共に「岩戸」を開けようと約束しているが、これを①と合わせて読めば、将来共に「岩戸を開く」ため、今は「岩戸を閉めなければならない」という必然性が見えて来るはずだ。
ここには、逃げるイザナギと、追いかけるイザナミという子供じみた話の裏に隠された、途方もなく巨大な神仕組がある。

それが、「最初の岩戸閉め」の真実に繋がっていくのである。

このように述べれば、読者にもおわかりになるのではないか。

そう、謎解きのカギは、「イザナミ」と「カグツチ」が登場する「第三十帖」にある。

第三十帖には、イザナミが火の神「**カグツチ**」を生んだ時の火傷《やけど》が原因で死んでしまい、根の国（＝黄泉の国）に落ちていく話があるが、この話の意味するところは、「カグツチ」とは「物質偏重、体主霊従」の火の文明であって、イザナギが「カグツチ」を生むということは即ち、世界を一度「我れ善し、体主霊従」の悪神の世にするための「神仕組」が根底にあったということなのである。

ここには、世の元の大神様（＝創造神）が御自《おんみずか》ら一度創った世界を悪神の手に渡して混乱させ、それによって世界を練り上げて新たな善と力を創造し、最終的に善も悪も共に抱き参らせて、次元アップした「ミロクの世」を創ろうとされる途轍《とてつ》もなく遠大な計画がある。

一度「体主霊従」の悪神の世にするためには、「霊主体従」を一旦解《と》かなければならず、これが「イザナギ（＝男性原理、陽）」と「イザナミ（＝女性原理、陰）」の離別（＝最初の岩戸閉め）に該当するのである。

日月神示の神話では、イザナミが黄泉比良坂を「千引岩」で塞いで、「最初の岩戸閉め」を完結させている。

イザナミが千引岩を塞いだのは、自分が火の神（＝カグツチ）を生んで、世界を「物質偏重、体主霊従」の世にするための最後の仕上げとしてであったと考えれば筋が通る。

このように、全ては世の元の大神様の御神策であり神仕組であったのだ。

ここに「岩戸を一度閉めなければならない必然性」と、「時節」が至れば、「ナギ・ナミ二神が岩戸を共に開いて」再会・再結を果たし、新たな世（＝ミロクの世）を創るという仕組（計画）がはっきりと見えてくる。

これが、本帖に引いた「傍線」部分の意味であり、日月神示のみに記された真実である。

以上で、最重要部分の説明は終りであるが、「**おおかむつみの命**」について補足しておきたい。

「おおかむつみの命」とは、イザナギが黄泉の国から逃げる途中、最後に投げた「桃の実」の化身《けしん》であって、イザナギの危機を救い、また地上世界の青人草《あおひとくさ》（＝人民）の苦瀬《うきせ》を助けてくれる神である。

この神については、神示の他の箇所にも次のように示されている。

**この方はオオカムツミノ神とも顕《あらわ》れるのざぞ、時により所によりてはオオカムツミノ神として祀りてくれよ、青人草《あおひとくさ》の苦瀬《うきせ》、治してやるぞ。**

**（第四巻「天つ巻」二十六帖）**

私は当初、神示に何故このような「人助けの神」が登場するのだろうかと思っていた。

何故なら、メグリを取るのは結局自分であるから、神が「苦瀬《うきせ》を助ける」のはやり過ぎであり、これでは「現世ご利益《りやく》」に等しいのではないかという思いからである。

しかし、ここまで神示を読み込んで来ると、メグリとの対決は中途半端な覚悟では絶対に超えられない極めて高いハードルであって、身を賭《と》し死を覚悟する命懸《いのちが》けの決意と実行力が求められることがよくわかる。

「おおかむつみの命」が生まれた理由は、おそらく世の元の大神様の情《なさけ》ではないだろうか？

あまりに重い苦瀬《うきせ》の荷物を、ほんの少し共に支えようとされる神の情《なさけ》、このように考えればよく理解できるように思う。

読者の中にも、頷かれる方（＝経験者）がおられるのではないだろうか。

辛くて苦しくて、最早《もはや》人知・人力ではどうしようもない所まで追い込まれ（落とされ）る。

「自力」の限界に突き当たり、なす術《すべ》が無くなった時、神に縋《すが》る、祈る、全託して任せ切る。

そうなった時、自分の周りで何かが動きだして、奇跡的に道が開け、何とか絶体絶命の困難を超えることができた……そんな経験である。

そこには、直接「神」が関与した物理的な証拠はないけれども、振り返ってみれば「あれは神助だったに違いない」と直感できるようなものである。

「自力」を出し尽くした先の「他力」としての神の助け、これこそが「おおかむつみの命」のお役目なのであろう。

最後に、本帖でも「大雷《おおいかつち》、大雷《オオイカツチ》」、「火雷《ほのいかつち》、火雷《ホノイカツチ》」のように同じ名の神が二柱登場しているが、これについては第三十帖の解説で述べているので、そちらを参照していただきたい。

《第六巻「日月の巻」了》

内記正時　ないき まさとき

昭和二十五年生、岩手県出身。祖父、父とも神職の家系にて幼少期を過ごす。昭和四十年、陸上自衛隊に入隊。以来40年間、パイロット等として防人の任にあたる傍ら、50回以上の災害派遣任務を完遂。平成十七年、２等陸佐にて定年退官。

平成三年、日月神示と出合い衝撃を受けるとともに、日本と日本人の使命を直感、妻と共に二人三脚の求道、修道に入る。導かれるままに、百を超える全国の神社・聖地等を巡り、神業に奉仕する。現在は、神職、古神道研究家として、日月神示の研究・研鑽にあたる。

主な著書に『ときあかし版［完訳］日月神示』『奥義編［日月神示］神一厘のすべて』『秘義編［日月神示］神仕組のすべて』（いずれもヒカルランド）などがある。

岡本天明　おかもと てんめい

明治三十年（一八九七）十二月四日、岡山県倉敷市玉島に生まれる。

青年時代は、名古屋新聞、大正日々新聞、東京毎夕新聞などで新聞記者生活を送る。また太平洋画会に学び、昭和十六年（一九四一）、日本俳画院の創設に参加。

米国、南米、イスラエル、東京、大阪、名古屋などで個展を開催。

『俳画講義録』その他の著書があり、昭和二十年（一九四五）頃から日本古神道の研究を始め、『古事記数霊解』及び『霊現交流とサニワ秘伝』などの著書がある。

晩年は三重県菰野《こもの》町鈴鹿山中に居を移し、画家として生活していた。

昭和三十八年（一九六三）四月七日没す。満六十五歳。

中矢伸一　なかや しんいち

東京生まれ。米国ワシントン州立コロンビア・ベースン・カレッジ卒。「日本弥栄の会」代表。三年に及ぶ米国留学生活を通じ、日本と日本民族の特異性を自覚。帰国後、英会話講師・翻訳・通訳業に携わる一方、神道系の歴史、宗教、思想などについて独自に研究を進める。一九九一年、それまでの研究をまとめた『日月神示』（徳間書店）を刊行。以後、関連した書籍を相次いで世に送り出す。これまでに刊行した著作は40冊以上、累計部数は推計100万部。

現在、著書執筆のかたわら月刊機関誌『たまゆら PREMIUM』を発行、日本全国に共感の輪を広げている。

# 大峠と大洗濯　ときあかし③
# 日月神示【基本十二巻】第五巻　第六巻

第一刷　2023年6月30日

解説　内記正時
原著　岡本天明
校訂・推薦　中矢伸一

編集協力　㈲東光社
発行人　石井健資
発行所　株式会社ヒカルランド
〒162-0821　東京都新宿区津久戸町3-11　TH1ビル6F
電話　03-6265-0852　ファックス　03-6265-0853
http://www.hikaruland.co.jp　info@hikaruland.co.jp
振替　00180-8-496587

本文・カバー・製本　中央精版印刷株式会社
DTP　株式会社キャップス

ISBN978-4-86742-233-5

**ヒカルランド　近刊予告！**

地上の星☆ヒカルランド　銀河より届く愛と叡智の宅配便

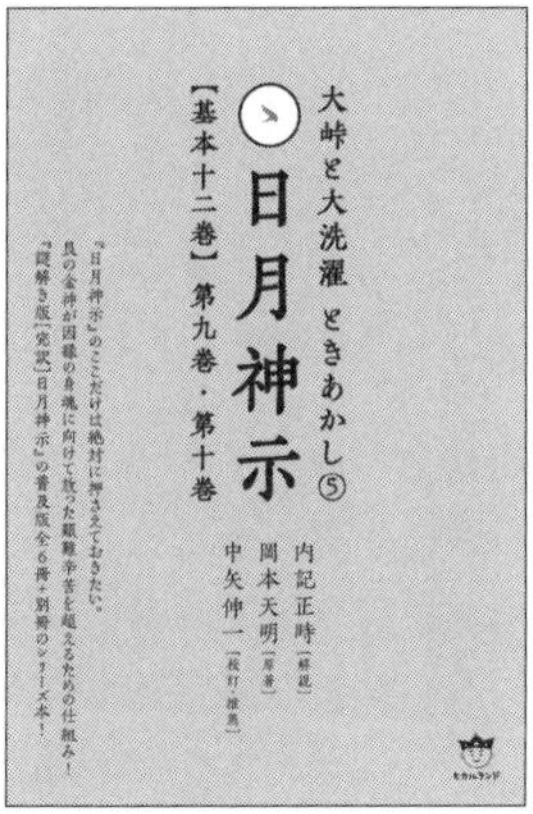


大峠と大洗濯　ときあかし⑤
☉日月神示【基本十二巻】
第九巻・第十巻
解説：内記正時／原著：岡本天明／
校訂・推薦：中矢伸一
四六ソフト　予価2,000円+税

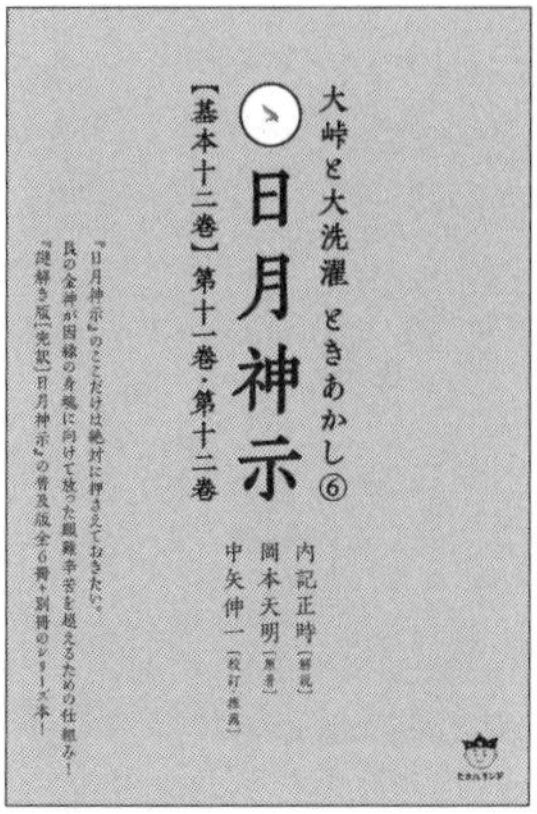


大峠と大洗濯　ときあかし⑥
☉日月神示【基本十二巻】
第十一巻・第十二巻
解説：内記正時／原著：岡本天明／
校訂・推薦：中矢伸一
四六ソフト　予価2,000円+税

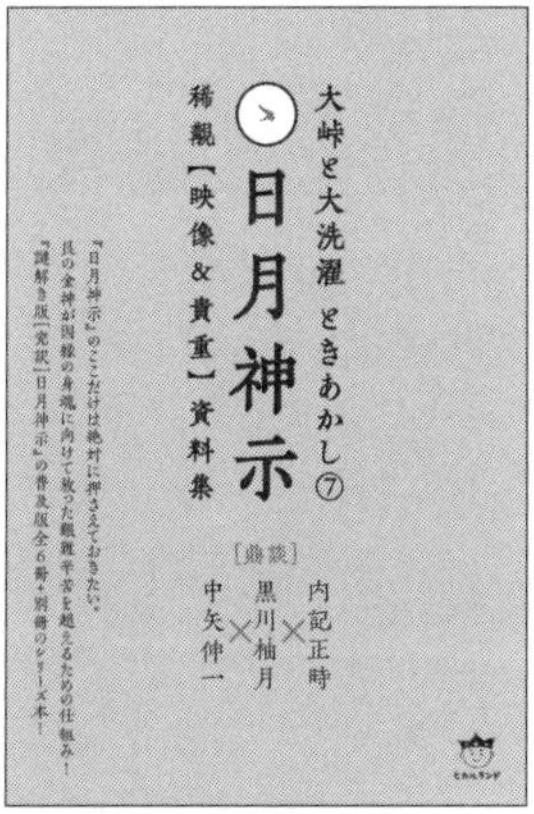


大峠と大洗濯　ときあかし⑦
☉日月神示【基本十二巻】
稀覯【映像&貴重】資料集
解説：内記正時×黒川柚月×中矢伸一
校訂・推薦：中矢伸一
四六ソフト　予価2,000円+税

**ヒカルランド　近刊予告！**

地上の星☆ヒカルランド　銀河より届く愛と叡智の宅配便

岩戸開き　ときあかし❺
日月神示の奥義【五十黙示録】
第五巻「極め之巻」全二十帖
解説：内記正時
原著：岡本天明
四六ソフト　予価2,000円+税

岩戸開き　ときあかし❻
日月神示の奥義【五十黙示録】
第六巻「至恩之巻」全十六帖
解説：内記正時
原著：岡本天明
四六ソフト　予価2,000円+税

岩戸開き　ときあかし❼
日月神示の奥義【五十黙示録】
第七巻「五葉之巻」全十六帖
解説：内記正時
原著：岡本天明
四六ソフト　予価2,000円+税

岩戸開き　ときあかし❽
日月神示の奥義【五十黙示録】
五葉之巻補巻「紫金之巻」全十四帖
解説：内記正時
原著：岡本天明
四六ソフト　予価2,000円+税

## 本といっしょに楽しむ ハピハピ♥ Goods&Life ヒカルランド

**『ついに予言された《その時》が来た!**
**日月神示《秘密（火水）継承》10回連続講座』DVD全10巻セット**
販売価格　122,222円（税込）

内記正時

黒川柚月

**『日月神示』の最奥の秘密を最高峰の研究家2人が伝える**
**暗雲立ち込める日本の未来を紐解いた、講演会全10回完全収録DVD**

『謎解き版［完訳］日月神示「基本十二巻」』三函六冊シリーズを上梓し終えた内記正時氏。日月神示のまさに生き字引『夜明けの御用 岡本天明伝』の著者である黒川柚月氏。

まだまだ謎多き神示に隠された真実を「神示を肝に落とし込んで生きると決めた人」にだけ伝えるべく、最強の２人の講師を迎えて行われた全10回の貴重なコラボセミナー（2016年６月～2017年３月開催）を完全収録したDVD 全10巻です。

神の目から見た破壊と再生創造の様相とはいかなるものか、極秘資料とともに２人が語り尽くします。この講座を受け取ったあなたが神示継承者となる――歴史的講座をぜひご覧ください。

内容：全10巻（全10回分の講義を収録）

ヒカルランドパーク取扱い商品に関するお問い合わせ等は
電話：03－5225－2671（平日11時－17時）
メール：info@hikarulandpark.jp　URL：https://www.hikaruland.co.jp/